JIAOYU
SHENGTAIHUA
"HEHE" SHENGTAIXING
XUEXIAO
CHUANGJIANZHILU

教育生态化

『和合』生态型学校创建之路

尹杰 ■ 著

上海社会科学院出版社
SHANGHAI ACADEMY OF SOCIAL SCIENCES PRESS

图书在版编目(CIP)数据

教育生态化：“和合”生态型学校创建之路 / 尹杰著. — 上海：上海社会科学院出版社，2024
 ISBN 978-7-5520-4371-6

Ⅰ.①教… Ⅱ.①尹… Ⅲ.①学校管理—研究 Ⅳ.①G47

中国国家版本馆 CIP 数据核字(2024)第 083977 号

教育生态化——"和合"生态型学校创建之路

著　　者：尹　杰
责任编辑：杜颖颖
封面设计：裘幼华
出版发行：上海社会科学院出版社
　　　　　上海顺昌路 622 号　邮编 200025
　　　　　电话总机 021－63315947　销售热线 021－53063735
　　　　　https://cbs.sass.org.cn　E-mail：sassp@sassp.cn
排　　版：南京展望文化发展有限公司
印　　刷：上海龙腾印务有限公司
开　　本：890 毫米×1240 毫米　1/32
印　　张：10.75
字　　数：256 千
版　　次：2025 年 5 月第 1 版　2025 年 5 月第 1 次印刷

ISBN 978-7-5520-4371-6/G·1317　　　定价：55.00 元

版权所有　翻印必究

序
PREFACE

尹杰校长特邀我为她即将出版的专著《教育生态化："和合"生态型学校创建之路》作序，深感高兴。我看到了一位在教育第一线勤奋工作的小学校长，也感受到其校长教育思考的深度，我为我们的校长高质量的成长而欣慰。

这本书真实映照了尹杰校长与上海市虹口区第六中心小学充满生机的教育改革与发展。教育生态不仅是人类可持续发展的重要问题，也是当今教育领域中重要的发展趋势。习近平总书记的生态文明思想中对教育生态与教育发展有着重要的论述，指导着我国教育的发展。创新、协调、绿色、开放、共享五大发展理念，是今后一个时期我国教育改革发展的思路、方向、着力点。尹校长抓住教育生态发展这个关键，着力于五育并举，把中华优秀传统教育思想与现代教育生态思想融合，推进"和合"生态型学校创建。让我感受到了基层学校校长的思想高度。

这本专著基于生态文明，从教育生态思想视域阐述高品质优质学校创建的理论与实践。本著作以浚源哲思与时代精神，论述源自我国优秀传统文化中的"和合"思想的学校教育理念与办学实践深度融合的办学历程，确立了秉持生态文明，树立教育生态思想，营造良好教育生态的办学理念与策略。同时本专著以教育生态思想统摄，以学校德育、课程教学、管理领域创建生态型学校的实践为主线，以理论阐述与案例佐证为方式撰写，充分展示了"学校德育与主体性成长"，阐述学校德育生态化与五育并举；展示了"学校课程与趣乐园意蕴"，阐述学校课程生态化与学科建设特色；进一步展现"学校文化与赋能管理"，阐述"和合"学校生态文化营造，从学校管理走向学校领导。这反映了学校艰辛的发展历程，也将一位校长的办学经历与思想心路贯穿其中。

这是尹杰校长的又一本专著，也是我所欣赏的基于实践并结合理论阐述的著作。它有合理严谨的逻辑结构，形成了完整的、关系结构清晰的框架。随着基础教育改革与发展，校长的专业水平以及总结研究、撰写论文的水平有了明显提高，这是进步。但有时仍觉得还不够，有的比较随意，还缺少深度。这本专著的框架结构，其实是"和合"生态型学校创建的理论框架与实践形态的体系。没有教育研究做支撑，难以有现在的框架体系。这反映了我们的校长在真正地学习，真正地研究，真正地思考，理论思维能力增强了，办学经验在丰富的基础上上升到理性认识。

学校在不断发展，校长也在不断成长。这个成长过程是校长教育观念与办学实践的深度和合，是校长学术性实践与实践性学术的融合，使校长成为一个有思想的人、善于实践的人。我很高兴通过这本著作感受到：在学校发展历程中，校长们认识到"学校发展是自己选择自己的结果"，学校的改革与发展必须符合规律，以专业定力推进学校的继承与发展的关系。校长要善于独立思考对教育问题作价值判断，什么最适合本校，然后选择与聚焦，并不懈坚持依靠科研兴校。虹口区第六中心小学从学校德育最优化整合，到主体性教育，并发展到"和合"生态学校创建品牌形成，在这过程中对学校各方面工作在继承上求发展，丰富与发展学校的优良传统。我相信虹口区第六中心小学的生态型学校办学之路会越走越宽广。

这本专著是校长办学领域中的创新作品,反映了教育实践与研究的成果,蕴含着可贵的研究精神、改革创新精神、勤奋办学精神,能给广大校长、教师以不少启示。希望基础教育校长与教师能喜欢它,仔细阅读,对照思考,增强教育思维能力,为教育生态化促进教育高质量发展多做贡献。

2024 年 4 月

目 录
CONTENTS

序 ······ I

第一编 "和合"理念与生态型学校

第一章 浚源哲思　时代召唤
——秉持生态文明,树立教育生态思想 ······ 3
一、艰辛的学校发展历程 ······ 3
二、时代的呼唤:营造良好教育生态 ······ 15
三、办学心路历程的启示与实践的感悟 ······ 20
四、思想的超越与学校办学观念 ······ 26

第二章 聚焦理念　构建格局
——"和合"生态型学校的建设 ······ 40
一、"和合"生态型学校的提出动因 ······ 40
二、"和合"生态型学校的重要价值 ······ 43
三、基于"和合"学校生态化的思考 ······ 50
四、"和合"生态型学校的主要架构 ······ 57

五、"和合"生态型学校的实践形态 …………………………… 60

第二编　学校德育与主体性成长

第三章　德育为先　生态化教育 …………………………… 69
一、生态型德育的"和合"彰显 ………………………………… 69
二、"和合"的德育生态环境的创设 …………………………… 74
三、学校主体性教育的生态化 ………………………………… 77
四、"和合"主体性生态型德育的基本架构 ……………………… 81
五、"三自三全"育人实施路径 ………………………………… 84
六、当成长遇见"全员导师制" ………………………………… 91

第四章　绿色教育　"五育"融合 …………………………… 93
一、"人文涵养真善美"——学校行为规范教育 ……………… 93
二、"全员润心　温暖成长"——学校心理健康工作 ………… 106
三、"自力：会自理,善自力"
　　——学校劳动教育创新 ………………………………… 122
四、"健康第一：人人有兴趣、学校有强项"
　　——学校体育特色 ……………………………………… 136
五、"以美育人,综合、亮丽、全覆盖"
　　——学校艺术教育 ……………………………………… 145

第五章　家校合作　共育下一代
　　——"二享三同"家校共育 ……………………………… 154
一、家庭教育工作：学校不可推卸的责任 …………………… 154

二、大力营造学校家庭"和合"教育生态圈 ………… 156
三、家委会"三员制"的创新 ……………………… 160
四、"慧家共育"家长学校的课程创新 …………… 171
五、家校同频共育"二享三同" …………………… 177
六、家校共识共育的"五自"发展目标 …………… 183

第三编 学校课程与趣乐园意蕴

第六章 课程学习,让每一个孩子的童年生活有意义 ……… 193
一、"趣乐园"课程理念
——"回归童心、童真、童趣" ……………… 193
二、"趣"与"乐"蕴含的人文精神
——"给学生学习插上'趣乐'的翅膀" ………… 200
三、课程学习的生命意义建构
——"关注童心,关注生命,引导健康成长" ……… 207

第七章 多元融合:学校课程生态化 …………………… 213
一、学校课程生态化的必然 ……………………… 213
二、建构多元融合的"趣乐园"课程 ……………… 217
三、聚焦"双减""两个维度""两个提高" ………… 232

第八章 学校所有学科都应有最佳的发展 ……………… 240
一、学科特色建设:学科建设的重要路径 ………… 240
二、学校学科建设特色的建设 …………………… 242
三、"教师成长营"学习共同体 …………………… 245

四、科研大讲堂，提升实践性学术水平 …………… 256

第四编　学校文化与赋能管理

第九章　学校的文化领导
——打开一扇窗 …………… 265
一、"和合学校文化"的传承与创新
——传承学校主体文化　创建生态型学校 ………… 265
二、学校主流文化的建设与弘扬 …………… 272
三、学校组织文化领导力的建设 …………… 274
四、校长文化领导力的提升 …………… 275
五、"三个支持"营造良好教育生态 …………… 280

第十章　从学校管理走向学校领导
——学校管理的变革 …………… 288
一、学校分布式领导力的价值 …………… 288
二、赋能式管理：学校管理机制的改革 …………… 296
三、"让优秀教师领跑　让每位教师优秀"
——教师工作的领导与管理 …………… 299
四、用梯度评价引领教研组建设 …………… 315
五、现代公共关系协调与学校管理 …………… 327

第一编

"和合"理念与生态型学校

第一章 浚源哲思 时代召唤

——秉持生态文明,树立教育生态思想

一、艰辛的学校发展历程

"每个孩子都重要"。关注每一位学生的成长,这是教育事业发展的必然逻辑,是践行教育均衡发展的核心精神,也是人类社会追求的教育公平,具有普适性。

办好一所学校需要全体师生共同兢兢业业的努力。我们必须按照科学的教育质量观要求,把"为了每一个孩子的健康快乐成长"作为出发点和落脚点。在教育价值取向上,要从过度追求现实功利转向追求教育对人的发展的价值,高度重视学生的身心发展、终身发展。在办学模式上,必须树立"为了每一个学生终身发展"的理念,即关心全体学生的成长,改变高度统一的标准化模式,更加注重有利于学生社会化与个性化协调发展。在教师专业成长上,要从单纯强调掌握学科知识和教学技能转向更加注重教育境界和专业能力的提升。通过教育价值观倡导,促进学校提高教育质量和办学水平,创新发展理念和发展模式,全面实施素质教育。

上海市虹口区第六中心小学(简称"六中心")历经 65 年的办学,从原先的广灵路小学几经调整发展,特别是近 2004 年再度改名为"六中心"后,经过4个发展阶段,学校高成长性发展,形成了鲜明的办学特色,被区教育局命名为"教育特色学校",获得上海市文明单位、上海市行为规范示范校、上海市家庭教育示范校、上海市红旗大队等荣誉。

(一)学校德育最优化发展阶段

学校在20世纪90年代以学校德育最优化整合为特征推进学校德育,取得了显著的教育成效,形成了学校的办学特色。学校德育最优化整合思想是针对学校德育实效不理想而提出的,并进行了探索和实践。德育在学校教育中重要地位和作用的真正实现,不在于口头上对"核心"的重视,而是需要改变"孤军奋战"的状态,即改变德育与学校其他工作脱节、与社会生活脱节,尤其与学生的现状脱节的状态。学校德育要融合于学校的整个机体之中,在学校德育目标、内容和途径等方面实现整合。

学校在1997年立项的上海市教育科研规划项目"德育最优化方法与理论的探索"于2001年获得上海市第七届教育科学研究成果二等奖。经过长期的实践,在学校的层面上解决了如何在德育的管理、德育内容、德育方法及德育途径等方面进行整合,提高了德育的实效性,也取得了学校办学成效。

1. 学校德育最优化的深刻社会动因

在20世纪90年代的向社会主义市场经济体制转轨、社会结构转型的背景下,道德价值重构出现的新问题以及德育实效性的实现和研究,是德育改革和发展的十分紧迫的重要问题。当时我国正处在社会大发展、大变革的时期,在新的适应社会发展的道德建立之前,旧的道德总会这样或那样地影响着人们的思想观念、行为举止。新的道德观念的产生和发展是一个充满着复杂、曲折前进的过程。市场经济的发展对人的发展具有积极促进作用,经济的转轨,使人们的价值观也发生了明显改变,价值重估浪潮席卷社会。学校传统的德育与社会价值导向发生了明显的反差。在当今世界发展和我国改革开放的历史进程中,出现的德育新问题、新困惑、新挑战,表明学校的德育工作必须改革,这是历史所赋予的机遇,也是德育发展的大好时会。

2."德育最优化整合"的理论认识

"德育最优化"是指在正确把握学校德育目标的具体要求的前提下,依据小学生的年龄特点和个别差异,遵循德育规律,选择运用符合特定的教师特点、学生特点和教育内容特点的德育操作方法,在现有小学一般条件下,达到每个学生在该发展时期的最大效果,以最大限度地提高德育的效率和质量。

3."德育最优化整合"的实施

"德育最优化整合"由横向结构与纵向结构的德育各个因子组成。德育的实效实现应该是德育的各因子最优化的整合。

(1)"德育最优化整合"的横面结构。

● 德育内容整合

德育的内容有两个主要方面。一方面是主要与思想观念层面相关的德育教育内容,如理想教育、爱国主义教育等;另一方面主要是与行为规范层面上的教育相关。

在德育实践中坚持开展以爱国主义教育为主线,以学生行为规范教育为基础的整体教育,揭示德育工作必须在内容上实现高层次教育内容和基础层次上内容的整合。环绕学会"做怎样的人、怎样做人"这个德育的核心内容和其他丰富的德育内容整合,从低年级到高年级,层层递进,促进学生素质全面提高。

不同的德育内容,可以在不同年龄阶段进行。同一德育内容,在不同的年龄阶段应该逐步提高、深化。各个年龄段的德育无论在不同的德育内容方面,还是在同一内容方面应该互相衔接,有机整合。必须从德育的心理结构上组织德育内容,对思想品德的知、情、意、行方面的教育内容加以整合。

● 德育途径和方法的整合

德育途径的整合包括:① 课堂教学与课外教育活动的整合;② 学校德育与社会生活中的德育因素整合;③ 学校德育与家庭德育的整合。

德育方法的整合包括:① 显性教育与隐性教育的整合,即创设各种环境进行教育,把外在的实践转向内在的体验,以教育者的良好行为影响学生;② 德育的认知教育和社会实践的整合,德育具有多开端性,德育的认知必须和行为相结合,通过行为的实践加深认识,而正确的认识也能促进行为的提升。

(2) 学校德育阶层递进的集聚。

在学校德育的实践过程中,德育因子的小整合的量的集聚,到质的变化,显示出德育的发展的阶段性,形成了德育的体系层次上大整合,实现不断提升学校德育水平的目标。德育阶层递进的集聚,其要意就是在德育工作过程中,要抓住主要矛盾,即大整合。本校德育工作3个递进发展的阶段表明,整合的有序性表现在抓住关键性的整合。

(3) "德育最优化整合"的管理整合。

学校必须通过德育管理有力保障德育最优化整合,从德育管理因子的整合直至德育管理与学校管理的整合,在实践中形成"计划、协同、检查、反馈"的学校德育管理机制。

学校德育管理体制的完善,首先注重学校德育工作的领头人。学校的主要领导成为学校德育工作的领头人,学校德育工作才可能真正整合。学校主要领导的行政地位决定了其在学校办学规划、教育教学计划、教育资源的运用方面对德育的实施具有决策权。其次是注重德育的强有力领导班子建设。从主管和分管领导转变为行政会议班子共同领导管理,建立德育中心组负责学校德育工作的组织实施。分管德育的领导和非分管领导一起参与学校德育工作的决策,共同承担职责。同时,完善学生德育网络的健全,在德育网络的整合上重视全员性、层次性和稳定性。我们形成学校德育三级网络。全员德育形成德育的网络,覆盖学生教育的整个空间和时间。学校建立了校长教导处、大队部班主任(中队辅导员)、任课教师这样的三级网络。此外,还应注重学校、家庭、社会一体化的网络建构,注重不同岗位的教职工的德育工作整合,注重德育专职工作者(班主任)和任课教师的整合,注重教师的德育工作与学校的职工德育工作的整合,注重教育者与受教育者角色的整合。

同时,学校德育制度的建设应遵循德育的规律,以学生身心发展为依据,使德育制度建设为学生服务,促进德育工作的规范化,实现最优化整合。

(二) 学校主体性德育发展阶段

对学校来说,如何从"德育最优化整合"向"主体性德育"发展,是一个十分重要的方向。怎样找准学校教育进一步发展的切入口,既是发展学校教育、继续深化发展的需要,也是学校教育特色的需要,更是提高学校整体办学水平的需要。学校德育工作在继承的基础上,要不断创新,与时俱增。我校提出了自主性德育,主要解决教育者从德育客体实施德育整合时,需要探索受教育者内部的主体激活的问题,使主体和环境互动融合。同时,自主性德育需要解决如何在学校大整合中实现以班级为主的德育系统的最优化整合。这是本校深化德育工作的必然,也是当前学校德育中迫切需要解决的问题。为此,我校把开展"小学生主体性教育"实践作为新一轮学校教育内涵发展的主要方向。学校教育需要主体性德育的教育内容、教育方法,在教育过程中凸现学生主体地位,这也是我校面临的德育改革和发展的新挑战。

"主体性德育"这个课题是学校德育的一种自身的觉醒,是从重"事"研究向重"人"研究的一种转变,也是一种进步。我校培养的学生,必须具有现代社会人必备的独立性、主体性,他们应该能清醒地认识自己,有必要树立道德标准和社会公德意识,有自控能力,能友善地对待别人。我们需要发展每个学生主体,使他们成为具有个性、全面发展的人。小学生自主教育不仅具有推进公民道德建设和促进学生主体性发展的现实意义,在学校教育的理论和实践中也具有拓展性。

小学生主体性德育需要体现实效性,需要研究操作方法。目前,主体性德育在一定程度上停留在认识和理念上,缺少有效的操作经验。如何通过提高班集体的自我建设,发展学生的自我教育能力,促进学生的主体性发展,需要研究载体、研究班级德育的整合的操作。小学生主体性发展需要在操作层面上的深度研究,在自主管理上落实主体性发展,在学生自主管理过程中学会自我教育。

我校在主体性德育中突出班级的位置,关注主体性德育中班级的个性化发展,把班级还给学生,让学生真正成为班级的主人,使班级成为学生成长的乐园,这是主体性德育在班级实践中的深入探索。当前的班级德育工作明显不能与以学生为主体的德育相适应,班级德育工作面临着重大的改革与发展。班级德育工作普遍存在缺少自主性的问题,往往只是简单地按照上级或学校的德育工作计划,而不是根据班级和学生的实际自主地开展教育活动,因此班级德育缺少生气、缺少针对性,不少德育活动为形式而形式,德育实效性低。此外,不少班级实际上忽视德育的倾向,突出"智育第一",以分数论"英雄"的教育现象严重,班主任的工作主要以"管"为主,而教育性缺少。班级管理在实际上普遍存在的主要问题是班级自主管理和集体建设不落实。一是学生自己管理自己仅是名义上的,班主任似牵木偶一样在"运动"学生;二是学生班级管理的参与度不足,有的学生是旁观者,有的像"后妈",离每一个学生都充分参与班级管理还有相当的距离;三是缺少学生自主管理的机制。不论是在班级的常规管理还是在活动上,学生的主人翁感和责任感均难以体现。班主任队伍的教育观念和能力明显不适应班级德育的新要求。

要实现真正的学生自主管理,实现以人文精神的培育为重要内容和以自我教育、学会自立为重要形式的主体性德育,必须加强班级自主管理的探索。因此强化班级德育工作是当前学校德育中迫切需要解决的问题。班级德育的整合,需要给予关注和新的审视,如班主任与班级、班级与个体、班级群体的主体性、班集体的个性化发展等,回答这些问题是构建学校主体性德育的需要,实现班级个性化发展中学生主体性发展、培养学生现代人的基本品质。我校提出的主体性德育,旨在培养小学生的主体性发展,也是本校"学校德育最优化整合"的延展和深化。

(三)学校主体性教育发展阶段

学校办学的提升体现在学校从主体性德育向主体性教育发展。

凸现教育中学生的主体地位，是我们所面临的教育改革和发展的新挑战。学校的教育要转变，这个转变必然是整体性的转变，即学校德育必须与整个教育融合，而不是德育"单兵独进""孤军奋战"，教育必然是德智体美劳五育融合。我们的教育视野中的学生是一个个完整的人，一个个作为主体的人。学生的发展是教育的直接出发点与归宿，社会发展越来越依赖于每个人的充分发展。教育着眼于人的全面发展，着眼于人的终身发展。这也就是教育的完整意义。德育回归教育、融于教育是主体性教育的必然。

时代呼唤着能造就具有主体性的人的主体教育。主体性教育的研究，是教育的一种自身的觉醒，这是从重"事"研究向重"人"研究的一种进步。教育的根本任务就是人的发展。教育的主体性决定了教育必须重视受教育者每个人的主体性发展。我校培养的学生必须具有现代社会人必备的独立性、主体性，不能靠依赖别人而生存，他们应该能清醒地认识自己，有相当强的自控能力，有迎接生活挑战的勇气，有良好的社会适应能力，能友善地对待别人，有较高的精神境界。德育应立足现实，放眼未来，去发展每个主体，使学生成为具有自由个性的人，全面发展的人。教育的主体性决定了教育必须重视受教育者每个个体的主体性发展。我校探索以班级自主管理为抓手，促进学生主体性发展的研究。人的主体性是人性中最集中体现人的本质的部分，它是人在作用于社会环境中自我发展过程中形成的，表现于人的自尊、自立、自强、自律，对自己的人生价值有清醒的认识，有高昂的处世精神，不仅懂得如何生存，还知道应该如何发展，能适应当代多元选择的时代要求。自我意识的高度觉醒，需要在与社会的互动中发生和发展。我校重要任务是为学生创设良好的教育环境，让学生实现个体的发展，清醒地认识自己，能友善地对待别人，有迎接生活挑战的勇气，有良好的社会适应能力,有较高的精神境界。

长期以来,由于受传统教育思想与教育模式的束缚,我国的教育容易把学生当作教育的客体加以塑造,而不是当成社会的主体来培养,强调学生对家长、教师和学校的机械式的服从和顺应,忽视了作为自身主体的学生的主动性、独立性和创造性,因而培养出来的人也就缺乏主动性、创造性和拼搏进取精神,缺乏主体意识。随着国际竞争的加剧和社会的飞跃发展,社会对人才的素质提出了更高的要求,当教育不能适应这种要求时,教育的现状与社会要求之间就产生了矛盾。随着矛盾的加深,教育不得不对自身进行反省,并作出相应的调整。在这种反思中,人们把主体性教育作为教育研究的突破口,产生了主体性教育这样一个新课题。

在现实的教育中,还存在着客体性教育阻碍主体性教育的实施。客体性教育的目的在于培养社会需要的工具,而不是致力于人自身的自由全面的发展。它的价值追求是外在的社会价值,而不是人本身的价值。在客体性教育中,教育者是主体,学生只是被当作客体加以训练。它的方法是简单灌输,通过主客体之间单向命令式的活动过程,使学生转变思想,提高觉悟,最终服从服务于外部世界的需要。客体性教育往往把个体与社会对立起来,忽视个体生命的意义、个体存在的价值、个体发展的需要,忽视个体主体性、能动性及创造性的培育和发展。其结果是,客体性教育工作塑造出来的学生更多地具有"共性"而缺乏个性,更多地具有依赖性而缺乏自主性,更多地具有惰性而缺乏创造性。改革开放以来,基础教育工作在内容、方法和手段上都进行了不少有益的改进,但传统的教育方法还有着习惯势力,使得学生教育的效果不理想。从客观性教育向主体性教育转变是时代发展的必然,也是社会进步的必然需要。

主体性教育关注学生主体品质的发展,首先,主体性发展是人的全面发展的核心。人的发展是一个由他律走向自律,即依赖性日益减弱,主体性日益强化的过程。教育只有通过激发、唤醒学生的主体意识,培养学生的主体能力和主体人格,才会使学生实现由"自在"主体向"自为"主体的转变,才会使其积极参与自身的发展与建构。一方面,学生主体性的发展是他们作为主体参与自身全面发展的基础和前提。没有主体性的充分发展,学生的全面发展就无从谈起;另一方面,主体性教育是全面发展教育的实现的途径。如果说全面发展教育是一种教育理想的话,那么主体性教育则是这种教育理想的实现之路。

学校教育需要主体性的教育内容、教育方法,在教育过程中凸现学生主体地位,这是我们面临的教育改革和发展的新挑战。我校提出的主体性教育,是研究在教育生态系统中如何进一步关注教育的主体,在主要解决教育者从外部实施教育整合的同时,还需要探索受教育者内部的主体激活,解决主体和环境的互动的融合。我校的主体性教育是指根据社会发展的需要和教育现代化的要求,通过启发、引导受教育者内在的教育需求,创设和谐、宽松、民主的教育环境,有目的、有计划地组织、规范各种教育活动,从而把学生培养成为自主地、能动地、创造性地进行认识与实践活动的社会主体。一句话,主体性教育是一种培育和发展受教育者的主体性的社会实践活动,它的核心是强调承认并尊重受教育者在教育活动中的主体地位,将受教育者真正视为能动的、独立的个体,以教育促进他们主体性的提高和发展。

我校在多年开展主体性教育的实践基础上,概括出了主体性教育的"四自模式",即"自律、自学、自强、自励"。我校采用"四自模式"作为教育目标与教育方式,通过相应的教育内容,自主地、能动地、创造性地开展教育活动。

"四自模式"具体包含"一个基础、二个要素、三个关键、四个方面、五项策略、六大途径",具体如下。

- 一个基础——以"主体意识—人文精神"为基础。
- 两个要素——独立人格、自主能力。
- 三个关键——需要、体验、践行。
- 四个方面——自律、自学、自强、自励。
- 五项策略——尊重与提升主体意识策略、关注优化个体差异策略、实施主体性班级教育策略、创设自我教育活动策略、提升教育者主体精神策略。
- 六大途径——主阵地、主渠道、大时空、大课堂、活教室、活生态。

在实施主体教育的过程中,我校还强调德、智、体、美、劳"五育"的整合。没有离开智育、体育、美育、劳育的德育,也没有不以德育统率的智育、体育、美育、劳育,更没有缺少体育、美育、劳育的教育。我校的"四自"主体教育强调了"五育"整合的办学思想。学校将单一德育转变为更高层次的综合德育,改变德育孤军奋战的局面,使德育与其他各育互相促进,在学生的整体培养这个更高的层次上整合。同时,我校强调,学生的品德发展与全面发展是统一整合的。以美育为基础,以智育作为德育的工具,以劳育、体育作为德育的形式,带动德、智、体、美、劳的全面发展。学校德育在美育上超越知识本位、能力本位,通过艺术教育,唤起学生内在的人格力量。人文精神和科学精神的整合本身就是教育和教学的整合的产物,若是过于强调智育,只推崇科学精神,而忽视德育,丢弃了人文精神,极有可能导致学生畸形发展。"五育"融合中,学校教育应该与学生自我教育有机整合,要充分考虑学生在教育过程中的主体地位,调动学生自我教育的积极性,使他人教育发挥其应有的作用。"五育"融合注重德育上学生品德心理要素整合,促进学生的认知、情感和行为的整合,促进学生精神世界的开放的和谐的全面发展。

在实践与研究过程中,我们逐步深化认识,通过学生主体性的培养实践,研究探索学校有效实施主体性教育,促进学校教育的融合度,促进学校硬实力与软实力的全面增强,提升学校教育力,彰显学校教育特色。在实践和研究中,我校本着教育创新的态度,在教育科研的引领下,重视实践,重视总结,重视提升,以科学的精神开展了主体性教育,提出并践行具有校本价值的"四自模式""主体性教育",形成了学校主体性教育操作体系,推进了学校的素质教育。我校教师凭着一股激情,努力探索适合我国国情的主体性教育,较为系统地获得了一些规律性的认识。

(四)生态学校型建设发展阶段

在这个阶段,我校推进了"基于习近平生态文明思想,创建'和合'生态型学校的实践研究"的课题研究,从更高的思想境界,以更严谨的态度,用更科学的方法,在习近平生态教育思想的指引下,进行生态型学校的创建。

教育研究与实践的道路行之不易,但这辛苦却富有意义。在探索与行进的过程中,充满着不理解与艰辛,但也洋溢着我们"六中心"人的执著精神。就这样,不断地在实践中探索,在探索中学习,以求得新的突破,坚持政治正确、秉持教育科学,以获得规律上新的认识,我们最终取得了实践上的新进展。

二、时代的呼唤：营造良好教育生态

(一) 充分认识教育生态思想的战略价值

生态文明思想是新时代特色社会主义思想的重要内容，习近平对生态文明与生态文明教育方面有着重要的论述。习近平强调生态文明与教育公平均衡发展，指出"使生态文明建设的战略地位更加明确，有利于把生态文明建设融入经济建设、政治建设、文化建设、社会建设各方面和全过程。"习近平强调生态教育，指出"生态文明教育从儿童抓起，让绿色发展理念在心中扎下根，长大后成为人类美好家园的积极建设者"。习近平强调教育生态，"要全面深化教育领域综合改革，增强教育改革的系统性、整体性、协同性"，并对教育绿色发展提出了教育生态化的基本要求：把生态文明教育融入育人全过程，让生态文明观念内化于心、固化于制、外化于行，推动形成绿色发展方式和生活方式，是教育服务中华民族伟大复兴的重要使命。

习近平生态文明教育思想把建设生态文明与坚持中国特色社会主义完整地统一起来，其内涵丰富、体系完善、立意高远。"习近平生态文明教育思想从生态文明知识教育、生态文明意识教育、生态文明观念教育和生态文明行为教育四方面，深刻回答了中国生态文明建设的重大理论和现实问题。贯彻习近平生态文明教育思想，对实现两个一百年奋斗目标，早日实现中国梦，建成富强民主文明和谐美丽的社会主义现代化强国具有重大的现实意义"（张艳：习近平生态文明教育思想探析，黑龙江教育学院学报 2018 年第 12 期）。"在全面建成小康社会的基础上，将我国建设成为富强民主文明和谐美丽的社会主义现代化强国,是党和国家到本世纪中叶要实现的奋斗目标,在此期间应注重发挥教育的基础性、全局性作用。立足教育发展,让教育为经济、政治、文化、社会以及生态文明建设提供人才支持与智力保障"(吕湘湘:试论习近平生态文明思想的形成及当代教育启示,改革与开放2020年第12期)。

习近平的教育思想对当代的教育发展有着战略性的指引意义。"习近平生态文明思想是马克思主义教育思想中国化的最新理论成果,它赋予了马克思主义教育思想新的时代内涵,为实现教育现代化提供了科学指南。深入研究和贯彻落实习近平生态文明思想具有重大现实意义"(田文君等:习近平生态文明思想刍议,黑龙江生态工程职业学院学报2018年第7期)。习近平在深刻分析知识经济的时代背景、慎思明辨新时代教育发展实践的基础上,形成了关于教育生态思想。"习近平生态文明思想旨在实现办学生态、教师生态、教学生态以及学生生态的基础上实现教育生态,为推动教育现代化、促进教育公平和培养德智体美全面发展的社会主义建设者和接班人提供根本保障"(田文君等:习近平生态文明思想刍议,黑龙江生态工程职业学院学报2018年第7期)。习近平生态文明与教育生态的思想指引教育改革与发展,构建以学校教育为基础、覆盖全社会的生态文明教育体系,推动教育观念、教学内容、教学方法的一系列转变,以全面提升民众的生态文明素养。开创新时代教育必须以习近平生态文明与教育生态思想为指导。

(二)基于习近平生态教育思想的生态型学校创建

基于这样的认识,我们学校从生态教育思想的更高层面上推进、探索学校内涵发展,我们申报了"以习近平生态教育思想,创建

'和合'生态型学校"的课题,获得虹口区重点教育科研项目立项。党的十八大以来,习近平站在全面建成小康社会和实现中华民族伟大复兴的战略高度,对教育工作提出了一系列富有创见性的新思想和新论断,形成了内涵丰富、意义深刻的教育生态思想。习近平生态文明思想科学揭示了我国教育事业发展的客观规律,为实现教育现代化指明了前进的道路和方向。新形势下,认真研究学习和贯彻落实习近平的教育生态思想,对于发展具有中国特色、世界水平的先进教育,培养德智体美全面发展的社会主义建设者和接班人,具有重要的理论指引意义和实践指导价值。

当前我国教育发展实践还存在着诸如"各种教育资源历史积累不足,地区之间教育发展不平衡""办学条件标准不高",以及"教育管理水平亟须提高"(习近平:做党和人民满意的好老师——同北京师范大学师生代表座谈时的讲话,人民日报2014年9月10日第2版)等一系列迫切需要我们通过实现教育生态来解决的难题,这就又为我们实现教育生态提出了客观要求,折射出了实现教育生态的必要性。习近平正是在深刻分析和准确判断实现教育生态的可行性和必要性的基础上,审时度势地提出了实现教育生态的思想。我们必须看到,当前我们具备充分的实现教育生态的条件,实现教育生态是切实可行的。这主要表现在以下两个方面:其一,"党和政府高度重视教育",制定并实施了一系列保障和推进教育事业健康发展的政策措施,为实现教育生态提供了充分的政策保障;其二,在党和政府的大力支持下,我国"教育事业全面发展,中西部和农村教育明显加强"(习近平:决胜全面建成小康社会夺取新时代中国特色社会主义伟大胜利——在中国共产党第十九次全国代表大会上的报告,人民日报2017年10月28日第1版),这无疑为我们实现教育生态创造了有利的现实条件,因此实现教育生态具备了可行性。

2017年9月,党中央、国务院《关于深化教育体制机制改革的意见》指出,"营造健康的教育生态"。构建教育的生态本质上就是以生态文明指导学校自身变革,在于学校各种生态关系的构建,在学校教育观念上、制度上与学校行为方式上推进学校整体生态化,为儿童健康成长营造良好的学校教育生态。2015年4月,党中央、国务院《关于加快推进生态文明建设的意见》明确规定"提高全民生态文明意识。从娃娃和青少年抓起,从家庭、学校教育抓起,引导全社会树立生态文明意识。"并强调"探索有效模式""力争取得重大突破。及时总结有效做法和成功经验。"

2017年9月,中共中央办公厅、国务院办公厅印发《关于深化教育体制机制改革的意见》,其中明确提出,"营造健康的教育生态,大力宣传普及适合的教育才是最好的教育、全面发展、人人皆可成才、终身学习等科学教育理念。"2019年6月,中共中央办公厅、国务院办公厅印发《关于深化教育教学改革全面提高义务教育质量的意见》,其中严肃指出,"对办学方向、教育投入、学校建设、教师队伍、教育生态等方面存在严重问题的地方,要依法依规追究当地政府和主要领导责任"。2017年,《上海市基础教育改革和发展"十三五"规划》中的第二大部分的"'十三五'期间上海基础教育改革与发展的总体战略"中也明确提出要"促进教育生态不断优化"。2020年2月,中共上海市委、上海市人民政府《关于贯彻〈中共中央、国务院关于深化教育教学改革全面提高义务教育质量的意见〉的实施意见》中,再次重申了"营造良好教育生态",大力营造有利于义务教育持续健康协调发展的良好氛围。中央与地方一系列文件强调"营造健康的教育生态",是贯彻习近平总书记的教育生态思想的重大举措。

在这样的教育发展大背景下,我校审时度势,思考学校办学如何从"德育最优化整合"到"主体性德育",再到"主体性教育",不断向"主体'和合'文化"发展。我们要用习近平生态文明思想来推进学校办学,增强学校教育系统主体与教育环境的融合,营造学校教育生态,打造生态型学校。

当前,学校教育需要想得更远,以教育哲学思想、更系统的实践促进学校教育得到新的深化,"和合"生态型学校创建是学校历史性选择。近几年来,我校强调营造良好的教育生态,对以往"绿色学校"的概念进行充实与丰富,确认不能局限在绿化学校上,应该在学校的德育、课程教学、管理与文化上实施绿色,即生态化。2019年,国家制定的《绿色生活创建行动总体方案》规定,"绿色学校创建行动,以大中小学作为创建对象。到2022年,60%以上的学校达到创建要求,有条件的地方要争取达到70%。"

2021年7月,中共中央办公厅、国务院办公厅发布的《关于进一步减轻义务教育阶段学生作业负担和校外培训负担的意见》中明确,"坚持以习近平新时代中国特色社会主义思想为指导,全面贯彻党的教育方针,落实立德树人根本任务,着眼建设高质量教育体系,强化学校教育主阵地作用,深化校外培训机构治理,坚决防止侵害群众利益行为,构建教育良好生态,有效缓解家长焦虑情绪,促进学生全面发展、健康成长。"我校以习近平教育思想为指导,加强了在"双减"政策落地后基础教育生态的修复与完善;解决了前阶段基础教育生态失衡、背离学生全面发展和健康成长的问题;解决了义务教育中突出的学生负担太重、非生态现象与学校"和合性"缺失的问题。我们通过创建生态型学校,以习近平指出的"要全面深化教育领域综合改革,增强教育改革的系统性、整体性、协同性"教育生态思想,通过学校办学要素生态化,减轻学生课业负担,确保学生健康成长,落实习近平提出的对学生"既把学习搞得好好的,又把身体搞得棒棒的"的要求。"营造良好教育生态",现在的关键是在落实。

三、办学心路历程的启示与实践的感悟

(一) 心路历程:办学中的校长人文高度

学校在不断发展,校长也应该不断成长。这个成长过程是校长教育观念与办学实践的深度和合,是校长学术性实践与实践性学术的融合,使校长成为一个有思想的人、善于实践的人。

我与小学教育结下了与生俱来的缘分。如果用时间轨迹来划分的话,大致可以用两个十五年来简单概括。第一个十五年,作为第一线的教师,我主要从事教育教学的实践活动,其间在老领导的关心下,在老教师的悉心带教下,我从教育战线的一名新兵逐步地成长为能够独立完成教育教学的成熟型的高年资教师;第二个十五年,我作为学校的党支部书记、校长,主要从事学校教育教学的管理与党的工作。其间,在教育局领导的关心下,在导师的带教下,我从一名学校管理的新手逐步成长为一位称职的学校负责人。十余年校级领导的经历,使我感到幸运:有信任我的领导,有支持我的同事,有关心我的老校长。我成长在虹口区小学教育这片肥沃的教育园地上,足以让我感恩一辈子。三十余年一瞬间,我明白一个道理:教育是事业,讲奉献;办学是科学,讲情怀;管理是艺术,讲创新。校长是一个岗位,作为学校的校长,只能不断学习、研究、实践,在改变自己的同时提升学校,本着践行自己的教育信念——"让师生充满智慧、让校园充满思想",打造富有校本特色的

"主体性教育",创建"和合"生态型学校,带领着一所几经周折的老校,在高质量教育均衡发展之路上开展素质教育,创建学校和合文化办学特色。

校长面对的是有生命、有思想的师生,校长的人文高度决定学校的发展高度。我总是诫勉自己"只有对人尊重,对人文力量肯定,对人格完善追求的领导,才能使我们的教育充满人性和人道,从而显示学校的教育高度"。办学是艰辛复杂的,要发展,校长更应该多学、多看、多思、多想,积累经验,丰富思想。我一直勉励着自己做一个进取的校长,要多做事、多走路、多探索,推进学校内涵发展,用思想领导学校,用心做个智慧的校长,不辜负领导、师生们对我的殷切期望。回首这十五年,我围绕校长的岗位,在做事、做人、学习这3个维度上展开了我当校长的继承、发展、创新的3个阶段历程。

"校长要少说多做",这是我的自警。我深知,办好一所学校,仅靠一个人的力量和努力是远远不够的,必须有一个团结、奋进、高效、务实的领导集体。我努力践行着"教育从我们自己开始"的理念,不断加强领导班子的作风建设,充分调动教职员工的工作积极性,让学校每一个人的智慧得以尽情发挥,提升整个团队的精神和能量。我经常与伙伴们共同探讨、研究、分析,从学校实际出发,不断实践。只有深度的耕耘,才能使先进的教育理念成为自觉的行动。学校的发展只能是做出来的,不是喊口号喊出来的。我坚持在实践中解决问题,在实践中创新。我深信"科研兴校"的办学理念,向科研要质量,向科研要发展,坚持走"人出课题,课题出人"的科研之路。我校开展"主体性教育""'和合'生态型学校创建项目"、上海市家庭教育实验项目等课题研究时,一部分教师存在畏难情绪,我就一节一节地听课,一个一个活动地参与、一次一次地讨论研究，很快摸清了教师的思想动态，并积极寻找应对策略，破解存在的困难，为课题的开展打下了良好的基础。特别是那些新的课题，比如创建生态型学校，刚开始时，教师们对这个概念还不甚理解，实践的困难较大，我坚持深入教研组与教师们对话，与大家一起学习，请专家指导，形成共同学习探讨风气，让教师明白长远发展的重要性，也看到学校与教师的共同利益。就这样贴切的、真挚的理解，调动起了教师的积极性，推动了学校改革措施的落实。我主持的课题"基于习近平生态文明思想，创建'和合'生态型学校的实践研究"不仅从理论上丰富了学校早期提出的"德育最优化整合"的内涵，发展到"主体性教育"，而且在实践层面提供了一整套可行的操作程序，使得"手牵手，心连心，自主快乐同成长"的办学理念深入人心，走进校园，走进教室。如今，"和合"文化早已内化成"六中心"每个教职员工的自觉行动。

我的任职有一个特点，转换的学校多，领导岗位多，"新官上任三把火"曾经使我躁动，差点误把别出心裁简单看成创新。我办公室的校史照片常提醒着我，面对这些发展与荣誉，必须谨慎，要把握好"继承与发展"这对关系。我常常提醒自己，尊重学校教育文化的积淀，学习前任与历任校长的办学风范，学习老师们的兢兢业业的品格，这是新到任校长起码的职业精神。"继承与发展"是我从心坎里响起的一种责任的呼唤，要将每所学校视为宝贝来经营和维护，力求实现办学增值。同时，我更感到历史的责任，老学校更应该注重内涵特色发展，也应该着力关注"传统继承与创新发展"的办学战略关系。

在学校发展历程中，认识到"学校发展是自己选择自己的结果"，学校的改革与发展必须符合规律，以专业定力推进学校的继承与发展的关系。校长要善于独立思考，对教育问题作价值判断，什么最适合本校,然后选择与聚焦,并不懈坚持。我们依靠科研兴校,对学校各方面工作力求在继承上求发展,继承了学校的"德育最优化整合"和"主体性德育",开展"主体性教育",直至创建"和合生态型学校",以此来凝练学校个性,熔炼品牌精髓。

(二) 思想领导,发展中提升学校办学水平

1. 校长的思想力是学校领导力的关键

校长不能仅是学校事务的管理者,同时也是一个领导者,要"用思想领导学校,做个有智慧的校长"。"六中心"在近几年进入了一个新的发展期,发挥着优质资源的辐射作用。虽然工作十分繁忙,但是作为校长,要保持清醒的头脑,"校长的领导,靠的是思想还是权力",这是我一直思考的问题。校长用什么来领导学校?我意识到职权并不是校长的领导力,我不能做一个有职权而没有领导力的"官样"校长。"领导的本质就是非权力领导,领导力就是非权力领导,权力不是领导力。"校长应该走向领导,用思想提升领导力,以思想提升教育品质。校长的经历让我越来越认识到学校管理应该从关注目标管理向文化管理提升,也就是要解决学校管理的人文性与工具性的问题。

校长应该用敏锐的思想发现教育中的问题,用深刻的思想解决教育中难题。我们的学校需要有思想的校长,以自己的思想去理解教育,真正懂得教育的真谛,明白教育的未来发展;我们的学校需要有思想的校长,用思想推动教育的改革,用思想去规划学校的发展;我们的学校需要有思想的校长,用思想凝聚人心,管理学校,去创建先进的办学模式。当时,我面临着学校新一轮发展,对自己提出必须从主动学习向反思性学习提升,把学习与工作联系起来,更关注自己工作的成败因果,学以致用,以追求工作的合理性为动力,使自己的学习具有了研究性质,在观念与行为上得以自觉地提高。这就必须学习、学习、再学习。如何从整体上更新教育观念,改变师生关系,改革学校教育,提高教学质量,提升教师的综合素养和学生的整体素质,已成为学校进一步推进素质教育向纵深发展的关键。从师生本质关系上把握,即育与学的关系上进行整体思考与实践新的探索,提出了"学校教育生态化"、创建生态型学校的实践探索。这是回应新时期生态文明建设的呼唤,彰显现代教育的本质。作为体现生态文明的教育生态化,对传统学校教育具有重要改革意义,是教育目的上的升华、教育伦理上的提升,也是教育方式上的改革,更是教育思维上的转变。

2. 校长真正的生命是其教育思想

失去了思想,就如同失去了灵魂,教育也是如此,需要用思想来提升教育的品质。校长要用思想进行领导,用思想提升学校品质,而不是仅靠权力。校长的教育思想是以科学的教育科学理论为基础,结合自己教育实践和对教育的本质、目的、价值、方法的深刻认识而形成的具有前瞻性的和适应自己具体教育环境的独特的教育思想。个性化的教育思想要求校长不做传声筒,不把教育理念变成喊口号、贴标语,而是具有对教育价值的深刻认识,这是作为校长对所从事或终生所追求的事业的意义的认识,是她形成个性化教育思想的基础;对教育发展的具有科学的预测力,这是作为校长所从事或终生所追求的事业,以其敏锐的观察力而对其发展方向的把握,对与教育相关学科发展的感知力,对人文学科和科学技术发展有足够的认知力,才能使校长个性化教育思想蕴含深刻的人文思想和科学精神,才能对教育发展有更好的把握。

3. 用思想领导学校

用思想领导学校,表现在校长强烈的教育改革创新意识上。校长对传统的教育思想、教育方法都需要用自己的独立思想进行价值判断,进行扬弃,对教育进行创新,包括教育理论创新、教育实践创新和教育制度创新。校长对教育发展规律的深刻认识,是校长判断教育改革的突破口,是分辨改革与继承关系的基础。不了解教育发展的规律,也就无法正确认识传统教育中哪些是应该继承和发扬的,哪些是必须改革的;也无法正确判断需要改革的各个方面中关键所在,从而确定改革的突破口或切入点。

以往,我有时会感觉到应用自己学来的经验或者理论时,并不像想象中那样顺手,后来我读到了钟启泉教授的一句话,"教育科学领域发生了重要的'范式转换':开始由探究普适性的教育规律转向寻求情境化的教育意义"。这对我启发很大,相同的问题在不同的情境下会有不同的理解,而不同的理解正是思想碰撞的必要条件。因此我一方面注重正确的教育理念与经验的学习,另一方面注意在我们学校情境下的理解与运用。我在工作中更注意学校的历史、教师的个体经历、学校事件的情境、外校经验的背景。在第六轮学校发展规划中,我们提出了"主体性教育,彰显学生价值";在第七轮学校发展规划中,我们进一步提出了"学校教育生态化,创建'和合'生态型学校"。不断发扬办学理念,"手牵手,心连心,共成长",充分体现了"以学生可持续发展为本,融合共生的学校教育生态"的核心思想。"营造'和合'生态型学校"成了师生们追求的教育理想,也是学校坚持素质教育的必然结果。

思想的创生,是一种精神的升华。这需要胆识,需要勇气,也需要宽松、宽容的氛围。要有思想就要摒弃杂念,这样就能听到自己内心的呼声,经常进行沉思默想,或许有助于解放自己的创造力和独立思考能力,在思想碰撞中更深刻地理解道理。让我们用心去呵护生长思想的土壤,让阳光洒满大地。让我们的心灵沐浴在思想圣洁的光辉中,自在地思索。

四、思想的超越与学校办学观念

校长的教育思想充分体现在如何形成、发展与固化学校的办学观念,体现在校长是怎样从一个管理者走向领导者的。

(一)超越学校主体性文化的发展

学校是现代社会中最常见的一种社会组织,学校活动是整个社会在文化活动中最具有效力的一种文化活动,学校的文化功能是其他任何社会组织所不能比拟的。现代学校的一个重要功能就是将上一代的文化内容经过价值批判和取舍,去粗取精、去伪存真,传播给下一代。为了达成学校教育的这个功能,学校必须充分地利用各种因素,形成具有自身独特的价值观、信念、手段、语言、环境和制度的文化特质。在虹口区全力打造"彩虹计划"的契机下,学校秉承"诚信做人,认真做事"校训,坚持"手牵手,心连心,共成长"的办学理念,以"'和合'文化"的实施,实现学校优质发展。

学校"和合"文化是学校的特质文化,具有校本性。一所学校的文化特质,既具有随社会文化的发展、变迁而发展、变迁的共性,同时,又会因其构成或具体环境的不同而具有区别于其他学校的个性。学校中这种共性与个性统一的文化特质即学校文化,它是由学校成员在学校长期办学过程中共同创造的。学校的教育理念、历史传统、行为规范、人际关系、教育环境和制度以及由此而体现出来的学校校风、教风、学风,都是构成学校文化的因素,体现着学校的精神。我校在办学过程中,不断进行文化创新,逐步建构了现象的主体性教育文化,并推动了学校教育的发展。

  我校重视学校文化的更新与发展,文化凝聚力的形成与锤炼,避免学校文化单一、惰性和因循守旧,导致学校文化的保守性,而使学校只能徘徊在传统教育之中。布瓦索认为,有效现代化的关键"增加多样性而不是减少它,是加速文化的演进和加速带来文化演进的社会学习周期的运行速度"。现代化的文化,"是共同寻求对多样性和变化的处理方式"。我校为了要实现教育发展,进行了文化创新。我们经历了对学校文化选择作初出价值判断、文化更新实现观念转变、文化积累进行实践探索3个阶段的演进。对学校文化的不同态度会直接影响学校文化的建构,我校的3个阶段演进,其实质就是以生态文明的辩证思维,认识到事物是普遍联系的,事物总是不断发展的。传统学校教育不求教育创新,抱住已经熟悉的教育方式不思改进,学校的教学实际是现有知识的传递过程,学习追求记忆,考试从内容到形式都服务于对学生记忆力的检测。传统教育没有创新,也就不必发挥学生主体性。从生态文明强调的学校文化应该是开放的、多元的、交互的,注重师生主体与教育环境的互动。

  文化的双向传递与承受,一是社会之于个人的传承,社会主体根据自身发展的需要,把自己所拥有的某些精神、行为文化传递给个人主体,并使之主体化;个人主体根据自身发展(主要是适应社会)的需要,有选择性地承受社会主义思想主体传递的精神、行为文化,并最终主体化。另一是个人之于社会的传承,个人主体根据自身发展(主要是自我实现)的需要,把自己拥有的某些精神、行为文化传递给社会主体,并使之主体化;社会主体根据自身发展的需要,有选择性地承受个人主体传递的精神、行为文化,并最终主体化。从全息的角度看,教育应该是同时结合在一起进行的。随着社会历史的发展和个体的不断成熟,个人的主体性和文化创造性的提高,个体越来越有可能具有某一些高于社会主体的文化势能,成为教育的传递方,社会主体则成为承受方。个人之于社会的文化传承的比重逐步提高。文化传承的结果一方面是社会文化的个体主体化,另一方面是个人文化的社会主体化。文化的主体化是指文化的内化在主体的心理结构上,表现为主体的文化意识和文化行为。任何传承都是以语言为中介和"行为实践"相结合的方式来使被传承的精神和行为文化内化为主体的文化意识和文化行为的。

我校以"和合"文化创建生态型学校,正是超越了主体性教育文化,建构在文化双向传承基础上的,并促进这两种文化传承在学校教育中实现。学校文化必须作出符合时代发展、社会进步、教育需要的文化选择、文化更新和文化积累,教师文化、学生文化与管理者文化保持文化弹性。学校文化包括物质文化、精神文化和制度文化,学校组织文化包括学生文化、教师文化与管理者文化,这些又构成课程文化、教学文化、课堂文化等。这些学校文化的组成部分(因子)形成一定的结构,呈现出文化生态功能。文化的弹性正是学校文化的开放性、丰富性、适宜性形成的功能。文化弹性要求学校文化对各类文化的接纳性、兼容性,表现出学校文化的不断完善和发展能力,展现对师生发展的影响力。学校作为一个生态系统,不仅多元生命主体应该获得尊重,获得发展,同时学校教育作为环境应该保持学生、教师和管理者3种文化间必要的张力与弹性。

营造学校"和合"文化是一个系统工程,需要全体学校成员的积极参与,充分利用学校的课程、教学、课堂、校园的显性的和隐性的资源,让学生在丰富多彩的校园教育文化活动中健康成长。"和合"的学校文化是由良好的校风、班风、师风以及人际关系凝聚起来的,充溢着民主、平等、博爱、进取的和谐环境氛围。校风作为一种精神力量,会感染、熏陶学生;良好的班风,对学生的思想发展具有实在、具体的导向作用;良好的师风,既包含着高尚的道德修养、知识素养,又包含着甘于奉献的人梯精神和热爱学生的师德。正是在这"三风"中必须体现出主体性,承认师生的主体地位、主体价值和主体权利,表现出主体的义务责任。

学校积极探索"和合文化"的办学内涵,以"教师和合、师生和谐、家校合育、社校合力"等关键力量与优质资源,让每一个学生能全面而又自主地发展。学校和合文化建设,其含义是学校组织成员在长期的教育、教学和管理过程中生成的自主性、能动性、创造性的价值观、思维习惯和行为方式,营造主体性氛围、构建良好的趣乐课程、家校共育的大环境等,具有生态型学校的文化特征,即开放、多元、共生的学校组织文化,适宜于"六中心"的校本化的"和合"文化。

(二) 学校"和合"文化的办学张力

学校文化建设的价值在于实现学校最高层次的建设,我校以建构学校"和合"文化为重心,全面推进素质教育。学校《办学章程》第七条中已明确了学校发展目标为创办引领教育改革发展的具有"和合"文化特质的信誉度高、影响力大、示范性强的素质教育优质学校。

孕育学校文化,首要的是端正学校教育观念。

改革、选择、发展是学校办学思想的建构的要点,锐意改革、与时俱进是学校办学的基本精神。学校主动变革的办学态度,积极进取的奋斗精神,自主选择发展道路的执着和坚韧,追求成功,追求卓越,开创了学校教育的一片新天地。改革离不开选择,教育改革主要在于扩大教育的选择性空间,允许学校、教师、学生有更多的选择权。学校如果不发展就难以生存,不发展意味着缺失前途的信念。学校应该不断给自己树立更高的目标,时刻为学生的发展、教师的发展、学校的发展和社会的发展而努力。

创建"和合生态型学校"是学校的办学思想与办学价值观集中的体现,秉持学生、教师与学校的可持续发展的生态核心思想,坚持学校办学"以人为本,创建满足师生发展需求的教育"。"六中心"的办学目标即为"努力把学校建设成为教育教学有明显特点、特色,师生又持续发展自我发展能力,服务受到社会好评的生态型优质学校"。

这个办学目标的理念架构是:确立用生态价值建设、发展学校的价值理念和目标追求。其主要内涵如下。

(1) 形成学校共同的生态发展的价值理念,即学校师生共生的可持续发展价值取向。

(2) 确立学校发展的生态目标,即让学生像一棵大树一样成长。

(3) 明确生态型学校的发展思路,即品质立校、生态强校的可持续发展,最终形成学生、教师与家长3个群落共生的生态系统,成为一所师生过着幸福校园生活的生态型学校。

学校"和合"文化的办学张力更具体地表现如下。

1. 办学内涵

未来三年,以"和合文化"作为办学内涵,努力把学校办成一所"管理重人文、课程有趣乐、课堂讲自主、学生能自治"的生态型学校,让学校成为在区域享有美誉的优质学校。

我校的办学目标分别指向学校的管理、课程、课堂、教师与学生等不同层面的发展,即强调人文化管理,建设趣乐课程,倡导课堂民主,鼓励教师自主自觉,培养学生自我管理、自主发展的意识和能力。我校的办学内涵体现了健康生态的多样性、适宜性、开放性、系统性、民族性与共生性的特征。

"和合文化"办学内涵具有广泛而深刻的教育意蕴,所指向的是学生的道德、身心、知识与技能、以及价值观等综合领域,关注五育并举达到五育融合,学校始终秉承"手牵手,心连心,自主快乐同成长"的办学理念,又将其具体化为"道德自律、学习自主、健体自觉、审美自悦、劳动自立"的育人目标,以高标准的管理、高质量的教育教学提升学校的办学品质。

2. 学生培养目标

学生的培养目标即"五自"标准,分别为道德自律、学习自主、健体自觉、审美自悦、劳动自立。其中的底色是"健体自觉"和"道德自律",亮色是"学习自主"和"审美自悦"。"劳动自立"是基础标准,"道德自律"是核心标准,"学习自主""审美自悦""健体自觉"是增值标准。

(1) 道德自律。知礼节,明事理。注重自身综合素养的提高和良好道德品质的养成,成为品德高尚、向美向善、人格健康的人。

(2) 学习自主。会学习,善学习。懂得学习成长是自己的事,端正学习态度、激励学习动力与自信、掌握有效学习的方法与本领,成为学习的主人。

(3) 健体自觉。会锻炼,勤健体。自觉投入有益身心的体育运动中,养成健康的身体素质、心理品质、生活期望、兴趣爱好。

(4) 审美自悦。善交流,乐交往。合理和大胆地表达自我,在集体中悦纳他人、善于团结、乐于分享、荣辱与共,彰显现代学生的活力与精彩。

（5）劳动自立。爱劳动、耐劳苦。树立劳动光荣感、为人民服务的精神，养成良好的劳动习惯，善于日常生活自理，积极参加校内外公益劳动。

3. 教师发展目标

教师的发展目标即成为道德自律、学习自主、健体自觉、交往自如的"四自教师"。

（1）道德自律（崇德）。教师要有崇高的师德，德高为师，身正为范；以良好的职业道德和虔诚的心态高质量、高标准地完成好本职工作。

（2）学习自主（博学）。教师要有渊博的知识，较高的专业素养，精通教育方法。掌握指导、引导和疏导学生的教育方法和艺术，因材施教、循循善诱，用有效的教育方法育人。

（3）健体自觉（尚健）。崇尚健康生活方式，自觉投入有益身心的健身中，养成良好的心理品质、生活期望、兴趣爱好。

（4）交往自如（乐群）。强调教师以"教书育人"为乐，乐于合作，善于与学生交流，善于与家长沟通。

（三）学校文化理念识别的确立

学校理念是学校文化的集中体现，为了有利于学校的办学，学校必须十分重视学校理念得到确立以及理念识别的建立，以便全校师生明晰并能为此努力。学校办学观念也称为学校办学指导思想，它属于思想意识的范畴。现在越来越多的学校日益重视学校理念，并把它放在与课程教学改革同样重要的地位上，通过学校理念引发、调动全体师生的责任心与行动力。

学校理念是学校在长期的办学实践活动中形成的与其他学校不同的存在价值、办学方式以及教育教学的战略、宗旨、精神等凝练而成的,是学校形象识别(SIS)系统的核心。它不仅是一所学校办学的宗旨与方针,还包括一种鲜明的文化价值观。对外,学校理念是学校识别的尺度;对内,学校理念是学校内在的凝聚力。办学理念是学校文化教育底蕴的积淀,是学校形象定位与传播的基点,它对内激励教师为学校的办学目标而奋斗,对外展示学校的价值追求。完整的学校识别系统的建立,首先有赖于学校的办学理念的确立。

1. 我校办学理念:**手牵手,心连心,快乐同成长**

《学校章程》第十一条明确了"手牵手,心连心,自主快乐同成长"的办学理念。我们学校校徽用视觉形象表达了这样的理念(见图1-1)。

黄色代表青春、可爱,代表着每一天的朝阳,使人产生一种对美好生活的向往之情。紫色则代表声望、深刻、胆识与勇气。黄色、紫色两个各成半圆的小手以握手的形式展现,拼成一个圆形,象征着圆满、完美、自在。

图 1-1 "六中心"校徽

2. 我校办学理念的深刻内涵

(1)"手牵手,心连心,快乐同成长"这个理念符合"教育2030:迈向全纳和平等的有质量的教育以及全民终身学习"的《仁川宣言》宗旨。该理念充分体现了公平教育和教育机会均等的思想,也体现了建构和谐社会在教育上的基本要求。这是教育均衡发展、追求的公平教育的必然办学逻辑。

(2)"手牵手,心连心,快乐同成长"是对教育"以学生为本"的形象的具象,也是人文主义思想的集中表达。该理念承认师生的生命意义,凸现学生的教育价值主体地位以及学生个体的主体性,强调摒弃对教育价值功利的追求,摒弃教育选择优胜者的做法,确立"教育为了每一个孩子"的观念。

(3)"手牵手,心连心,快乐同成长"体现社会对儿童的承诺。儿童是民族的未来,是世界的未来。营造儿童健康的成长生态环境是对民族和人类负责。《儿童生存、保护和发展世界宣言》庄重承诺,"对儿童的权利,对他们的生存、对他们的保护和发展给予高度优先"。

(4)"手牵手,心连心,快乐同成长"是全纳教育思想的集中体现。每一个孩子都是重要的,教育关注每一个学生的生存和发展,更要求每一个教育工作者对弱势学生群体和个体要特别予以关心。这是全纳性教育思想的体现,学校教育必须关注每一个学生,他们都是我们教育服务的对象。

(5)"手牵手,心连心,快乐同成长"强调教育必须关心所有儿童的最充分的发展。学校的责任是使每个儿童达到他可能达到的发展水平的条件,这是以学生为本的教育行动的诉求。"儿童快乐成长"体现了教育的"发展性"这个基本价值,意味着为了每个孩子的成长和进步,教育的职能在于最大限度地促进每一个儿童获得发展。

(6)"手牵手,心连心,快乐同成长"这个理念强调"成长的快乐",学生真正的发展,个体的自我实现,才是学生内在快乐的源泉。该理念体现了教育的最高目标是实现"个性化"的教育,即学生个体纵向发展,而不是个体横向比较。每个学生都存在着差异,针对这些差异进行教育,提供"适合"个体差异的教育,才是最好的快乐教育。

(7)"手牵手,心连心,快乐同成长"强调的是互相支持而成长,"同成长"意味着教学相长。"同成长"要求学校让学生学会学习,这样的教育会让学生真正成长。每个学生都有自己的潜能,最充分地开发学生的潜能,"相信每一个学生都能带来变化,每一个学生都能发挥作用",用最适宜的方法让学生学会学习,使每个学生在其原有的基础上不断地成长,就是这个理念的本义。

(8)"手牵手,心连心,快乐同成长"这个教育理念对学校教育提出了高要求。该理念是我们教育事业的理想,也是我们教育工作者的追求,也是我们行动的号角。我们不会因为它看起来理想化而不追求,不会因为其高标准而不行动,我们用积极的行动实践我们的教育理念。

3. 我校办学理念的吉祥物

我们的"手牵手,心连心,快乐同成长"的办学理念,促进了全校师生对学校文化的认同,并以理念物化的形式表征。我们设计了体现学校办学理念的吉祥物,取名"快乐六宝"即"六中心"的快乐宝贝。

吉祥物"快乐六宝"是结合校徽设计而成的。它双手展开,迈动轻盈的步伐迎接着晨曦,给人活泼、可爱、富有朝气的印象(见图1-2)。该吉祥物运用对比色系,色彩鲜明,既突出了它的亲切感,也体现了六中心以学生"自主快乐同成长"的设计概念。

图1-2
快乐六宝

4. 我校办学的精神导向

我们在办学上始终坚持以"激发师生生命潜力,促进师生生命成长,提高师生获得感"为精神导向,坚持教育以师生自然生命状态向良性方向发展为本,自主快乐,共同成长。通过对理想目标的追求,强化生生之间、师生之间、亲子之间、家校之间、社校之间的沟通、联系、协调、共进;借助各方优势资源,促进学校的改革与发展；强调通过有效的教育教学活动，不断激发学生的潜能和内驱力；在教与学的过程中，使学生萌生"自我认识、自我教育、自我发展"的主观要求，形成主动学习和创造学习的意识和热情，让学生自主快乐地成长。

（四）学校文化行为识别的确立

学校行为系统直接反映学校理念的个性和特殊性，是学校实践办学理念与创造学校文化的准则，对学校运作方式所作的统一规划而形成的动态识别系统，包括对内的组织管理和办学活动，对外的公共关系、社区教育活动等。通过一系列的实践活动将学校理念的精神实质推展到学校内部的每一个角落，汇集起师生的巨大精神力量。

学校文化的孕育中，我们注重学校行为识别（behavior identify），这是指学校在内部协调和对外交往中应该有一种规范性准则。这种准则具体体现在全校师生日常行为中，也就是说，师生在校的行为举动都应该是一种学校行为，能反映出学校的办学理念和价值取向，而不是独立的，随心所欲的个人行为。学校的行为识别是学校处理和协调人、事、物的动态运作系统。是一种动态的识别形式，它通过各种行为或活动将学校理念观测、执行、实施外显出来。

近年来，我校办学致力于每个孩子潜能的发挥、个性的舒展，遵循教育规律，尊重学生差异，优化并协调各方教育因素，使学校真正成为学生成长的乐园。我校是全国青少年校园足球特色学校、全国中小学国防教育示范校、全国软式棒垒球实验学校、全国体育活力校园、上海市文明校园、上海市中小学行为规范示范校、上海市首批家庭教育示范校、上海市首批绿色学校、上海市红旗大队、上海市依法治校示范校、上海市安全文明校、上海市体育传统项目(足球、垒球、中国象棋)特色学校、上海市首批城市少年宫、上海市首批"一校多品"创建试点学校、上海市第六届心理健康教育先进集体、上海市花园学校、上海市节水用水示范(标杆)学校等。

这些都是师生践行"手牵手,心连心,快乐同成长"的办学理念的成果。我们学校的行为系统包括校训与"三风"。

1. 校训

校训是学校制定的对全校师生具有指导意义的行为准则,是对学校办学传统、办学目标、办学特色的高度概括;也是学校面向社会的一种精神标志。我校依据办学理念——"手牵手,心连心,快乐同成长",确认了"诚信做人 认真做事"的校训。

人生在世,就是两件事:做人与做事。《论语》说:"弟子入则孝,出则悌;谨而信,泛爱众,而亲仁。行有余力,则以学文。"孔子认为,以诚做人,以信待人,认真踏实做好每一件事,你就是一个成功的人。将"诚信做人、认真做事"作为"六中心"的校训,旨在培养学生健全的人格品质,将育人作为工作重点和努力方向。其核心理念是"信""真",是师生的品性、道德成长的目标。我们力求通过学校教育实现师生道德与学业的共同进步。"信""真"是学校一切"教"与"学"的活动的起点和归宿。

"诚信做人",诚信是修身的基石。诚信是最基本的品德修为,做人必先立诚,为人"言必信,行必果",言行一致,表里如一,才能堂堂立身于天地。

"认真做事",认真是成功的关键。有认真,才有创造;有认真,才能从容;有认真,才会成功。

基于"诚信做人、认真做事"的校训,我们进一步确定了"和合有序、进取向上"的校风,"敬业、严谨、博学、善导"的教风,"勤学、好问、善思、乐辩"的学风。

2. 校风：和合有序、进取向上

"和合有序、进取向上"校训的核心理念是"和合"，"和合"是协调，是合作，是沟通，是融洽，"和合"是学校氛围的终极追求，是实现学校可持续发展的动力。

"和合有序"是学校发展的主体氛围，"有序"主要是指秩序，秩序是社会发展的前提，是所有工作的基础，教育更是讲究张弛有度，规范有序，只有如此才能保证学校活动有序进行；"和合"则是学校工作的终极追求，教师和合发展，学生和合成长，师生和合共进，学校成为人全面发展、社会和谐进步的源发地，是我们追求的目标。

"进取向上"是学校秉承的精神追求，是一种前行的姿态，是一种奋进的方式，更是一种勃发的精神。六十多年风雨坎坷路，"六中心"人从未停止前进的脚步，从未放弃昂扬的姿态，始终以上进的态度，以精进的方式，去赢得前进的方向。未来，需要我们共同创造，在创造的进程中始终不变的是"六中心"人昂扬的斗志和奋进的姿态。

3. 教风：敬业 严谨 博学 善导

敬业——爱岗敬业，良好教风的内在灵魂，是教师基本的职业要求和道德规范。

严谨——严格谨慎，一丝不苟，这是每位教师律己律人，治教治学的基本要求。

博学——教师必须要广泛涉猎各种书籍，提高专业水平，掌握精湛教学技艺，厚重教育底蕴，才会成为学生学习的典范。

善导——教师是学生学习的引导者，是学生品行修养的雕刻师，良好的教育教学方法是学生成长、进步的关键。

4. 学风：勤学 好问 善思 乐辩

勤学——勤于学习,勇于探究,力争上游。

好问——敢于发问,善于发问,在不断质疑发问中提升高阶思维。

善思——勤于思考,善于思考,学会在思考中求得知识的真谛。

乐辩——思想的磨砺与提升来自与人的交流,在学习中乐于辩论,善于表达,让思考在辩论中成长。

面对当前不断发展、持续更新的教育需求,学校强调用"和合文化"培养"道德自律、学习自主、健体自觉、审美自悦、劳动自立"的"五自"少年,基于"手牵手,心连心,自主快乐同成长"的办学理念,形成了校训和"三风"体系。"和合"育人体系犹如一粒鲜活饱满的种子,将深深植根于孩子的幼小心灵,伴其一生,惠其一生。

第二章　聚焦理念　构建格局

——"和合"生态型学校的建设

一、"和合"生态型学校的提出动因

（一）"和合"生态型学校的思想认识

习近平生态文明思想是习近平新时代特色社会主义思想的重要内容，习近平对教育生态与教育发展有着重要的论述。习近平生态文明与教育生态的思想指引教育改革与发展，构建以学校教育为基础、覆盖全社会的生态文明教育体系，推动教育观念、教学内容、教学方法的一系列转变，以全面提升民众的生态文明素养。开创新时代教育必须以习近平生态文明与教育生态思想为指导。我们学校近年来以习近平关于教育生态思想为指引，推进学校教育改革和发展。

（二）"和合"文化的教育传承

"和合"思想是中国传统文化中的宝贵思想财富，早在《史记》中有曰"施教导民，上下和合。""和合"是由相和（谐）的事物融合而产生新事物，这符合现代生态学认识。习近平指出："儒家倡导'大道之行,天下为公',主张'协和万邦,和衷共济,四海一家'。这种'和合'理念同'上海精神'有很多相通之处。"这揭示了"和合"文化已成为指导社会文化交流融合和发展的重要理念。

和合思想符合现代生态学认识,是我与自然、我与社会、我与自身各种关系"和合",以达到生态文明状态。和合文化的要义是天人合一、保合大和、身心和合、和而不同,即"四和合",对应教育生态应有之义。我校的教育也受到了"和合"思想的启示,从而从主体性教育向生态化教育发展。

1. "和合"的历史探究

"和合"在中国文化中源远流长,蕴含着丰富的中国哲学思想。"和合"思想对我们教育也有着深刻的启示。"和合"从我国文字上就意蕴着"和谐""融合"。

2. "和合"文化的思想渊源

在先秦时期,"和合"文化已得以产生和发展。在儒家、道家经典中"和"与"合"还没有联用,但是也表现出了"和合"的思想,强调通过"和"达到一种社会的美好的状态。

"和合"作为认同性极强的话语最早来自《国语·郑语》中,"商契能和合五教,以保以百姓者也",其中"五教"是指"父义、母慈、兄友、弟恭、子孝。"五教和合,能使百姓安身立命。在先秦的思想家中,管子第一个对"和合"概念作了表述:"畜之以道,养之以德。畜之以道,则民和;养之以德,则民合。和合故能习,习故能偕,偕习以悉,莫之能伤也。"他把民众的"和合"作为民众道德的直接体现,认为学习"和合",就是学习道德,所以民众只要能够"和合",就能产生"莫之能伤"的强大力量。

"和合"思想起源悠久,它所包含的思想内涵也极其丰厚,其基本内涵至少包括两点:首先是"和而不同"的辩证思想;其次便是

"相互包容"求同存异的价值观。

"和合"文化有两个基本的要素,一是客观地承认不同,比如阴阳、天人、因缘等相互不同;二是把不同的事物有机地合为一体,如阴阳和合、天人合一、五教和合、因缘和合等。中国古代先哲们通过对天地自然界、人类社会普遍存在的和合现象作大量观察和探索,从而提出了和合的概念,对和合现象作本质的概括,由此促进事物的发展和新事物的产生。在这个过程中,中华和合文化得以产生、流传和发展,成为人们普遍认同的观念。

(三)"和合"思想与学校教育的契合

"和合"思想是中国传统文化的宝贵财富,它的文化内涵深厚,对学校文化的建设也有着积极的指导意义。

当今人类面临着诸多环境危机、人文冲突、道德冲突、价值冲突。这些冲突与危机的化解,呼唤人与自然、人与社会、人与自身各种关系"和合",以达到生态文明状态。只有顺着和谐自然的关系去做,才能使万物祥和。"保合太和,乃利贞"意为天道的变化使万物各得其性命之正,万物因而具有各自的禀赋,成就各自的品性,这强调天道运行变化,使天下万物逐一各依其性、充分合理地化育生长,始终保持和汇聚着伟大的和谐;这就进入了祥和、稳健和正道的境界。"保合太和"的价值理想,包括人与自然的和谐,人与人(社会)之间的和谐,以及人自身的和谐。

我们基于"和合"思想思考学校教育中学生的学与教师的教的关系,办学中各种因子的关系,并将这些关系思量学校文化内涵,以及学校主体因子与办学环境因子间关系,确认学校系统应该是"和合"的,成为一个学校教育系统。这个学校系统各因子和而不同,有差异又共生,是矛盾的统一体,把差异调节限定在相互依存的和合体中,使学校成为一个和谐的教育共同体。学校教育关注"和合"的"和",强调教育和谐、师生友爱、学校友好;"合"指结合、融合、合作,强调学校德育、智育、体育、美育与劳育融合。"和"与"合"连起来讲,就意味着在承认"不同"事物之矛盾、差异的前提下,把彼此不同的事物统一于一个相互依存的整体——和合体中,并在不同事物和合的过程中,对各个要素达到最佳组合,由此促进新事物的产生,推动事物的发展。这"和合"意为世间的任何一种现象都是由"因"与"缘"和合而成的。我们从朴素的学校办学实际中,感受到了学校中的生态问题,学校应该走向教育生态建构的发展新阶段。"和合"生态型学校创建是本校深化教育改革与发展的必然。在学校发展规划中,明确提出了"和合"办学理念,同时,也确立了"创建生态型学校"的行动总策略。经过学习领会习近平生态文明思想,我们认识到教育生态是教育的基础,是教育健康发展的保障。本项目的要旨:既要主动开展"生态的教育",又要积极构建"教育的生态",努力探索创建生态型学校的模式与策略。

二、"和合"生态型学校的重要价值

(一)"和合":和谐,儿童友好

学校贵在儿童友好的价值,在和谐的环境中,儿童和谐成长。

儿童的幸福和权利始终是全世界关心的一个主要问题。1946年12月11日,联合国儿童基金会成立,1948年联合国大会通过的《世界人权宣言》承认儿童必须受到特殊的照顾和协助。以后,联合国又于1959年11月通过《儿童权利宣言》,始终强调保护儿童的权利。《儿童权利公约》(Convention on the Rights of the

Child）于 1989 年 11 月 20 日以第 44 届联合国大会第 25 号决议通过，是第一部有关保障儿童权利且具有法律约束力的国际性约定，自 1990 年 9 月 2 日起生效，该公约宗旨是为世界各国儿童创建良好的成长环境。中国于 1992 年 3 月 2 日向联合国递交了中国的批准书，从而使中国成为该公约的第 110 个批准国。《儿童权利公约》强调儿童享有一个人的全部权利。这基于人人享有一切人权（all human rights for all, tous les droits de l'homme pour tous）。该公约规定了世界各地所有儿童应该享有的数十种权利，如受教育权、健康权、医疗保健权、受父母照料权、娱乐权、闲暇权、隐私权、表达权等，其中包括最基本的生存权、全面发展权、受保护权和全面参与家庭、文化和社会生活的权利。《儿童权利公约》还确立了 4 项基本原则，即不歧视原则，儿童最大利益原则，确保儿童生命权、生存权和发展权完整的原则，尊重儿童意见的原则。《儿童权利公约》通过确立卫生保健、教育以及法律、公民和社会服务等多方面的标准来保护儿童的上述权利，明确了国际社会在儿童工作领域的目标和努力方向。《儿童权利公约》指出，缔约方应确保儿童均享受公约中规定的各项权利，不因儿童、其父母或法定监护人的种族、肤色、性别、语言、宗教、政治身份、出身、财产或残疾等不同而受到任何歧视。《儿童权利公约》包含了一整套普遍商定的准则和义务，在追求一个公正、彼此尊重以及和平的社会的过程中，将儿童放在中心位置。该公约建立在各种不同的法律制度和文化传统基础上，是一套普遍接受的不容商榷的标准和义务。

儿童是人类的未来，是社会可持续发展的重要资源。儿童应在家庭环境里，在幸福、宽容、理解的气氛中，充分而和谐地发展其个性；家庭是社会的基本单元，是儿童成长的第一场所，应获得必要的保护和协助；社区是家庭获得支持的最近平台，应调动社区所有资源,促进家庭和儿童的幸福安康。学校是儿童生活与学习成长的不可替代的场域,也是儿童安全、幸福、可靠的成长环境。在世界范围开启了"儿童友好"的社会与教育的潮流。世界上不少国家开展了"儿童友好城市""儿童友好社区"与"儿童友好学校"的建设。

儿童友好学校是对儿童权利、儿童福利与儿童发展的学校化演进。儿童能从学校中获益,能享受学校中有益于身心健康的环境,尊重少年儿童的权益,培养、认同并实现少年儿童独特的贡献和潜力。我校充分认识"儿童友好"的意义,一是平等地对待儿童,承认儿童的权利主体地位,尊重儿童的感受;二是注重儿童发展,关注儿童周围环境和个体的变化;三是注重儿童的关爱,重视儿童与成人、儿童与家庭、儿童与儿童之间的交流与反馈。儿童友好正与"和合"思想契合,关注儿童与环境。正是学校从我国优秀文化与国际共识建构学校发展的思路与框架,从主体性教育演进到学校生态的营造,创建"和合"生态型学校。

健康的教育生态可以更好地助力素质教育的推进,为社会提供更优质的教育。学校健康的教育生态营造是回应国家生态文明的建设,对学校教育发展发展有着积极作用。健康的教育生态化有利于转化学校教育发展的限制因子,对教育结构进行调整优化,破除陈旧的观念,摒弃落后的机制,从而更好地助力素质教育的推进,最终为社会提供更优质的教育。

(二)关切:非生态现象的转变

友好型学校是"六中心"办学的追求,正是学校存在着一些非生态现象,才成为我们营造健康的学校教育生态的动因。眼看着学校中还存在的非生态化的现象,我们思索着如何解决的路径。

我们从朴素的学校办学实际中,感受到了学校中的生态问题,主要表现在办学中尽管取得很好的进步,但是缺乏自觉的生态意识与观念。当前学校教育中最突出的非生态性教育行为表现在师生关系上,对学生"师源性心理伤害"较多。"师源性心理伤害"是由于教师的心理素质和心理健康水平不佳,对学生的心理健康造成程度不一的伤害,如教师变相体罚、侮辱性的批评或嘲讽。有些教师常常以居高临下、盛气凌人的态度对待学生,甚至用刁钻、刻薄的语言对学生讽刺挖苦,比如"你真笨""没出息"等。师生关系,常常就像"医生与病人",教师眼中是学生的病,得尽心"治疗",师生关系变成了"医患关系"。教师对学生不公正、歧视和偏见,常错误对待学生。师源性心理伤害所造成的危害对学生身心发展,以及对教育、教学产生不可低估的负面影响。

在学校课程目标单一、过程僵化、方式机械的"生产模式"。学校课程计划常显无背景的目标、竞争和外在的评价,教师/学生、意义/情景等二元对立,价值中立的信息传递,线性的发展模式。正如斯拉特瑞(Slattery,1995)指出的,"技术的、分离的现代思想意识不仅摧残了人类的灵魂,而且威胁到人类的生存"。课程缺乏丰富性、多样性,探究课程与探究学校方式没有得到应有关注。课程缺乏自身内与外联系,米勒认为,"我们把知识划分为学科、单元、课,然而学生常常并不能理解学科之间、学科中的事实之间的联系,或者学科与生活的相互关系。"学校课程需要加强身内的联系,全面发展人的身、心,或知觉、情感、理智等,整体课程势在必行。课程的封闭性不仅表现在学科单一性,内容上缺乏跨学科、广域视野,而且还表现在课程缺乏整体性,与生活、与社会脱节,学生课程学习常常变为学习教材、应付考试,导致课程学习日益狭窄,学生学业负担过重,学生对型课程学习真正的兴趣日益下降。

在学校中,非生态性教学还表现在教学内容和方法上。教师的教学内容过多、超越学生生理、心理可以承受的范围是常见的，导致学生的习得性无助感，认为自己笨，读书读不好。尽管现在不断降低要求，但至今还是让我们感到忧虑。课堂教学中许多教师在很大程度上是在"克隆"学生，课堂教学基本遵循着"赶鸭子""填鸭子""考鸭子"的模式，最后学生都变成了无个性、无特色、无活力的唯书、唯教师、唯标准答案的"板鸭子"。传统的课堂教学以一个模子、一种方式、一个标准把原本千姿百态、生动活泼的学生加工成"标准件"，课堂教学方法的工具性和机械性不仅湮灭了教与学过程的生命活力，也异化了教育的意义。从生态学的视角来审视学习教育，当今学校教育中存在的生态文明缺失现象较多。

非生态的教育环境中，教师常常扮演着课堂权威和课堂学习的控制者，学生则理所当然地居于被主宰、被控制的地位。但课堂学习中，学生主动精神常受压抑，老师说什么，学生记什么。学生甚至失去了在自然常态下正常的心理、行为反应，一切围着升学率转。教师教学中常用僵化的、机械的、单一的方式，唯分数论、标准化测试，强调统一答案。比如曾有报道，教师问学生：下列蜜蜂、鸟、兔子、熊猫，谁不同？教师的标准答案是熊猫，理由竟是它是需由动物园饲养的动物。还有一个实例：教师问："日照香炉生紫烟"作者是谁？学生答："唐，李白"，结果是错，教师的标准答案只是"李白"两个字。这些实例引起社会的质疑，深感当今语文教学存在着教学方法简单化、粗暴化的弊病。

在非生态化教学中，教师不是作为一个创造性的激发者、学习的引导者、潜能的开发者、高品位生态的营造者、生命活力的调节者。角色的错位打断了课堂里正常和谐的相互交流与影响，并形成了一套强化和惩罚体系，使得师生之间、学生与学生之间的关系和互动变得异化。非生态的教育现象在学校中屡见不鲜，学习教育出现了较为严重的"水土流失",即营养不良、生态失调、压抑个性、失去灵性、远离生活,到了必须转变的时候了,构建良好的学校教育生态迫在眉睫。

非生态性教育损害了学生的心理健康,导致学生注意力不集中、学习焦虑、抑郁、学业不良、厌学等一系列的心理问题,甚至永远无法弥补。在教育、教学实际中,有的教师不反思自己的言行是否符合职业道德要求,相反,却滥施教师的权力,有的教师甚至强词夺理、推卸责任,把过错一概归咎于学生。"人类灵魂的工程师"却成了"学生心灵的摧残者"。这种专制、无情的师生关系破坏着学校教育的生态。这些非生态现象的存在足以令人警醒,教学超载、关系失衡、无视人性、权力控制、缺少和谐的教育必须转变,使之成为学生健康成长的教育生态。

(三) 学校教育生态化的必然

教育是否应该关注生态问题,这是我校领导与教师关切思考的问题。我们逐步认识到,教育的生态文明问题正在获得国内教育界前瞻性的关注,而且健康的教育生态的营造也符合国际的教育趋势。从学校的教育教学中,我们感受到健康的教育生态不但能够优化教育资源,激发学生成长的内生力,更给予了学生一个发展的环境,在增强学生主体性与优化成长环境的教育生态系统中,师生间平等的、多元的沟通与交往,学生浸润在健康的学校教育生态里,学生的人格发展健全,心理健康成长,学生会像一棵大树一样成长。

健康的教育生态能为学校课程改革与发展提供支持,提供开放的、丰富的、适宜的课程生态,整合优秀的教学资源,使学生、课程与生活有机融合起来。丰富的课程生态突破学科界域的束缚,向自然回归、向生活回归、向社会回归、向人自身回归。课程的内容、形式与过程增进了与社会的密切联系。学校不断丰富校本拓展课程,不断发展探究课程,就是为了避免课程生态的"荒漠化",课程理性与人性的融合,科学、道德和艺术现实地、具体地统一。健康的课堂生态能使教师的课堂教学有多样化的选择,丰富学生课堂学习,激发学生学习的兴趣。

健康的教育生态有利于营造良好的课堂生态,促进学生学习的丰富性与自主性。传统的教学组织形式是以集体教学为主,教学方式是以教师讲授为主,这容易导致培养出的学生存在类型单一、人才结构单一,创造力不足等问题,但在生态课堂上,教师根据教学的纲要和目标,本班学生的实际情况,选择合适的教学手段,在授课时给学生思考的自由,给其机会展现个性与思想,做到尊重学生的多样性,促进学生的个性解放与发展。健康的教育生态有利于设计丰富多彩的课堂教学活动,培养学生自主学习与探究的能力。教师可以采用分组教学的组织形式,丰富课堂活动中师生交流的数量、组织方式和类型。师生间的互动是多元化的。健康的课堂生态呈现了一系列精心设计的课堂教学活动,促进师生间,生生间的良性互动。课堂上,教师不再是一位权威者与控制者,而是起到组织者和引导者的作用。许多教学活动是由学生自己动手探究来完成,"实践与探究"是学生"学习"的最基本途径。

健康的教育生态有利于构建和谐师生的关系,促进学生人格的健康发展。在生态化的学校里,教师会关注学生的身心发展特点,努力为学生营造出宽松、自然的教育环境。学习氛围较宽松,而不是传统教育中围绕分数或是升学率营造出的压抑氛围。教师对学生的评价可以多元化,不但注重最终的学习结果,也关注到学生学习过程,探究过程中的优秀之处。学生的自信心得到了培养并且发展,学生的人格得以健全。师生间的相处更是平等的,多元的,和谐的。在健康的教育生态中,即使教师的心理不佳时,也会及时调整自己,不把消极的情绪带进课堂中。努力为学生营造生态课堂,教师变相体罚、侮辱性的批评或嘲讽行为减少甚至消失,这对保护学生的幼小心灵有非常积极的意义。教师以包容理解的方式进行教育,以生态化的方式与学生进行交流。在健康的学校教育生态中,学生们的心理得以健康的发展。

教育生态化是我国教育改革与发展的重要方向。教育非生态现象不仅表现在宏观的基础教育均衡发展中存在的教育供给和需求的结构性失衡、教育资源配置重点和教育质量优化方向的失衡上,而且也表现在微观的学校教育中存在的严重非生态教育现象。这是一个迫切需要解决的问题。构建绿色、和谐、可持续的教育生态环境,为学生全面发展健康成长提供"绿色生态",实现"绿色"教育。上海市教育委员会关于"《上海市中小学生学业质量绿色指标(试行)》的实施意见"中指出,"建立良好教育生态的有效保障",生态化的教育在本质上体现了当前基础教育转型发展的走向。学生的发展需要有良好的生态环境,建立学校德育、课程、教学与管理的内外部良好关系,建构学生健康成长的生态系统,培育学生良好的生态素养。"让学校更生态"意味着让学校的教育更生态化,学校的教育生态更健康。

三、基于"和合"学校生态化的思考

(一)"和合":学校更生态

我们在对"和合"思想的文化研究中,对"和合"文化的要义实行了教育意义上的演绎,具体化为"天人合一、保合大和、身心和合、和而不同",即"四和合"。这就是意蕴人与自然、人与人、人与社会等方面的和谐内涵。这在本质上同"生态是一定范围内关系与状态的集合"一致,也表征了良好生态的基本特征。这就表明了"和合文化"与"教育生态"这两者的内在一致性。正因为此,我们学校把创建的生态型学校的主题确定为"和合"为特征的生态型学校,并在办学实践中演绎出的"和合"生态特征,使学校的生态化,越来越突出。

"学校更生态",这是当代学校教育的追求,也是创建生态型学校的基本的路径。"学校生态化"是指让学校健康的生态特征更明显、更突出。这意味着学校教育生态更符合生态特征,具有生命性、民主性、适宜性、丰富性、共生性、开放性、均衡性、整体性。"更生态",即生态化,主要表现在学校生态要素更生态化与生态系统结构更生态化这两方面,从而使整个学校的生态特征更明显。

"和合"生态的要素特征"更凸显"。首先要把握学校生态系统中的主要要素,并全神贯注地营造这些要素,使这些办学要素更生态化。同时"和合"生态要素结构要生态化,由要素构成的系统结构要合理、稳定、动态、均衡,这样"和合"的生态功能才能实现。通过要素与结构这两方面生态化,使它们的生态特征更明显,学校生态系统完善与优化,学校生态品质得以提升,生态型学校才能建成。这个过程就是学校生态化的过程。

走向教育生态建构的学校发展新阶段。在学校发展规划中,明确提出了"心连心,手牵手,师生同成长"的办学理念,继后,学校也确立了"基于习近平生态文明思想,创建'和合'生态型学校"的学校发展统领性核心项目。学校从主体性教育向更高境界与水准的生态型学校创建提升与发展。这是随着对教育生态的认识发展,我们认识到教育生态对学校教育发展的意义,教育生态是教育的基础,是教育健康发展的保障。学校认识到教育生态对学校发展的重要价值是学习办学的又一次升华。

生态型的创建是伴随着生态文明社会形态的诞生,我们要从满足受教育者的各种发展需求出发,用人本、和谐、共生的理念作指导,既要主动开展"生态的教育",将可持续发展的知识、意识和行动纳入学校课程、教学、管理和评价中,培养适应和促进生态文明社会所需要的未来人才;又要积极构建"教育的生态",要将生态文明的基本理念渗透到学校的课程、教学、管理和评价各个环节中,创生生态型校园、生态型课程、生态型德育、生态课堂等,在培养适应和促进生态文明社会所需要的未来人才的同时,努力探索学校生态教育的模式与策略,实现学校自身的生态变革。

(二)"和合"的生态化特征

1. "和合"的生态要义是生命性

生长和发展是人的本性,发展是生命的权利,是生命的目标。教育生态应该成为生命发展的良性生态,这里的发展是师生双方的共同发展,是彼此生命发展意义的自觉,是对生命的虔诚和负责。教育生态中的"生命发展"意指生命的天性就是生长发展,生长和发展是人的本性,发展是生命的权利,是生命的目标。生命发展就是生命在良好教育生态中的生生不息和蓬勃向上。我们以生态系统主体的良好发展为终极目标,以符合生态发展的规律与原理,积极营造为师生生命发展的良性生态环境,促进处于教育生态中的师生获得健康的发展。教育生态强调学生是生命体,更是能思想的生命体,应该把教师、学生看作在教育这个特殊环境中相互作用的个体,用更符合生态原理的方式来营造教育生态。

2."和合"的生态核心是民主性

人类社会的生态系统的最大特点是民主性,这不同于自然生态。人类的生态要和谐、和合,民主是必然的。学校教育生态系统中主要关系是生命体的关系,如师生关系、生生关系、教师关系、管理者与师生关系、课程与师生关系、教学与师生关系等。无论是专业上考量、还是人际关系上考量,这些关系基本衡量标准就是民主性,即是平等的还是不平等的、是民主的还是专制的。学校教育生态的民主性程度是各种关系状态的直接的表征。学校教育生态应该建立民主的关系,具有民主平等的氛围,教育教学与管理民主化,建立平等、民主、尊重、信任、友好与合作的师生、生生之间的人际关系。小学教育生态从"生态位"的观点出发,充分尊重人的本性,突出以人为本的教育思想和个性发展的培养目标;从"生物链"的原理出发,强调和谐发展,建立教师、学生、家长、学校、社会等诸因素之间和谐、平衡的关系;从"生态场"的效应角度,凸显环境功能,构建生态管理校园环境,使人得到潜移默化的转变,从而实现师生的持续发展。

3."和合"的生态目的是共生性

教育生态是教育发展的基础,"教学相长"是教育的境界,也就是生态的重要特征——共生,"和合"的具体表现为"融合、和谐、统合、合理"。

● 融合

融合意味着共生性。生物生活在一起,一方的存在以另一方的存在为条件而长期共生;同时又直接或间接地发生着联系,师生之间的关系也是一种互利共生的生态关系,共生是不同教育生态主体之间的积极关系。生态学认为,一个物种的进化必然引起另一物种及相关物种发生协同变化,这种相互适应、作用的共同进化,即协变性。教师是相对于"学生"而言的,离开了学生,教师价值就成了无源之水;相反,学生离开了教师,学习上就困难重重,这就是"教学相长"的生态意蕴。学生与学生之间也是共生关系,正如《学记》中提到的"独学而无友,则孤陋而寡闻"。

融合也意蕴着承认差异性,存在着差异,才需要融合。教育生态表现出来的差异性,正是生态主体的差异与环境的差异,以及它们之间相互作用的差异。教育生态要满足不同层次、不同学生的学习上的差异,关注学生发展的情境性,这是教育走向现代的重要标志。也正是教育生态的差异性,才需要生态中高要素融合,才需要五育并举达到五育融合,融合包容了生态的差异性,使得教育生态多样性。

融合需要开放,只有开放才能实现融合。学校教育生态系统是开放的,不断地在系统主体与环境的内部、系统与外部的生态系统进行着物质、能量和信息的交换,使得生态系统获得动态平衡。学校教育生态系统不仅内部各生态因子之间进行着多渠道的融汇与沟通,也与外部的自然生态系统、社会生态系统和文化生态系统物质、能量或信息传递、转换的形式向外开放。互联网突飞猛进发展的今天,学校生态系统的开放对学校的教育产生着不可忽视的影响。在学校教育生态内部,教育目标、内容、评价以及管理机制体系等,相互之间都必须随时地进行交互。在教育过程中,任何一种要素或因子都不是,也不可能是完全孤立封闭的。如果忽视教育生态系统的内外开放性,对生态系统内外各因素的变化不能把握,对教育过程不作及时、相应地调整,就会严重影响学校教育生态系统的实际功效。学校教育生态不断地通过与校外的家长、社区、政府职能部门、企事业等建立多种联系,通过这些开放性的联系,使学校教育系统不断地与外界环境进行交互,学校以此不断优化自己发展的条件。

● 和谐

和谐意味着均衡性。生态平衡原理认为生态系统的发展,由生态系统中物质、能量和信息交换维持。教育生态的生态平衡是动态的、相对的,总是处在既平衡又不平衡这样一种不断运动、变化和发展的过程中。在教育生态中,主体与环境之间、主体各个群集之间,通过能量流动、物质循环和信息传递,使它们互相之间达到高度适应、协调和统一的状态。学校教育生态系统中自然生态环境、社会生态环境和规范生态环境3种环境因子内部以及它们之间的关系,教育生态主体——师生、师师和生生之间的关系等这一系列生态关系链的良好运转是教育生态系统平衡与否的关键所在。平衡与失衡是生态运动过程互相作用、彼此联系的运动状态。要在教育生态系统中保持良好的可持续性,就要实现教育生态系统中3种环境的可持续发展。"生态学认为,在一定的时间内和相对稳定的条件下,生态系统各部分结构和功能处于相互适应和协调的动态之中"。在课堂教学中,在不考虑其他生态因素的影响下,输入学生没有掌握的信息和知识,经过学生的内部"加工",形成解决问题的能力。而若教师输入过多的信息到课堂,必然引起课堂生态的失衡。为了达到新的平衡,必然要求师生调整教与学,以促成动态稳定。学校生态的均衡性表现为在学校"五育"并举,偏废任何一育都将造成学生全面发展受到不利影响。

● 统合

统合意味着整体性。生态学的重要原理之一即是生态系统原理。这条原理强调生态系统是生物系统与环境系统互相依赖和相互作用构成的自然整体。所有有机体与其所生存的环境间都存在着互为依存,互为因果的相互关系。生态课堂是由各部分组成的有序、稳定、完整的生命共同体,由师生和教学环境交互作用形成整体。首先表现为师生与课堂环境的相互影响,比如,在班级人数适宜的环境中进行教学活动,主体的精神饱满、心情愉悦;其次,课堂主体之间的相互作用、相互适应,比如,教师在成功"塑造"学生时,学生也在影响教师,师生间相互认可、谐振共鸣。

生态整体性是生态系统最基本和最突出的一个特征。整体性意味着生态系统是由不同部分组成的有序系统,相互联系、相互制约的各部分组成的一种客观存在。由于各个部分实际存在的差异性和差异的多样性,以及各部分广泛的相互作用和相互作用的多样性,从而获得互补性、整体的密不可分性和部分之间的非线性关联性。生命生态课堂是一个完整的生命共同体,通过由交互—对话构成丰富的关联,使课堂生态的主体间、主体与环境间、教学要素等建构成课堂结构,显现出与其结构相应的功能。生命发展课堂生态强调,师生教与学的指向的学习内容是整体的,知识与技能、过程与方法、价值观情感态度是学习内容不可割裂的整体,存在着广泛的关联。不同意义域的内涵本来就处于一种整体联系之中,逻辑边界是模糊含混的。在教育生态观中强调将知识置于整体的、交互的框架之中,使学习从简单、分离变成复杂、联系,不但要和社会生活紧密相连,还要在课程内容间建立联系,和学生建立一种新型的关系。

教育生态的整体性还表现为生态系统的综合性。学校生态系统由多种生态因子组成,相互交互,对学校教育产生综合的影响,满足育人所需要的生物的、社会的和精神的条件。在学校时空范围内不仅有着多元的主体,还有复杂的自然生态环境、社会生态环境、文化生态环境。这3种环境及其生态因子在教育过程中相互作用,形成平衡或者失调、竞争或者协同等复杂的情况和关系。

● 合理

合理意味着适宜性。生态学有着基本的最适度法则:一个生物能够出现,并且能够成功地生存下来,必然要依赖各种复杂的条件合理存在。生物对一种生态因子的忍耐范围是有限度的,"过"和"不及"都是有害的。健康的教育生态的基本属性就是适宜性,即适者生存。学校的生态环境要适应学生成长的身心规律,尤其是适宜学生学习。教育生态需要保护,也就是需要合理地对待生态系统。如果教育方法不合理,则学生成长必遭损害。生态化的教育方法首先要合目的性,有利于促进学生健康成长,必须改变制造一种思维模型的"加工场"的想法,即以一个模子、一种方式、一个标准把原本千姿百态、生动活泼的孩子都加工成"标准件""通用件"。健康的教育生态是适宜于学生健康学习与成长的生态,以期实现学生可持续发展的价值。

四、"和合"生态型学校的主要架构

"和合"生态型学校是指以生态思想为指导,通过学校办学要素生态化,促进德育生态、课程生态、课堂生态、管理生态与文化生态更健康,教师、学生、家长和社区联合起来,构建表征"和合"的"融合、和谐、统合、合理"特征的,促进学生可持续发展的学校。"和合"生态型学校创建与"德育先行,五育融合"有着内在联系。"和合"生态型学校的特征体现了习近平生态文明思想,"五育融合"符合生态学的基本原理,体现了生态系统原理与生态平衡原理。"和合"生态型学校为德育先行,"五育"融合创造了必要的良好条件,德育先行,"五育"融合是实现生态型学校的必由之路。

我们梳理与明确"和合文化"契合生态型学校的特征。我们概括有关文献,提出"和合文化"的要义是"天人合一、保合大和、身心和合、和而不同",即"四合",对应教育应有之义。运用符号学归纳"和合"文化在学校教育中的要义,并与教育生态学特征契合,把握"和合"生态型学校的基本特征,以便学校办学要素生态化的实施。"和合文化"与生态型学校的特征见表2-1。

表 2-1　"和合文化"与生态型学校的特征

习近平 生态文明思想	"和合" 文化要义	对应的教育 生态学特征	"和合"型生态 学校目标
"推动形成绿色发展方式和生活方式" "把生态文明教育融入育人全过程" "要全面深化教育领域综合改革,增强教育改革的系统性、整体性、协同性"	融合 (和而不同)	共生性、差异性	学生可持续发展的学校 学校文化、德育、课程教学、管理生态化
	和谐 (天人合一)	适宜性、开放性	
	统合 (保合大和)	整体性、丰富性	
	合理 (身心和合)	适应性、均衡性	

以习近平关于教育生态3方面的论述为核心,引领"和合文化"的"四合"阐释,使传统中国文化与现代生态科学契合于学校建设之中,促进学校办学思维方式的转变,以"生态化"与"可持续发展",表征习近平生态文明思想引领下的"和合"生态型学校建设(见图2-1)。

第二章 聚焦理念 构建格局

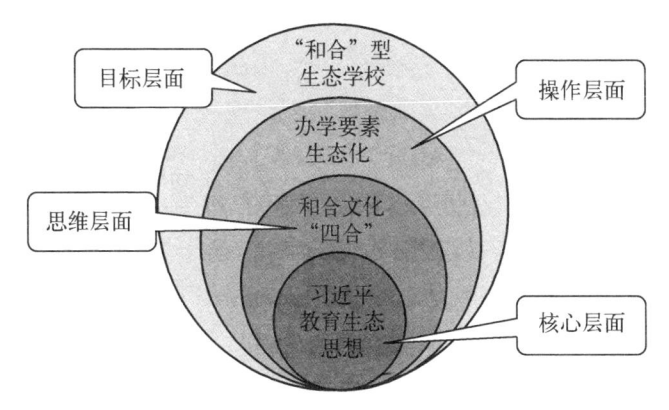

图 2-1 "和合"生态型学校建设

"和合"生态型学校是一个对儿童充满友好,尊重儿童、认可儿童价值的学校;倾听儿童的声音,向儿童学习的学校;所有儿童都有机会、充满希望的学校。我们学校的办学理念——"心连心,手牵手,师生同成长"正是儿童友好的基本体现。

"和合"生态型学校应该具有以下 6 个教育要素:① 可持续发展为教育理念;② 以基础素养为价值取向的教育内容;③ 以丰富性、情境性、建构性为特征的教育形式;④ 开放、生成、互动展开的教育过程;⑤ 具有全纳的、温暖的、支持性的学习与成长环境;⑥ 以师生生命与智慧和谐、可持续发展为目标。

"和合"生态型学校从操作上来看,就是以教育生态学为指导,从学校的德育生态、课程生态、课堂生态、管理生态 4 个方面,将教师、学生、家长和社区成员联合起来着力构建的学校。"和合"生态型学校中的办学理念体系和实践形态体系这两个体系是相辅相成的。"和合"生态型学校以"生命"和"发展"作为其价值取向,以"关心与支持"为其实践形态,以学校生态系统主体的学生的健康发展为终极目标,以符合生态发展的规律原理与学生成长规律,确立学校的教育生态。

"和合"生态型学校的"生命与发展"理念是生命观、发展观和生态观融合的学校论诠释，是对传统学校的合理性超越。生命发展就是生命在良好教育生态中生生不息和蓬勃向上，师生彼此对生命的虔诚和负责。发展观认为，生长和发展是人的本性，发展是生命的权利，是生命的目标。我们强调学生的全面发展、可持续发展。"发展"是师生双方的共同发展，师生的整体发展。生长和发展是人的本性，发展是生命的权利，是生命的目标。强调关注学生的整体人格和个体差异，关照生命的发展。教育生态观认为，以生态系统主体的良好发展为终极目标，以符合生态发展的规律与原理，积极营造良性教育生态环境，促进师生健康发展。"生命发展"需要有良好的生态环境，发展需要从"整体"去关照，建立学校内外部良好关系。

五、"和合"生态型学校的实践形态

（一）"1+N"与"三位一体"生态化实践形态

"和合"生态型学校的创建是在习近平生态文明思想指导下，通过"1+N"生态化实践形态，推进"德育先行五育融合"，以两次生态化与双向建构方式，通过"赋能式管理"、"四位一体"创建"和合"生态型学校。

"1+N"是以学校"和合"文化凝聚下，从"主体性德育""趣乐园课程""活力型课堂"3个范畴推进"德育先行五育融合"，培养"五自"学生。学校以"主体和合"学校文化，培养道德自律、学习自主、健体自觉、审美自悦、劳动自立的"五自"育人目标，促进学生全面发展。同时,学校在德育生态、课程生态、课堂生态及管理生态这4个方面育人都有一定的积累。学校曾开展过"德育优化整合",获得上海市教研二等奖;曾开展大课程、大德育、大课堂,打造"趣乐园"课程体系,获得了显著成绩。在这基础上,学校以"1+N"生态化实践形态,推进"德育先行,五育融合",如图2-2所示。

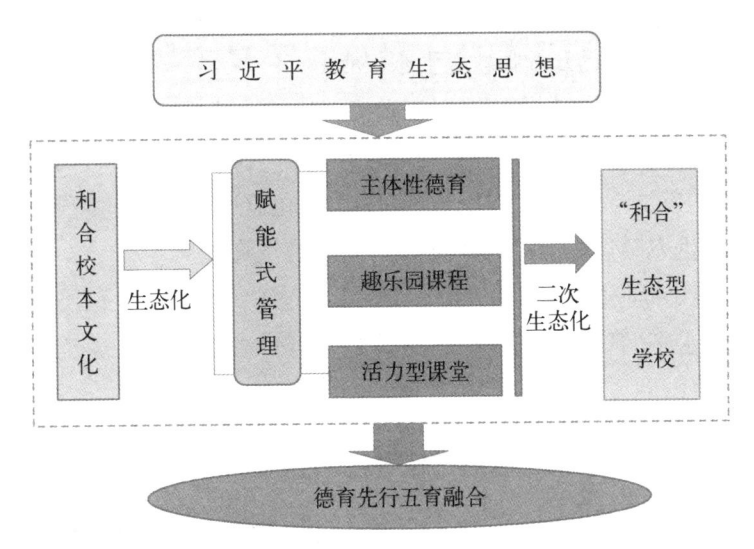

图 2-2 德育先行五育融合

"三位一体"创建"和合"生态型学校是指学校在习近平生态文明思想统领下,通过生态化的"赋能式管理"促进学校生态型德育、生态型课程、生态型课堂的"三位"营造,并以学校"和合"文化为体,建构成一所以"和合"为特征的生态型学校。学校从"主体性教育"到"主体和合文化",既一脉相承又与时俱进,在这一过程中,学校教育价值得到了提升,学校教育各方面得到全面拓展与提升。我校教育生态化主要通过学校德育、智育、体育、美育与劳育,既要遵循规律实施,又要融合整体实施,更要使"五育"具有适宜性、丰富性、共生性、开放性、差异性、整体性,从而建成生态型学校。

"二次生态化"是指以生态化的"赋能式管理",通过主体性德育、趣乐园课程、活力型课堂3个教育活动范畴推进生态化,该过程从部分的生态化走向整体的生态化,使学校生态系统更优化。

我们以学校生态化,达到"和合"生态型学校,创建目标如下。

(1)通过学习与践行习近平生态文明思想,增强师生绿色学校创建意识,提升教师教育生态化能力。

(2)形成校本化的生态型学校创建的系统模式,构建基于校情、生情的适合学生发展的"和合"生态型学校创建的模式,确立与验证"三位一体"的实践形态。积累与固化通过教师来自实践的具体的生态型学校创建经验,形成可复制的经验。

(3)通过"和合"生态型学校的创建,进一步提升教育质量和办学水平,促进办学内涵可持续发展,为新"绿色学校"创建提供新鲜经验。

(二)"和合"生态型学校创建的思路

我们学校"和合"生态型学校创建的思路——在创建的指导思想上坚持以习近平生态文明思想为指导与准则,学习与把握了习近平生态文明思想的生态文明与教育发展、生态教育与教育生态3个方面的论述,明确了生态型学校创建必须以习近平教育思想为指导的观念,在中小学中率先深入学习与领会习近平的教育生态思想。

同时,明晰我国传统"和合"思想的合理内核,以引领生态型学校的创建。在推进生态型学校创建中,坚持习近平生态文明思想导向,并以此解决"三位一体"二次生态化的实施策略与具体方法。

用习近平教育生态的"系统性、整体性、协同性"的教育生态观念，丰富与创新"绿色学校"的内涵，从办学要素生态化角度上完善"绿色学校"的概念与内涵。

在理论上讲，生态型学校创建的模式是多元丰富的，探索以习近平生态文明思想为指导具有共性的，而"和合"生态性学校的创建凝聚了学校办学的积淀，具有学校个性。从教育生态视域上，确认"和合文化"的要义与生态学上生态特征的契合性，提出了以"融合、和谐、统合、合理"的"四和合"为主的生态型学校基本特征，便于学校办学要素生态化的实施。以"三位一体"为生态型学校创建的主要内容，以二次生态化为主要方式，创建具有校本化的生态型学校，使本项研究在内容与形式上契合，并强调教育是一个生态体系，把握住教育生态特征性内容与形式才能区别于传统教育，为开展生态化教育的行动研究提供目标导向，以期形成生态型学校创建的操作体系。

生态型学校创建坚持多开端性，根据校情，我们提出了"和合"生态型学校的范式，在概念、内涵与特征上提出了自己的观点，建构了"以指导思想明确、生态特质清晰（和合），'三位一体'二次生态化与双向建构"的生态型学校创建范式，具有在新时代特色社会主义思想指导下，发扬我国传统优秀文化，发展现代教育的特点。

在创建"和合"生态型学校过程中坚持教育科研引领，其实践路线如下。

（1）从文献研究出发，把握习近平生态文明思想的特定内容，把握其精髓，并明确其操作路径。

（2）在研究中遵循这样的应用性研究路线：总结实践→形成初步认识→再实践→理论概括。本项目要体现"教育生态"的基本特征与校本特点，立意要高，不停留在白描的研究水平上，在较系统的实践研究基础上,提炼、概括,形成"和合"生态型学校创建的基本经验,形成具有逻辑性的理论框架。

(3)关注研究内容的特定性,探索其实践形态,强调实在性,突出操作性,形成生态型学校创建的操作方法。本课题必须坚持理论研究与行动研究结合,注重实践效果和研究效果,形成综合成果,提升学校教育生态的整体效益。

(4)关注"和合"生态型学校的实践重点与难点。重点在把握与践行习近平生态文明思想,以此引导"和合"生态型学校创建。实践的难点在学校德育、课程、课堂教学"三位"、管理与文化"一体"中存在着非生态教育现象之下,实施"三位一体"的二次生态化。如何把生态思想转化为师生的行为,提高教师的教育生态化能力,系统地形成创建和合生态型学校的实践形态是难点。

(三)坚持"和合"生态型学校的实践创新

文献研究表明,当前生态教育(如环境教育)方面的研究较多,但有关教育生态的课题研究缺少,将二者融合起来,进行跨界的、更加系统的"绿色学校"+"生态文明"的实践探索,目前尚属空白,究其原因,是对教育问题的研究和对生态问题的研究相对分割所致。我们在"生态的教育"与"教育的生态"两者结合上做出一些新突破,提出了生态型学校创建。我们学校提出的生态型学校实践形态——内容与形式匹配的生态化,即以办学要素的生态化为内容与二次生态化过程为形式的生态化,推动了生态型学校创建的实践创新。避免了生态型学校创建的泛化、名实不一致。使生态型学校创建路径更清晰化,有利于教师的教育生态化能力与意识的增强。

通过创建符合学校校情的生态型学校,进一步提升学校教育质量为落实中央"基础教育扩优提质"的强教育的精神,通过营造良好的教育生态,学校主体责任担当,社会家庭与学校共责共育,遵循教育规律,着眼学生身心健康成长,实现标本兼治,探索有效路径。

第二编

学校德育与主体性成长

第三章 德育为先 生态化教育

一、生态型德育的"和合"彰显

习近平指出:"要把立德树人的成效作为检验学校一切工作的根本标准"。我们制定的《虹口区第六中心小学德育工作指南实施方案》确定,"学校以新三年发展规划的制定为契机,对学校德育发展进行科学整体的规划,提出了:"坚持立德树人的思想,进一步凸现'主体、互动、合作'的学校文化内涵,注入'人人主体发展''师生共同成长'的理念,丰富德育内容,畅通德育渠道,创新德育方法,不断探索新时期小学生道德成长和发展的规律和特殊需要,密切联系生活和社会实际,构建'以主体性德育为先导,主题活动为载体,学科德育为渠道,校本德育为特色,校内外德育资源互补,三位一体的立体德育网络'的德育模式的工作目标。"很明显学校提出的学校德育模式具有了丰富性、适宜性、开放性、整体性与共生性等生态特性,从德育作为一个系统,建构学校的"三维一体"德育网络,即学校德育生态系统。我们学校以体现生态型德育的"和合"主体性德育建构学校德育生态系统。

生态型德育是一种新的德育范式,强调德育具有生态本性,"和合"是生态型德育的基本要求。这是一种生态和谐寻求整体有机的"生态性"建构,摒弃机械论,强调德育中人的整体性及德育生态系统的合理性。这正是我们学校从德育最优化整合到主体性德育之后,继续德育改革与发展,建构"和合"生态型德育的内在逻辑。我们要在"主体增强与环境优化"两个维度之间的关系交互上建构学校德育,即符合教育生态本义的德育系统,这就是"和合"主体性德育。这是一种以发展与和谐为主要原则的德育,追求学生的可持续发展和德育系统的可持续发展的生态型德育。学校必须加强生态型德育建构,积极呼应生态文明建设,追求学校德育的生态合理性是德育发展对生态文明的回应,也是学校德育改革与发展的需要。

生态型德育是指内容与方式符合生态性的德育。生态型德育内容上丰富性适宜学生全面发展;教育过程中的支持性的关心促进学生可持续发展;教育主体上关注与环境的共生互动,道德性养成上的主体自主发展。生态型德育从青少年道德发展需要,遵循学生成长规律,增强道德践行与教育规律的切合度、与学生心灵的共鸣度、与主体心理发展的匹配度,形成德育内容丰富的、德育形式适切的生态型德育。生态型德育强调"和合"不仅作为从德育内容上和合,而且也是从德育形式上和合,更强调德育目标的自身和合、德育与"五育"之间的和合,形成一个学生可持续发展的德育目标体系,即"道德自律、学习自主、健体自觉、审美自悦、劳动自立"的育人目标,"五育"融合培养"五自"新一代。

以"和合"为特征的"主体性德育"强调德育应该关心学生的道德品质成长的需求,强调引导学生品行发展的过程。学生道德品质成长不是以教育者的意识转移的,具有道德成长的主体性。从青少年道德发展需要,遵循学生成长规律,增强德育工作与教育规律的切合度、与学生心灵的共鸣度、与主体心理发展的匹配度,形成德育内容丰富的一体化的生态德育。以"和合"为特征的主体性德育的实施是多途径的,通过主题性教育、行为规范教育活动、学生社团活动、社会实践、校本节日、课程教学等多种途径实施。

以"和合"为特征的"主体性德育"是我们校训"诚信做人、认真做事"的落实重要路径,更是我们夯实"立德树人"培养"道德自律、学习自主、健体自觉、审美自悦、劳动自立"的"五自"学生育人目标的重要渠道。"主体性德育"是一种发展学生做人的道德能力,特别是发展关心能力的德育。"和合主体性德育"强调德育应该注重学生主体的道德成长过程,关心学生的道德的需求,同时,以德育的方式与环境提供适宜学生道德成长的支持,关心意味对学生的爱,意味着帮助学生,意味着对学生的一种期待。"和合"为特征的主体性德育"是一种以学生为本的促进学生可持续发展的充满人性的德育模式。

主体性德育的生态意蕴在于"和合",德育生态系统中的主体与环境交互中介是"关心",也就是"系统的要素与结构关系与状态"依靠"关心"达到"和合",这是"和合"主体性德育的生态性本质。诺丁斯认为,"关心理论的最基本思想是对每一个个体的需要予以恰当的反映,目的是建立并且维护关心关系。"这一关心关系恰是生态思想的核心内容,生态关系就是处理好生态系统中的多元关系,也是生态型德育所关注的关心人类生活中的各种关系。

生态型德育强调人们应该站在全球的高度上来思考年轻一代的培养和教育问题,学会关心,正确处理人与社会、人与自然、人与人、人与其自身的问题,确立一种和合关系。"和合"的主体性德育作为一种道德的内容指向与生态型德育有着内容上的一致性。著名的道德教育家诺丁斯指出"我们特别相信学生们应该有机会在学校学会关心,关心自我,关心他人,关心自然与物质世界,关心知识"(诺丁斯：学会关心：教育的另一种模式,教育科学出版社2004年版)。"关心"是很重要的一种道德关系,这与生态型德育包含的道德价值元素是一致的。"教育的智力目的并不是唯一的,也不是首要的。教育的道德目的应是第一位的,并指导其他行为。教育的首要道德目的是培养有能力的、关心他人、懂得爱人、也值得人爱的人。即关心德育主要培养学生的关心意识、关心能力和关心行为。关心的对象是：自己,亲近的人,陌生人,动植物,自然环境,人造世界(human-made world)及思想"(王惠来：西方关心理论对我国学校德育的启示,天津市教科院学报2004年第6期)。"和合"主体性德育正是以"关心"为基础从德育内容上建构"生态型德育"。

"和合"主体性德育也把"关心"作为一种教育形式。"教育应该围绕关心主题来重新组织",这就是要求"在学会与周围的人建立一种富于关心的关系"(诺丁斯,2005)中让学生发展道德素养。这正是生态文明的基本要义,正确处理人与自然、人与社会、人与自我的各种关系,靠的是"正确",关心不仅是教育内容,作为教育的内容指向,而且也是教育者关心学生、学生关心世界的一个关心链。这一关心链呈现了"双重的关心与支持",即学生如何实现关心,对世界表现出关心与支持,以及教育者如何通过关心与支持实现学生道德素养的培育。我们学校提出的这个"和合"主体性德育不仅需要建立一种关心的关系,而且也成为一种实现"和合"的支持方式。

"关心"本身也应该作为一种教育态度与形式,存在于德育过程之中。作为一种教育态度,"关心"表现为对主体的学生生命的尊重。诺丁斯认为,教育者不应从教育大纲或整齐划一的教育目标出发约束或拔高学生。相反,教育者应走进千差万别、各自不同的生命世界,不仅用自己的、同时用学生的眼睛去观察、用学生的心灵去感受。哪怕是在知识教学中,教师最关心的也并不是冷冰冰的知识或真理,而是允许学生出于多元智能、各异的兴趣和知识背景对学习材料有不同的感受以及不同层次的理解。诺丁斯指出,道德教育应视为学校教育所有过程的一个内在方面,她所理解的道德其实就是对学生的关心。作为一种教育态度,关注学生的体验与感受。"关心始于教师的关心行为,完成于学生的被关心感受。但我们进行关心时,应该考虑到他人的观点、他人的需要以及他人对我们的要求。我们的注意力和精神应集中在被关心者身上,而不是我们自己身上。在这样的理念指导下,教师没有权利单方面对学生宣称'多补课、多留作业都是为你好,我在关心你'。因为道德和关心问题贯穿于教育的每一个方面,在知识教学中教师不能只讲效率,只关注成绩,而要通过挖掘该学科与活生生的生活的衔接来激发学生的兴趣、打消学生对学科的隔膜感、无用感,促进学生的理解,增强知识的亲和力。关心理论体现了一种平等、尊重学生的教育理念"(邵建芝:诺丁斯关心理论述评,科技信息2009年第11期)。

生态型和合德育的基础是如何实现教育的关心,"为了有效地应对时代的挑战,把关心引入学校,我们必须重视教育的连续性"(诺丁斯:学会关心:教育的另一种模式,教育科学出版社2004年版)。生态型德育是通过各种道德关系展开的,良好的道德是以尊重与责任所表现出来的关心为基础的,最重要的应该是建立和维系一种关心的氛围。因为教育中的关心不同于生活中的一些简单的关心,它必须建立在一种牢固的信任关系的基础上。这种关系不是一朝一夕就能建立的,它需要时间,它要求持续交互过程。

建构一种大德育情景，将关心的德育置于学生的生活世界。通过情境中的各种交往和活动，如师生交往、学校及社区的各种服务活动等，使学生学会关心，成为具有道德素养的人。将教育关心主题引入课程之中，使学生在学习科学知识的过程中了解与之相关的一些重大的现存问题及相应的伦理道德问题。具体的德育方法运用是一个具体的过程而不是抽象的过程，不是坐在教室里空谈道德概念，而应在广阔的社会背景下，践行道德。"和合"生态型德育，强调师生交往的具体情景之中，培养学生的道德素质，提出了师生间建立教育共生的关系。

二、"和合"的德育生态环境的创设

我们学校"和合"主体性德育注重构建和谐关系，创设德育良好氛围。良好的校园环境是学校精神文明建设的窗口，是学校德育育人的载体。优美的环境氛围，高雅的校园文化，给人以奋进向上的力量。我校发挥环境育人的作用，创设一个时时受教育，处处受感染的德育环境，形成健全的教育阵地，增强对学生身心发展、道德品质以及品德情感的熏陶。我们注重学校环境育人、班级文化育人、师生关系育人，以这3种育人环境与学生主体交互，建构了具有"融合、和谐、统合、合理"的"和合"德育生态。

（一）创和谐校园，优化育人环境

多年来，学校对校园布置一直十分重视，我们力求做到"让每一堵墙都能说话，都能发挥其教育作用"。步入"六中心"校园，首先映入眼帘的是"手牵手，心连心，自主快乐同成长"几个烁金大字，学校的办学理念一下便能使人"入心"。走进一楼大厅，亮堂堂的大厅内有硕大的电子屏幕,在那里每天都会有不同主题的教育内容呈现在我们眼前,如"争做文明小标兵""足球运动微课程知识""历史上的今天"等,阅读这些滚动的文字,能使我们的师生在不经意间对为人,对历史,对学识等都有所拓展。4个楼面4堵墙,每堵墙上都分别呈现了我校的"四自"少年内涵——"道德自律""学习自主""健体自觉""交往自如"。每个中队也自己设计属于各自的文化墙及特色板面,丰富育人环境。

此外,我校还有"蔬"香乐园创新实验室、"魔术奇幻秀"创新实验室、"彩虹驿站"心理健康教育中心等,校园的文化建设精致之中又彰显大气、雅气,让学生在一个温馨舒适的学习环境中快乐地学习,并潜移默化地接受行为规范的教育。

学校积极运用校园网站以及以学校命名的微信公众号传播校园文化。开设学校、学生、课程、家校和党建等栏目,及时将学校开展的各类教育教学活动上传至校园网,定期推送校园丰富多彩的教育教学品牌活动,发布最及时的六中心信息。

学校注重加强校园周边治安综合治理与相关部门和社区的合作,着力维护学校安全稳定,建设平安校园。加强学校、家庭、社会和司法联动保护,为学生身心健康创造良好环境。校内非机动车停放井然有序,无安全隐患。为改善放学时校门口的交通秩序,学校成立了家长志愿者队伍维持校门口的秩序,学校特发放《告家长书》,邀请交警来校宣传指导;全校家长会时广泛宣传,呼吁全体家长共创校区周边安全文明的良好秩序,有效改善了校门口的行车秩序。

(二) 创温馨教室,注重文化育人

为了让学生拥有一个美观、开放、富有教育意义的生活环境,学校开展了温馨教室的创建活动。各班学生在班主任的指导下，动手美化教室，创建温馨和谐的学习环境，让教室中的每一堵墙、每一个角落发挥最大的教育功能。绿化角、图书角、雏鹰争章园地、学生作品展示区、行规评比栏、班级公约等区域都体现了教育的主体性、互动性和实用性。学生可以随时将自己的作品在教室内展示。走进教室，可以看到学生的学习过程与成果。在"行为规范评比栏"里，张贴每月行规训练的达标要求，上面记录着每个学生的点滴进步，各班通过"星星榜"，鼓励学生争当每周之星，对自律能力较强、行规表现较好或者进步较大的学生的照片在班级名牌上进行展示，激励每一位学生争做行为规范的好少年。

这种积极向上的班级文化，塑造了学生的优良品德，给予学生多种人生启示，激发了他们拼搏进取的精神和学习的主动性，使学生真正成为学习的主体，使教与学相互交融。师与生相互尊重，真正实现了师生和谐。

（三）师生互爱，营造良好关系

教师对学生的爱，是师生关系的核心。高尔基说过："谁爱孩子，孩子就爱他。"只有爱孩子的人，他才可以教育好孩子。尊重学生是形成和谐师生关系的重要条件。让学生感觉到学校就是他们温馨的"家"。为此，我校积极开展"廉洁文化进校园"的活动。老师平时善于倾听学生的心声，善于观察他们的变化，对班中的每一位学生都给予关爱，让他们感受到在集体中的温暖。同学之间有困难时，大家相互帮助，家庭互助组中随时都可以看到他们互相帮助、互相学习的身影……在这种积极向上的氛围中，整个校园弥漫着清新的空气，师生关系更加融洽和谐，校园中处处洋溢着友爱和谐的气氛。

三、学校主体性教育的生态化

学校的主体性德育是一种生态型德育。主体性德育是相对于客体性德育而言的,是以人为本教育理念在德育中的体现。主体性德育是将学生作为能动的、自主的、独立的个体,通过启发、引导其内在的成长需求,培育他们的主体性——主体意识、自主能力、创造才能,以促进他们自由而全面的发展为目标的教育。"每一位学生都能表现好"是主体性德育的核心理念,体现了以学生为本的主体性德育。主体性德育的目标是促进学生可持续发展,即主体的发展。学校的主体性德育关注学生个体价值和社会价值的和谐统一。主体性德育强调当每一个人的潜能都充分发挥、个体价值得到充分实现时,社会整体的价值才有可能充分实现。主体性德育重视学生个体内在价值发展的需要,充分尊重学生的主体地位,把学生作为具有自主性、能动性和创造性表现的主体,尊重他们的独立人格、自身价值和思想感情。同时强调学生主体的社会意义,学生处在不同的社会环境中,有着不同的社会角色,在校作为学生,在家作为子女,在社会作为公民。不同的社会角色有着不同的社会规范,以及主体的社会角色认同。主体性德育正是基于学生的最佳角色表现,在学校做好学生、在家做好孩子、在社会做好公民。我们学校的校训"诚信做人,认真做事"就是体现了这样的基本要求。主体性德育生态化指向的学生个性化与社会化协调发展的价值,也就是学生主体与社会环境的协调发展,促进学生的最佳角色表现。

主体性德育的生态化是为了更好地优化德育环境,增强主体性发展,促进学生具有积极健康的个性心理、完善的人格和完美的德性的主体意识;具有自尊、自主、自强、自律的自主能力;具有勇于创新、善于创造的才能等主体属性。德国教育家斯普朗格认为："教育中的本质因素不是'限制'而是'解放'，在教育过程中首先要考虑的问题是解放成长者内在的力量。"只有解放了学生的主体性，使其内在性得以觉醒，才能促进学生自我的实现，体现其人的价值。构建以主体性教育，提升学生的主体意识和能力，适应社会生活，使教育充满生机和活力。以人文精神的培育为重要内容和以自我教育、学会自立为重要形式的主体性教育正是适应当代多元选择的时代。

学校的主体性德育生态化有两个主要阶段。第一阶段时，学校主要开展了以"四自"——"自律、自学、自强、自励"为特征的主体性教育。我们强调通过让学生"角色的最佳表现"，发展做事做人的能力，生存与发展的能力，实现人的主体性张扬，高扬创新精神发展实践能力。我们学校通过"四自"推进了学校德育的生态化。"自律"，在教育上重在让学生学会在价值多元化条件下进行道德判断和选择，重自律。小学阶段是学生在道德上从他律向自律发展的关键时期，他律的道德水平是学生的主体性的一种反映。我们必须遵循道德发展的规律，促进学生的道德自律的发展，促进学生的主体性发展。"自学"，在教育上让学生具有"自我求知"的精神和能力，发展学生学会学习，良好的学习态度、必要的学习能力，重自学。我们提出了"愿学、乐学、会学、善学、求新"，作为让学生学会学习的基本要求。"自强"，在教育上让学生在精神上、生理上、心理上重视自我锻炼，强健体魄自强。自强不仅是体魄上的强健，更是精神上的强健。教育学生自强不息，做生活的强者，帮助学生树立远大的理想，确立正确的奋斗目标，提供支持、鼓励和具体的帮助，提升学生的进取精神，培养自强精神。"自励"，自励就是自我激励，自我勉励。我们注重了激励教育，加强了挫折教育，在教育上超越知识本位,唤起儿童内在的人格力量。这是我们学校"四自"主体性教育生态化操作的要点。

我们学校在近几年进一步发展了主体性教育,主体性教育进入了第二阶段,形成了以培养学生"五自"为内核的、以德育生态化为策略的主体性教育。学校的"五自"是指"道德自律、学习自主、健体自觉、审美自悦、劳动自立"。

自律是根据自己善良意志,按自己认定的道德要求而行事的道德准则。真正的自律是一种自省、一种自警。自律让人感到幸福快乐、内心强大,永远充满积极向上的力量。

自主是人的核心品质,是自我发展的成熟表征。自主性是指主体的独立性,主体的责任感与自主选择能力是自主性的基础。

自觉意味着自我勉励,奋发图强。自强是一种追求美好人生的精神,是一种不断进取的品德,也是一个人活出尊严,活出人生价值的坚持不懈的过程。

自悦强调追求精神上的品位与精神健康,激发儿童人文精神,净化心灵,提高审美情趣、审美能力,怡目、怡心、怡魂,重自怡。

自立体现一种热爱劳动态度、艰苦奋斗精神、勇于实践锻炼,表现出责任担当、意志顽强,勤于动手,参于社会实践。

这"五自"不仅继承原先的"四自"所关注的学生主体增强的形式,而且在内容上根据教育改革与发展的要求,结合校情,从五育并举上提出了"五自",增加了劳育、美育,强化了体育,更为重要的是将学校"五育"教育放在教育生态视野上实施,我们把学生学习的"自学"提升为"自主",意蕴着学生主体的自主与合作并重。"五自"中强调了"审美",激发人文精神,净化心灵,也增加了劳育的要求,培养学生良好的劳动品质。我校的"五自"强调了德育、智育、体育、美育、劳育的"独立性融合"与"共生性融合",坚持各育自己特定的育人任务与目标，又坚持各育之间在教育内容、方式上融合共生。同时我校"五自"强调学生的主体与环境支持的互动的共时性，从而在学校德育时空上建构起良好的教育生态系统。

"五自"为特征的主体性教育强调了教育生态的本义"主体与环境的关系与状态"。"在教育过程中，只把学生当作教育的对象和客体，不注重学生自己的自主学习；教师只维护自己的尊严和权威而不尊重学生的人格；只重视教师教而忽视学生学；只注重追求统一而忽视学生的个体差异等等。凡此种种，造成学生缺乏主动性、创造性和拼搏进取精神，缺乏主体意识"（王艳红、王俊宇：浅谈主体性教育，山西高等学校社会科学学报 2000 年第 5 期）。这是教育中非生态化的现象。学校以"五自"为特征的主体性教育，旨在增强学生主体性，在激发学生的主体性基础上发展学生的道德能力，彰显其教育生态化的价值。"教育的直接目的就是满足人自身生存和发展的需要，它应当把人作为社会的主体来培养；而促进人的自由、全面发展则是教育的最高目的。"（扈中平：人是教育的出发点，教育研究，1989 年第 8 期）。主体性教育正是关注学生的主体性，是教育的一种自身的觉醒，教育的根本任务就是人的发展。教育的主体性决定了教育必须重视受教育者每个人的主体性的发展。教育是人类自身的再生产和再创造。我们学校培养的人，必须具有现代社会人必备的独立性、主体性，不能靠依赖别人而生存，他们应该能清醒地认识自己，有迎接生活挑战的勇气，有良好的社会适应能力。教育应该发展每个学生主体，使他们成为具有自由个性的人，全面发展的人。教育理应以人为出发点，这是我们学校通过"五自"实现主体性教育生态化的价值。

教育回归认同以人为本以及育人的主体性是教育适应社会发展的需要，也是符合国际教育改革的走向。我们更认识到人的问题是教育的核心问题,人是教育最基本的着眼点,促进人的主体性发展应是教育的最高目的。"五自"主体性教育的重要特征是学校教育生态的支持性。主体性教育确认"每个学生都能表现好",我们通过主体性教育生态化让学生对自己的成长积极理解,随着学生主体在学习与生活环境中获得更多的支持,营造学生健康成长的环境,增强学生对自己成长的不断反思,他们的自我印象逐渐内化,学生根据自己观察到的教师或者他人的反应随时调整自己的态度与积极反应。学生认为教师眼中的自己是有能力、负责任、有价值的,就会很容易形成积极的态度。以"五自"为特征的主体性教育关注学生自身的积极因素方面,主张以学生固有的潜在的具有建设性的力量、美德为出发点,倡导用一种积极心态来激发学生自身内在的积极力量和优秀品质。要让学生"相信自己的能力"。积极心理学的研究已经证实,和一般人相比,那些具有积极观念的人具有更良好的社会道德和更佳的社会适应能力,他们能更轻松地面对压力、逆境和损失,即使面临最不利的社会环境,他们也能应付自如。积极心理学致力于人的积极品质,这既是对人性一种伟大的尊重和赞扬,同时在更大程度上也是对人类社会的一种理智理解。人身上一定存在着某种优胜于其他生命形式的源泉,这一源泉就是人外显的或潜在的积极品质。正因为有这种能力,才使得学生在学习与生活中保持着充分的自尊与自信,这就是"相信自己能力"的本质原因,给我们的教育展示了一种美好的前景。这是我们学校"五自"主体教育生态化的基础。

四、"和合"主体性生态型德育的基本架构

近几年来,在全面推进核心素养教育、五育并举的教育大背景

下,根据现代化教育的发展走向,我校从"四自"主体性教育,进一步向"五自"教育发展,形成了"增强主体—优化环境"的"和合"生态型德育。

(一)"和合"生态型德育的"四和合"

"和合"生态型德育的属性是主体性教育,具有校本的"五自"德育内容与德育方式。学校的生态型德育的内核是生态性,即学校德育生态系统中的主体与环境的关系与状态决定了学校德育的发展,同时学校德育获得其生态系统支持,其丰富性、民主性、适宜性、开放性、整体性、共生性等主要特征日益明显。

"和合"主体性德育的生态性主要表现在主体与环境的良性互动中实现人的和合,即学生可持续发展。我们提出了以"全域和合,培根树德""课程和合,聚焦素养""教师和合,赋能成长""内外和合、优化环境"——"五自"主体性生态型德育的实践形态,推进"立德树人、五育并举",实施绿色教育的德育格局。

学生是作为与学校环境互动作用的主体而存在,并与学校环境,即学校开展的"五育"进行交互中得以成长。

1. 全域和合,培根树德

首先确立全面的德育目标体系,"全域和合"强调人的全面发展,学校"五育"并举,学生发展上五育融合。"培根树德"强调先做人再做事。学生不仅做人做事要均衡发展,要有良好的道德品质,健康的心理品质,健全的人格,而且德智体美劳也要均衡发展,成为可持续发展的人。

2. 课程和合,聚焦素养

德育的实现路径要明确,不仅是德育的主题教育,而且要融入学校教育主渠道——课程教学之中,坚持教学的教育原则。

3. 教师和合,赋能成长

建立良好的师生关系,师生教学相长。教师关心与支持学生的成长,为学生成长赋予能量与信息,犹如阳光雨露让树苗成长为一棵大树。

4. 内外和合、优化环境

营造良好的学校内外环境,促进学生社会性和合,个性协调发展,学生的个体内生态,他们的生理、心理、精神状况与外部的教育环境、社会环境和合,学生的健康成长才能有保障。

(二)"和合"生态型德育的基本框架

适应五育融合,优化"主体性德育"。"和合"生态型德育是以学生发展为本,在教育过程中让学生主动参与,充分发挥学生的差异优势,提升学生的自我教育能力,满足学生的发展需要,促进学生的健康成长,学生在参与活动的过程中得以健康成长的教育。

"和合"生态型德育是以学生为教育主体,也是发展的主体;学生是作为与周围环境互动作用的主体而存在;"和合"生态型教育强调学生主体个性化与社会化协调发展。

1. "和合"生态型德育的特征与内容

(1)"和合"生态型德育的特征:丰富性、整体性、民主性、适宜性、开放性、共生性。

(2)"和合"生态型德育的内容:培养学生的主体意识、发展学生的主体能力、提升学生的主体人格、发展学生主体性道德、促进学生主体性学习。

2. "主体性德育"基本构架

主体性德育基本构架(实践形态)如下。

(1) 一个基础:以"主体意识—人文精神"为基础。

(2) 两个要素:独立人格、自主能力。

（3）三个关键：需要、体验、践行。

（4）四项策略：主体意识提升策略、关注个体差异策略、群体互动环境策略、自我教育践行策略。

（5）五个方面：道德自律、学习自主、身心自强、劳动自力、审美自励。

（6）六条路径：主阵地——主题教育、主渠道——学科教学、大时空——日常教育、大课堂——社会实践、活教室——社团活动、活生态——环境营造。

"和合"生态型德育强调教育要形成和强化正确的学生发展导向，激发学生的进取意识，发扬创新精神。在德育过程中针对学生的表现呈现出不同个体、不同年龄、不同层次的差异性，采用相应的教育方法和手段，发挥其特长克服其缺点，使学生的个性得到道德、人文、艺术、科学上的滋养，使得教育深入到学生的内心世界，提高学生道德品质。在这个内化的过程中，同时兼具教育共性及自身发展倾向的个性特点，使学生的精神面貌、涵养、个性、气质、习惯展现出他鲜活的内心世界。

五、"三自三全"育人实施路径

我们学校的"和合"生态型德育在实践过程中，形成了"三自三全"育人实施路径。"三自三全"是基于生态学的基本原理，主体与环境的互动，从学生主体性的增强和德育环境的优化与支持以及这两者之间的高质量互动做出的归纳。

（一）"三自"

"三自"是指学生"做自己能做的事，服务自己能服务的事，管自己能管的事",即自我管理、自我服务、自我教育。这"三自"强调学生的主体性,由内养外,体现了我校校训"学会做事,学会做人"。通过这"三自"实现学校的"五自"学生培养目标。"三自"是学生发展自我、更新自我、教育自我、实现自我的一种学习过程。

1."做自己能做的事"

"做自己能做的事"的核心要素是独立人格,体现了"五自"的基本要求。"五自"指向的独立人格的内涵是:自主自强自信、敢想敢说敢为,求真向善爱美、善探索重发现。只有具有人格坚强的学生,才会乐于"做自己能做的事",并从中体现自我效能感,才会主体性获得充分发展。

我们的教育活动应该创设一种轻松、民主、自由的教育环境,尊重学生的看法、做法,逐渐使学生发现自我、认同自我,增强自我意识和能力,逐步培养出独立、完满的主体人格。教育家叶圣陶明确指出:"'教'都是为了达到用不着'教'。怎么叫用不着'教'?学生入了门了,上了路了,他们能在繁复的事事物物间自己探索,独立实践,解决问题了。"陶行知先生也认为,"先生的责任不在教,而在教学,教学生学"。让学生"做自己能做的事",首先在于激发学生的责任感,增强自我担当。

2."服务自己能服务的事"

"服务自己能服务的事"是当前教育的难点,独生子女家长教育独生子女,这些独生子女学生大多服务能力不足。通过自己服务自己是他们走向生活的起步,也是必要的一步。我们对"服务自己能服务的事"先从学生两个身边的事做起:一是自我生活自理,以及参加家务劳动;二是要服务班级,承担起班级一员应该做的事情,如值日生、出黑板报、为同学服务等。在这基础上参与社会服务、公益劳动等。

我们强调通过"服务自己能服务的事"开始,着力培养学生热爱劳动、尊重劳动的生活态度,培养学生生活自理、承担家务、参加公益的能力,养成自力更生、不惧困难、不懈尝试、任劳任怨的良好品质。在学生"服务自己能服务的事"的养成教育过程中,要求学生不依赖他人,能相对独立地进行活动。我们的主体性教育需要解决学生自主性和依赖性之间的矛盾,两极化的倾向需要防止,为学生通过培养自己的自主性克服依赖性。

3."管自己能管的事"

"管自己能管的事"是学生自我管理、自我教育的一种具体化的教育要求,也是学生发展的目标。"管自己能管的事"是学生主体的自主性的集中表现,这需要学生不断具有独立的自我意识、有明确的努力目标,能进行自我支配、自我调节和自我控制。"管自己能管的事"也就是学生自我发展能力的具体表现。这个过程中,学生的自主性使得他们的对象性活动更具有目的性、方向性和选择性,表现在他能够积极主动地参与相关的活动,自觉地调动情感意志去克服活动中的困难,并根据自己的知识、能力和经验,管好自己能管的事。其实在"能管"上对于学生、教师都是不确定的,正是这个不确定才使我们的德育具有生态性的考验,"能管":过之或者不及都不符合生态的适宜性,影响学生对任务或者事情的选择、参与以及结果的承受,会对学生的成长产生作用。

"管自己能管的事"还表现在学生的自主管理上。学生的自主管理能力最能体现他们的自主性。培养学生的自主管理能力重点要引导学生学会确定发展目标,引导学生制订发展计划;引导学生制定合理的作息时间表;引导学生自我约束,自律;引导学生自我评价,让学生学会反思自己的行为,不断克服缺点,发扬优点。

在学校里学生的自我管理,我们主要从两个层面上做起:一是班级的事,二是学校的事。班级是学生直接学习与生活的地方,每天有着学生自己的事,应该让学生学会管理自己的班级。各个班级的班主任根据学生"管自己能管的事"这一要求进行班级工作岗位、班级值日制度等设计与安排,努力使每个学生有参与班级管理的机会。班级管理以学生自主管理为主线,调动和发挥班级中所有学生的积极性和主观能动性,把班级还给学生,使班级这个学校的基本单位成为每个学生自主发展平台和学生个体及群体自我管理、自我发展的重要阵地,最终实现学生的实质性的发展。同样学校也设计与安排学生的学校值日制度、不同学生活动场所的自我管理制度、社团中的自我管理等。通过"用心激励"的方式不断激发学生的潜能,学生自主管理为学生提供了学会自主、自律、自治和学会做人、学会做事的"自我发展"平台。

我们通过让学生"做自己能做的事,服务自己能服务的事,管自己能管的事",促进了学生自我管理,自我服务、自我教育的能力。借助这"三自"开展学生成长评价,使学生在实践中自我学习和自我教育。学生的自我评价有助于学生正确认识自我,认识自己与学校要求的差距,作出恰当的学习决策;有助于激发学生学习的动机,促进学生在德育方面的发展;有助于学生判断能力的提高,将在德育自我评价中形成的能力迁移到其他学习领域,促进学生的自我发展。

(二)"三全"

我们的"三全"是指"与德育相关的:全员都是德育工作者、德育贯穿于教育教学全过程、德育时空全方位"。这是生态型德育的必然要求,是作为生态型德育的基本性质系统性、整体性所决定的。学校德育工作从"独唱""小组唱"慢慢走向"大合唱",蔚然成为一个德育大系统。

与学校"和合"生态型德育相匹配的学校德育机制必然要求"德育先行、全员交互、系统建构",强化"全员、全程、全方位"的德育工作机制,提高学校德育的实效。突出德育先行,在学校教学、管理中注重育人,非智力因素与智力因素并重,课程教学中关注学科育人。坚持德育的生态性,确立德育适宜性、整体性等生态特质。学校德育不应把学生管死,而是要促进学生的自主发展,在和谐的教育生态中获得健康发展,感到学习与成长的幸福。

1. 强化德育全员性

首先确立了学校的每一位教职员工都是德育工作者,特别是强化了容易被忽视的总务处服务育人功能。强化学校全体教职员工的德育意识与育人的责任。全校教职工树立服务育人的思想,在服务工作中给学生以影响,引导学生养成良好的品德。教师强化"热爱学生,言传身教,为人师表,教书育人"的师德,教师在教育教学活动中身体力行树立榜样,影响与熏陶学生的言行。每位任课老师要通过学科教学实施德育,参与相关的德育活动,与学生的思想情感交流,关心学生的成长。确立德育是专业性的教育的观念,摒弃德育的非专业化倾向,针对学校实际,运用多种形式和方法开展以岗位为主的育德能力培训,切实提升教职员工的德育能力。

加强德育专业队伍建设,加强班主任队伍建设。依据班主任任职要求,重视挑选责任心强、有进取心、以身作则、有一定德育能力的教师担任班主任,建立一支稳定、实干、有奉献精神的班主任队伍。运用多种形式和方法开展以提高德育能力为重点的班主任校本培训,以适应当代德育的需要。制订计划,组织班主任培训,提高班主任育德能力,学校有计划地采取自培、外培相结合的方式对班主任进行专业培训,促进班主任专业发展,增强德育能力。特别是班主任的学生行规规范养成教育能力与主题教育活动的设计与实施能力。规范班主任工作,提高学校班主任工作水平。坚持班主任例会制度,强化班主任工作考核与评价。及时总结、推广班主任工作经验。通过班主任岗位培训与带教制,重点对年轻后备班主任的培训。筹建本校班主任工作室。推选优秀班主任组建校班主任工作室,通过主题式讲座,教育实践反思等,从多角度、多途径推进工作室的工作,形成班主任队伍梯队。

2. 强化德育全过程

加强领导管理育人,强化德育的全程,对学校德育进行动态的全程管理,注重德育过程的管理。健全德育的长效管理制度与机制,完善学校德育的评价制度、奖惩制度。有针对性地召开德育调研与经验交流。

强化德育全过程领导,增强领导管理育人、教师教书育人、教总两处服务育人的功能。强化"校长室领导、职能部门实施"的德育管理网络,强化德育工作机构的组织和职能,分工明确、责任到人。

强化德育的全程对学校德育进行动态的全程管理,注重德育过程的管理。健全德育的长效管理制度与机制,完善学校德育的评价制度、奖惩制度。深化德育合作,提高德育实效。

注重学校德育工作的研究。适应当代中学生的身心发展,从民办中学的学生特点与家庭背景特点出发,研究学校德育,适应社会发展的现状,优化学校德育的生态环境。

3. 强化德育全方位

"和合"生态德育强调的是生态系统的整体功能。我们努力构建学校、家庭、社会教育横向沟通,课堂教育、社团活动、校园文化、社会实践融为一体的德育系统。充分利用多元德育资源,拓展德育渠道,丰富德育资源,全方位深化德育整合,提高德育实效。

杜威曾指出"教育即生活"的观点,强调把学校教育变为学生生活的真正的地方。学生生活世界与教育活动的整合促进学生主体的不断建构。在整个个体发展过程中,社会一直起着终身社会化的作用,也就是说人的发展离不开社会环境。相互关系和相互作用,形成影响人的发展机制。"五自"主体性教育需要适应其教育生态环境。学生的主体性发展中需要学校—家庭—社区的互动。家庭和学校可以单独对学生发生影响,但是对学生的影响有局限性,家庭和学校不可能各自单独完成学生的发展任务。家庭和学校的中介结构对学生的发展起着重要的作用。系统科学认为,结构并非诸要素的简单相加,结构的诸要素有序整合所产生的效应大于诸要素简单相加之效应。我校努力使家庭、学校联结的质量提高,增强家庭与学校在互动中所产生的教育合力,发挥开展主体性教育的环境影响力。我们以主体性教育引领家庭教育工作,开展问卷调查,了解家长需要;召开家长座谈会,倾听家长心声;家校与学生互动,激活家庭教育内动力;个案研讨,实施个别化指导。

强化德育全方位要求,学校主动协调与家庭、社会及来自其他各方面的道德生态环境,筛选出各种积极因素后加以整合,形成一致的道德影响力,综合激发学生道德品质的提高。学校协调学校内外各种教育力量的步调,统一学校、家庭、社会影响的正能量,关注文化环境对学生道德品质发展的影响,引导学生抵制市场经济中消极的道德因素,如欺诈行为、造假行为等的影响。

六、当成长遇见"全员导师制"

全员导师制是我校"和合"生态型德育"三自三全"运行机制的重要组成部分。全员导师制是给处于身心发展重要的少儿期儿童的一份特殊礼物。全员导师制拓展了育人的宽度、长度与高度,改变以往班主任"主管不管育"、任课老师"只管教、不管导"或"重教轻导"的状况,形成学校上下"全员育人"的格局,也形成了学校为主导,家庭、社会形成合力育人的局面。

全员导师制的育人宽度是全员育人。我们厘清育人组织架构,完成双向匹配。全员导师制整个支持系统以"育人"为本,以"导师"为核心,以"五导"为方向。在支持系统中,由学校领导和校级家委会成员组成的导师领导小组进行顶层设计。组织架构中将家长纳入其中,全体教师组成的导师团队,分为校级导师团及班级导师团,学生分为重点关注学生及普通学生。首次结对以班级为单位,由班主任统筹协调,与学科教师商议,以及与师生间双向选择结合,完成了首次匹配。

全员导师之育人长度——全程育人。我们学校通过"一二一"工作任务,即"一次家访、二次交流谈心、一次小组活动"将全员导师制工作真正落地。后又从全方位提高工作实效性考量,实施了"一次学生家访、一次交心谈话、一次工作手册填写、一次项目化学习辅导、一次书面评语、一次家校沟通会"的"六个一"专项落实举措。学校专门印制了"全员导师制"工作手册,记录导师与学生间的沟通交流内容和学生的成长变化,力争使每一次谈话交流都有质效,帮助学生排遣困扰,寻找解决路径,促进学生身心健康发展。

全员导师制之育人高度——全方位育人。学校设计明确导师的职责为"二进五导五关注"。"二进"即进家庭、进心灵;"五导"即思想引导、心理疏导、学法辅导、生活指导、职业启蒙的指导;"五关注"即关注学习、关注身心、关注交友、关注变化、关注家庭。"五导"工作与学校推进课程教学改革活动、学生成长发展活动结合。通过全方位育人路径走进学生心灵,提高育人的效果。

"全员导师制"精准到人,点对点、全方位、全过程、教育针对性增强了,充分体现了生态型德育的适宜性、整体性、开放性等生态特征,取得了良好的德育成效。

第四章　绿色教育　"五育"融合

"和合"生态型德育以"四和合"推进"五育"并举,坚持"全域和合,培根树德""课程和合,聚焦素养""教师和合,赋能成长""内外和合、优化环境",以此从德育的要素着手,注重结构优化,增强德育功能。

一、"人文涵养真善美"——学校行为规范教育

虹口区第六中心小学是"上海市文明单位",自 2017 年第三轮挂牌上海市行为规范示范校以来,我校努力构建具有"六中心"特色的行为规范教育体系,创新多样化育人举措,围绕学校"五自"少年的培养目标,以《小学生日常行为规范》为准则,结合学生特点、融入具有学校特色、时代气息的教育新内容,将培养学生自我教育、自我管理、自我发展的能力落实在行为规范教育的各个方面,形成了具有"五自"育人目标特色的小学生行为规范教育体系。近年来,学校行为规范特色凸显"和合:主体发展聚合力,环境支持助成长",学生行为规范养成教育生态化之路,已形成品牌效应。

(一) 重在道德行为的培育

基于"和合"生态思想,学校的行为规范教育的内容上与形式

上要和合，一定要避免行为与道德脱节、行为规范养成与生活脱节、行为规范养成与其他教育脱节、教育者与受教育者言行脱节。我们秉持行为规范养成教育以道德行为为本，礼仪合一为重，以真善美为准则，以及以道德认知、情感与行为统整的方式养成，以注重道德能力发展为主要学习形式，以紧密结合生活的德行践行为途径开展学生行为规范养成教育，克服与避免"四脱节"的行为规范教育。"和合：主体发展聚合力，环境支持助成长"模式，从主体维度上注重真善美人类的基本的道德标准、道德与行为的言行一致，提升主体的德性；从德育环境维度上，强调知情意行上融合性，支持学生道德心理发展，提供学校、家庭与社会和谐生活的道德体验与习得性学习的熏陶。通过主体维度与环境维度建构起"和合"学生行为规范，养成教育生态化模式。

通过这么多年来这个模式的实践，表明行为规范养成教育生态化的必要性。日常行为规范教育要改变传统教育中的以教师为中心的教育模式与行为规范教育的功利倾向，导致教师主要采取简单化和强制的管、卡、压办法，过多强调整齐划一，不少过细、过死的要求与形式主义的做法，只要求学生服从教师的命令，不给学生自主发展的可能，学生的主体性日益萎缩，行为表现水准日益降低，对学生主体性发展起到负面影响，甚至是一种压抑。传统的行为规范教育不符合学生主体性发展的需求，不能适应培养具有个性、人格健康、富有创新精神的下一代。用生态观念与方法进行行为规范养成，以培养道德行为能力为重点的表现性教育的原则与方法来实施行为规范教育是德育新发展的需要。

学生每时每刻、无处不在地表现着，学生的表现客观地存在于他们的日常生活之中。因此学校生活，尤其是班级生活具有很强的日常性。教育本身具有时间性,教育过程在时间中展开,表现性教育融于学生的日常生活中。

学生行为规范养成教育不是靠突击或者运动式教育能有效进行的,而是融于日常的教育活动与日常的管理之中,需要长期持之以恒地开展,突出学生的行为表现,即践行,必须关注学生日常生活中的表真、表善、表美。日常行为的规范不应该是让学生挂在嘴上的口号,或者当作"经"来念,我们应该鼓励学生在日常生活与学习中表现出良好的行为。教师的行为规范教育不能光说不练。说大道理的教育方法,教师最方便,张口就来,不需要精心设计与组织,这就是为什么行为规范教育仍然是灌输式而难以改变的重要原因之一。为此我们与学生反复讨论,逐步归纳,制定了校本的《虹口区第六中心小学学生行为规范十五礼》,见表4-1。

表4-1 虹口区第六中心小学学生行为规范十五礼

序号	行规十五礼	具 体 要 求
1	进校有礼	按时上学穿戴整洁,再见家长问候师长 防疫措施自觉遵守,入校安静进入班级
2	放学有礼	整理书包不落物品,排队整齐听从指挥 再见老师互道同学,及时回家不再逗留
3	课堂有礼	预备铃声座位坐好,起立立正鞠躬问好 迟到进门先说报告,得到同意再进教室 如有急事需出教室,举手示意说明缘由 教师同意再出教室,下课要说老师再见
4	课间有礼	教室走动注意音量,走廊休息不追不跑 走廊说话不可大声,防止吵闹影响他人 上下楼梯靠右行走,不上跑下跳并排走

续 表

序号	行规十五礼	具 体 要 求
5	用餐有礼	用餐之前七步洗手,取餐饮水都要排队 吃饭文明不要出声,爱惜粮食努力光盘
6	升旗有礼	整队迅速不拖后腿,行进看齐保持安静 升旗肃立注视国旗,行礼规范唱响国歌
7	交往有礼	见到同学热情问好,同学询问大方作答 楼梯过道主动礼让,相互谦让文明交往
8	环保有礼	主动做好垃圾分类,不扔纸屑爱护绿化 公共设施不去玩耍,保持整洁不乱涂写
9	集会有礼	提前入场安静入座,不随意走动不早退 节目完毕礼貌鼓掌,服从指挥退场有序
10	卫生(如厕) 有礼	保持距离排队如厕,厕纸垃圾不能乱扔 不进厕所嬉戏玩耍,洗手避免水花洒地
11	尊师有礼	遇见老师主动问好,进入办公室先敲门 老师物品不翻不动,交接物品要用双手 虚心接受老师教育,得到奖励说声谢谢
12	孝敬有礼	见面离开主动招呼,大事小事自觉帮忙 节日不忘送上祝福,长辈说教不可顶撞
13	谈吐有礼	与人交谈目视对方,对话要用礼貌用语 耐心倾听语气友好,不要随意打断对方 不说大话空话谎话,不谈不议他人隐私
14	阅读有礼	阅览图书保持安静,进出走动都要小声 爱惜图书不乱涂写,看完图书放回原位
15	交通有礼	自觉遵守交通规则,照顾弱小主动让座 车厢卫生自觉维护,保持安静注意安全

(二)"和合"学生行为规范养成教育的实施

1. 依据校情细分目标,提供行规教育适宜性

学校以生态文明与核心价值观为主线,依据学生身心成长规律和发展需求,根据学校"五自"的育人目标提出了"十个道德好习惯"的学校行为规范的总目标,并且根据《中小学生守则(2015修订版)》,学校确定行为规范养成教育目标。

日常行为规范教育的目标突出主体性。学生的日常行为,即学生的表现,是学生个性化与社会化协调发展所致,不是因为教师的喜好,恰恰在这一点上,不少教师总是以"学生听不听自己话"为标准评价学生,这样学生表现就异化为教师而表现。我们应该使日常教育成为学生自己教育自己、自己发展自己的道德践行。学生在日常生活与学习中通过"五自",不断表现出最佳的角色行为。我们在学生行为规范养成教育中合理处理好外显行为与内隐的道德品质融合。学生行为规范教育不仅要注意学生的外显的行为表现,更要关注其表现的道德价值。在日常行为规范养成教育中,培育尊重别人的品质,接纳他人的心理,真正使每个学生都能享受到民主、平等、自由的权利,唤起和激发学生参与学校、班级生活的责任感、使命感和义务感,并在参与这些日常活动中表现出自己的能力。学校为学生创设日常锤炼自己的活动或机会,为学生参与学校或者班级的日常活动与管理提供可能。这既让学生在这些管理活动中充分地表现自己,发挥自己的社会参与与管理能力,培养了学生主人翁精神和社会责任心,为学生今后适应社会和成功创业作好了必要的准备。

我们学校结合学生分年级分年龄的特点,进行各年段目标的细化,制定了分年段、多维度的行规达标具体目标要求,以满足学

生发展的需求。针对学生的思想实际,结合校训,建立"每月一事"主题,通过一个个可操作实施的课程,扎实开展"日行一善、月习一德"等教育活动,以习惯养成倒逼素养的落实,以外在结果倒推内涵培育,帮助学生形成稳定的价值观,塑造良好的人格。

虹口区第六中心小学行为规范教育目标见表4-2。

2. 行为规范养成教育方式的生态化

我校的学生行为规范养成教育从内容维度关注主体化,形式维度上关注生态优化,采取行之有效的育人举措。我校行为规范养成教育体系如图4-1所示。

我校注重课程教学与行为规范教育融合。我校通过不同形式,紧紧围绕行为规范的目标,发挥各类课堂教育的主渠道作用,"五育"并举,对不同年级明确年段要求,形成一个个课程群。利用课程实施、学科教学等各项教育教学活动,融入行为规范教育,开展行为规范的养成教育。我们拓展课程资源,形成校本文化课程体系化。学校开设社会综合实践活动课程,寓养成教育于生活中。每学年,我们组织全体师生开展不同主题的社会实践活动。德育室、大队部做到活动前有方案,活动中有要求,活动后有反馈。通过各类活动的参与和评价,加强课程育人的实效性,积极落实校本化课程体系,帮助学生养成一生有用的好习惯,努力让学生做一个"五自"小公民。

我校开发校外场馆课程,内化德育资源。学校充分开发和利用校外博物馆场馆课程以及24节气的校本教材,引导孩子们有目标、有组织、有计划、有方法地学习。学校计划每位同学在小学五年至少完成10次博物馆主题学习活动及参观活动,以培养学生乐于在博物馆中学习的习惯,掌握在博物馆学习的方法,学会从众多的展品中汲取营养,提高学生的综合素质。

第四章 绿色教育 "五育"融合

表4-2 虹口区第六中心小学行为规范教育目标

育人目标	行规教育总目标	分年段行规教育目标			实施路径	奖章激励	
^^^^^^	低年级	中年级	高年级	^^五自好少年
道德自律	知礼节明事理	学礼有礼 友爱同学	知礼行礼 关心他人	守礼尊礼 乐做善事	主题综合实践课程、道德课、午会课、队会课、线上线下家校共育	自律章 礼仪示范员	
学习自主	会学习善思考	静心学习 乐于进步	专心学习 乐于提问	学有方法 乐于思行	主题综合实践课程：项目化学习、道法课、午会课、队会课、线上线下家校共育	学习章 学习小达人	
健体自觉	会锻炼善健体	每天运动 睡眠充足	运动自觉 学会自护	健康生活 守法自护	主题综合实践课程：体育（体活）、道法课、午会课、队会课、线上线下家校共育	健体章 运动小健将	
交往自如	会交流善交往	学会表达 乐于交友	学会合作 善于倾听	学会分享 遵守规则	主题综合实践课程：心理健康教育、道法课、午会课、队会课、线上线下家校共育	交往章 交往小达人	
劳动自立	会自理善自立	学会自理 爱惜物品	生活自理 积极劳动	善做家务 热心服务	主题综合实践课程：劳动课程、道法课、午会课、队会课、线上线下家校共育	劳动章 劳动小能手	

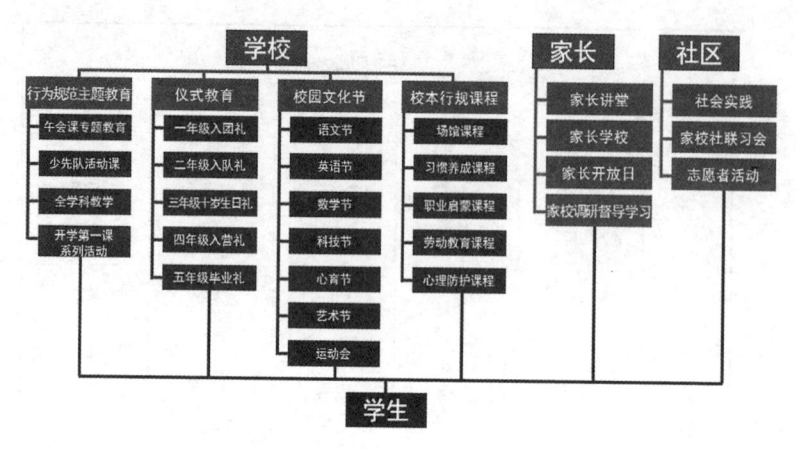

图 4-1 我校行为规范养成教育体系

丰富校园文化课程，拓展课程资源。学校创设"校园文化七节"以及少先队重大节日，以学生喜爱的活动为载体，文化节活动各具特色与精彩，学生的校园生活变得生动鲜活，从素质教育的各个侧面来开展小调查、小研究、小实验、小制作等活动，儿童的潜能得到发挥，主人翁意识更为增强。为学生良好行为规范养成创造了条件，让学校德育更有生命力。

以课堂教育为抓手，开发系列微课程。学校通过不同形式，紧紧围绕行为规范的目标，发挥各类课堂教育的主渠道作用，"五育"并举，努力形成一个个课程群。学校已经陆续开发了校本的"六小成长季""开学第一课""发现劳动之美""六小博物馆课程""习惯养成课程""职业启蒙课程""心理防护微课战'疫'专辑""携手战'疫'家庭教育指导课"等一系列行规课程，形成了校本凸显"五自"的行规课程群。利用学校微信公众平台，让学生通过学习，打卡以及学生自评、互评，教师评价的方式与争章相结合，以此养成学生的各种好习惯。通过各类活动的参与和评价，加强课程育人的实效性，积极落实校本化课程体系,帮助学生养成一生有用的好习惯,努力让学生做一个"五自"小公民。

学校开发与运用校本行规课程以及学科课程,融合各项教育教学活动,融入行为规范教育,开展行为规范的养成教育,使学校学生行为规范教育内容丰富,方法适切,途径开放,强调践行取得良好的实效。

3. 行为规范教育生态化中的双向建构

我校"和合"生态型学校创建的一项重要的经验是双向建构,在学生行为规范教育中我们重视学生自主化行为规范教育与个别化教育,也就是学生在群体中自我教育与个体成长支持群体得以进步,形成了个体与群体之间的互动,达到共生,而这个互动就是依靠学生行为规范养成的自我教育与群体支持这个载体。

学校一贯倡导主体精神,提供学生自我管理与教育的机会。少先队校级小家务形成自主管理机制,成立少先队大队职能部。每个职能部都由队员自主管理,做好记录,考评工作。校少先队工作以奖章活动为突破口,创造性地以"星级争章制"模式,提高了队员的积极性,体现出队员的自主性。我校每位学生都有机会参与一周值勤的工作,充分发挥值勤中队的作用,每周值勤中队向全校同学进行值勤汇报,小结一周行为规范训练工作的进步和存在的不足。这样的阶段小结远比教师的"一言堂"更具实效。同时参加值勤的学生们通过自己在学校管理工作中的体验,对自身的行为更是有了较大的推动作用。每个班级将"动感中队"的建设与行为规范教育相结合,体现学生活动中的自主性。大家都自主地进行"小岗位"的建设,自主寻找岗位,在不同岗位中服务大家,并参与到班级的自主管理中来。学生们自主参与雏鹰假日小队活动,走入社区,发挥各自的特长开展社团实践活动。队员们在活动中锻炼着自我,为了能激励学生,我们还推出了每学年一次的"五自少年"评选活动,充分体现学生的自主性,与我校打造具备"五自"内涵少年目标达成一致。

行为规范教育生态化中的双向建构需要教师以生态的适切性与开放性方法实施教育。对学生进行行为规范养成教育的训练、必须"晓之以理、动之以情、导之以行",而其中"导之以行"尤为重要。强化学生养成良好的行为习惯,我们采用多种方法,将日常行为规范养成融合于各项活动之中,我们建立低、中、高三学段的行为规范养成教育的目标、内容序列。我们学校线上线下联动,校本微课程都将通过校园微信公众平台陆续上线,让学生的行为规范养成得到泛在学习的支持,随时随地可以获得古今中外真善美的高尚行为的故事,得以学习与践行。

依据这个序列配置校内外教育资源,学校少工委与周边社区少工委加强联系、互动,进一步整合社区资源,共建教育环境,让学生参与到社会实践中,使他们在过程中规范行为,学会关心社会和他人,做一个知行合一的社会人。"三位一体"共育,育人生态整体优化。学生们在"六中心"五年的学习生活中,通过活动打卡的形式,能在毕业的时刻真正成为一名"五自"少年。

(三)建构和合生态化德育管理

学校师生的行为规范得到社会认可,不仅使师生在学校的"和合"教育生态中得以幸福生活、学习与工作,以他们自己的良好行为为学校增添光彩,这也与重视学校的校风建设有关。校风是学校精神的外显,是师生道德品质的表征。办学首先就是搞好校风,校风不仅是学校德育工作,更是学校办学成功之关键。

学校在德育工作上,首先进行了行为规范养成教育的制度设计,形成规范有序的管理保障。学校围绕《上海市中小学行为规范示范校评估指标体系》,全面细化学校行为规范教育管理各项工作,保障在规范化、人文化等方面的最优化发展。学校制定学生日常行为表现的基本要求,以及班级日常行为表现的评价制度。通过导向性制度安排激励学生在日常生活与学习中表真、表善、表美,使学生的良好的行为表现融于学校和班级的日常生活之中。学校建立了健全的行为规范教育工作体制、机制与制度(三制),以便有效开展教育工作。

1. 加强体制建设,保障全员育人

学校将行为规范教育作为文明校园创建重要内容,将"争创新一轮上海市中小学生行为规范示范校"作为学校"十四五"期间的主要目标,并纳入学校发展规划和学期德育工作计划,建立了党支部、校长室负责的领导机制,成立了由党支部书记为组长,副校长为副组长,工会、课程教学部、教师发展部、学生成长部、信息传媒部、服务保障部、校级家委会主任为成员的行规教育领导小组,形成支部引领,各部门齐抓共管、积极配合的良好运行机制,充分发挥管理、指导、监督功能。在行为规范教育领导小组的领导下,校级、年级与班级三级家委会在学生行为规范教育中各司其职,带领家长关注学生在家的行为规范教育。我们建立社区联谊社,协助学校行为规范教育工作,开放社区相关教育场地,指导学生开展主题教育活动。

2. 强化机制建设,保障全员育人

学校不断完善全员育人的体系,将全员导师制纳入行为规范教育管理体系,建立由各部门规定的具体职责范围,建立切实有效的工作网络和工作机制,充分发挥全员导师制功能,在行为规范教育方面形成合力。学校将行为规范教育作为文明校园创建重要内容,纳入学校发展规划和学期德育工作计划。

全校教职工各司其职,通力协作,把行为规范教育贯穿至日常的教育教学、管理中,使行为规范教育真正成为看得见、摸得着,抓得住的"生命线"。学校发挥各任课教师的育人作用,将学科育人的作用融入到班级日常管理中。面对常态化疫情的行为规范教育,学生成长部和课程教学部携手针对学生学习习惯问题开展的主题综合课程、线上课堂行为规范等养成教育取得了一定的成效。根据小学行为规范教育的目标要求,建构并形成学校、家庭、社区联动、线上线下结合的行为规范教育网络和运作机制。

3. 完善制度建设,保障全过程育人

制度的规范与完善,使学生行为规范教育管理质量的提升得到了有效的保障。我校健全了行为规范教育的各项工作机制,规范了行为规范教育的操作流程,努力把行为规范教育工作融入育人的全过程,力求行为规范教育工作的实效性。我们进一步充实和完善了三大类制度,以建章立制的形式提升学校教育管理水平,规范学校教育行为,规范教工的教育行为:① 现代学校教师管理制度;② 现代学校日常管理制度;③ 现代学校专题管理制度。其中,星级班级评比制度体现的是"行为规范,学生是实践的主体";星级文明组室评比制度体现的是"行为规范,教师是学生的表率";优化教育环境制度体现的是"教育,全社会有责"。

这些与师生行为规范相关的制度从规范性制度与流程性制度上设计,我们制定的规范性工作制度有《虹口区第六中心小学学生行为规范细则》《分年级行为规范教育目标及实施措施》《虹口区第六中心小学落实〈中小学德育工作指南〉工作方案》《全员导师制工作方案》等;制定的流程性制度有《执勤中队评比制度》《一周行为规范评比》《五自少年、教师、家长评选细则》等。这些制度都为行为规范工作的推进提供了保障,具有可操作性,也让行为规范的评估与检查有章可循。近几年,我们在原来的基础上更加完善了各项制度的修订工作。

(四) 特色品牌的示范辐射

1. 课题研究的示范

我校在全国课题"家校共育对小学生目标管理、习惯养成的实践性研究"的引领下,通过实践研究,提高教师、家长对小学生目标管理习惯养成的认识度,形成小学生目标管理习惯养成的步骤和评价机制,探索提高小学生目标管理习惯养成的指导方法和原则,增进家校间的互动联系,通过家校共育实现多赢共享的家校互动格局。本课题从我校"五自"育人目标的低中高3个年段20个习惯入手,进行目标管理习惯养成实践性研究。通过家校合作,将这20个习惯的目标达成要求融入到平时的各项活动以及在家的各种实践操作中,将行为规范教育融入到学习、生活之中。经过3年的研究与实践,已经顺利结题并起到示范辐射作用。近期学校还申报了基于"以劳育人"理念的家校共育小学生劳动素养的实践研究项目,作为下一个行为规范的课题研究。

2020年,我校成了全区小学"全员导师制"全面推行的试点单位。为了能够更好地将我校在"全员导师制工作"实施过程中的经验与大家分享,我校特以"全员导师制背景下实施小学家校共育的实践研究"课题作为我校"全员导师制工作"辐射内容的研究。此项课题旨在以线上线下互动为主要媒介,在强调全员导师参与的基础上,初步形成全员导师制背景下的学校"二享三同"家校共育新模式,探索相关管理工作有序、规范、可持续性地开展,助力学校家庭教育指导工作,提升家长的参与感、责任感,加强学校家庭教育指导实效性,使家校"同频共振"。学校老师积极参与区级"全员导师制"背景下的小学生家校沟通与习惯养成指导微课课程的编撰与开发并已上线使用。学校在2021年区级全员导师制工作经验交流会上就"导师制下的家校沟通"为题做了专题发言。

2. 特色品牌辐射

虹口区第六中心小学是上海市"十一五""十二五""十三五"家庭教育基地学校,在学校办学理念的引领下,开始了学校、家庭、社区三位一体"和谐共生"的积极探索。我们着力在家委会职能创新,"三位一体"和谐联动的制度、途径与方法对于学生行为规范养成等内容方面开展了研究,逐步形成了虹口区第六中心小学"三员制"模式下行为规范协同教育的特色品牌。学校还作为牵头校开展虹口区第六中心小学家庭教育指导"1+N"共建实施计划工作,加强和发挥各校中层建设家校合作体制机制的领导力,重点梳理能满足成员校家庭教育指导需求的理论资源、教材资源以及经验资源,保障和推动成员校家长学校规范实施,促进成员校在"十四五"成为上海市家庭教育指导基地校,乃至上海市家庭教育指导特色校(示范校)。2018年,2019年,我校被评为上海市家庭教育指导示范校。2019年12月,我校《爱的合奏曲》情景剧参与虹口区"绘彩虹、聚合力、育新人"家庭教育工作论坛的展示。三年来,我校不断完善"三员制"的职能范围,在每一次的活动后不断进行反思与探索,逐步形成了虹口区第六中心小学"三员制"模式下行为规范协同教育的特色品牌。

二、"全员润心 温暖成长"——学校心理健康工作

我校心理健康教育的理念是"全员润心 温暖成长"。这个理

念蕴含着学校的期望——师生心理健康与成长,彰显着心理健康教育要"润心"给"温暖",也就是秉持与追求教育的本义。经过长期的努力,我校成为上海市中小学心理辅导协会成员校,近十年来连续被评为上海市心理健康教育工作示范校。

我校坚持育心与育德相结合,将心理健康教育纳入学校发展规划和培养目标,秉承"诚信待人,认真做事"校训及"五自"育人目标,提出了"建立学习动力与自信;培养健康的心理品质、生活期望和兴趣爱好;鼓励学生大胆表达自我,乐于交往,积极乐观"等具体目标。学校旨在通过不断规范与完善学校心理健康教育工作,把学校心理健康教育与德育、智育、体育、美育、劳育"和合",促进学生心理、生理、社会性发展的和谐,为学生营造良好的心理健康发展的生态环境。始终坚持发挥心理健康教育在学校发展过程中的育人功能和价值,通过多种方式对不同年龄层次的学生进行心理健康教育和指导,关注师生的身心健康发展,扎实开展心理健康教育,促进学生健康心理品质的发展,提高学生自护技能,以及健康心理的调适。

(一)学校心理健康教育的价值

在《关于进一步加强和改进学校德育工作的若干意见》中明确指出要"通过多种方式对不同年龄层次的学生进行心理健康教育和指导,帮助学生提高心理素质,健全人格,增强承受挫折、适应环境的能力。""德育工作者要深入到学生中去,通过谈心、咨询等活动,指导他们处理好学习、成才、择业、交友、健康、生活等方面遇到的矛盾和问题。"与此同时,教育向素质教育转轨已引起了全社会的关注,变"应试教育"为全面提高学生的思想道德、文化科学、劳动技能和身心素质,促进儿童少年健康成长,已逐渐成为共识。

如何让学生健康成长是学校教育的艰巨任务。《中国国民心理健康发展报告(2019—2020)》显示,我国青少年的抑郁检出率为24.6%,其中轻度抑郁为17.2%,重度抑郁为7.4%。另据调查,我国小学生有心理和行为问题的约占总数的10%,初中生占15%左右,高中生占19%左右。报告还指出"年际比较来看,相比2009年,各个学段青少年的睡眠时长均呈现下降的趋势,小学和初中阶段上学日平均睡眠时长减少约40分钟,高中阶段减少约10~20分钟。"关爱青少年心理健康,已成为迫在眉睫的问题。2023年4月,教育部等17部门联合印发《全面加强和改进新时代学生心理健康工作专项行动计划(2023—2025年)》,指出"坚持健康第一的教育理念,切实把心理健康工作摆在更加突出位置",提出了"坚持全面发展、坚持健康第一、坚持提升能力、坚持系统治理"的原则,明确了"以德润心""以智慧心""以体强心""以美润心""以劳健心"五育并举促进心理健康的基本任务。

我们学校强调了培养生理、心理和社会适应都健康的下一代,"全员润心、温暖成长"心理健康教育理念正是在这3个维度上顺应了"五育"并举促进心理健康的需要,为学校师生所认同。心理健康教育作为素质教育的一个重要部分,成为全社会的共识。心理健康教育正是在生理上、心理上和社会适应上让孩子为明天做好准备。只有反映未来发展要求的教育,才是最有前途、最合社会需要的教育。这正是我们学校开展小学生心理健康教育的内趋力。

小学心理健康教育之所以受到广大教师所重视,是儿童成长规律必然要求,小学时期是儿童发展历程中的一个重要时期,是儿童个性发展的重要时期,儿童到了6~7岁,他们的生活环境发生了一次大变动,从一个备受家长和成人保护的幼儿成长为必须独立完成学习任务、承担一定社会义务的小学生。儿童的社会地位变化、承受环境压力的变化、生活环境的变化,这一切都将促使儿童的心理产生质的飞跃。孩童时期是一个人一生的准备时期,打基础时期,从小有一个健康心理,这将在很大程度上决定他的一生。少年儿童的心理正处在变化阶段,可塑性强。心理学的研究表明个体的早期的教育对其的心理品质的形成、行为的养成、社会化进程等具有持久的不可估量的影响。早期开展心理健康教育是培养高质量人才的重要环节。因此学校进行心理健康教育是科学办学的需要,也是现代学校的重要标志。深入儿童的内心世界,把握他们的心理活动规律,抓紧时机进行心理健康教育,促进儿童的健康成长,才能使我们的教育培养可持续发展的人,适应社会的发展,时代的进步。我们心理健康教育之所以获得引人注目的发展正是基于这样的积极认识。

  关注学生的心理健康教育,提升学校教育的生命性。以往由于受应试教育的影响,传统的学校教育功利化色彩日益浓厚,生命教育与心理健康教育却不够到位。"生命教育是教育的元基点",学校是生命教育的一个渠道,关注生命,培养生命意识,也是素质教育的一个迫切要求,"以人为本"和"以人的发展为本"已成为当前教育改革的最基本思想。关注学生的心理健康是优化教育品质的需要。学校德育效益缺失的重要原因之一是无学生"人"的存在、漠视生命存在、与学生生活相脱节或相悖的简单的、形式化的说教。学校教育必须向"以人为本"的方向转型。将学校教育的主要目标与功能定位在发展儿童人的生命上,以回到人的生命之中,遵循人的生命发展规律,促进人的生命健康发展,进而促进人类社会的健康发展为宗旨,是学校教育提高品质的根本所在。正如叶澜教授所说的,"只有将学生视为生命体,让教育目标关注到学生生命整体的各个层次和方面,将教育的目的定位在人的自我教育能力的促进和人的生命主体意识的增进上,而且教育过程中始终把对人的生命发展的能动特点的尊重和开发作为最重要的支点,那么我们才会看到真正的教育、充满着生命活力的人的教育。"

(二)"和合"理念下的心理健康教育的生态化

1. 心理健康教育价值指向——生命主体幸福

心理健康教育的指向应该是追求生命主体幸福,追求教育的生命性。这个观点解决心理健康教育的目的是什么?——学生幸福。心理健康教育不应该是为教育而教育,搞运动,走形式主义路线,而是要使教育真正回归到人的本性,教育应该追求生命性。

心理健康教育就是"为了生命主体的自由和幸福所进行的生命化的教育。它是教育的一种价值追求,也是教育的一种内在形态。"心理健康教育是指从学生的现实生活出发,采取感性的、实践的方式,让学生在他自己所需要的生命活动中去认识生命的意义,珍惜生命的可贵,建构自己的生命价值观,去提升自己的生命质量,实现每个人独特的生命价值,从而让自己的生命与自然、他人、社会建立美好、和谐的关系。教育的价值不仅仅是传授人以知识、技能、谋生的本领,在其深层意义上是使人成为人,进一步讲是依据生命的特征,遵循生命发展的原则,引导生命走向更完整、和谐与无限的境界。心理健康教育的起点应该是人的生命。

2. 心理健康教育的核心理念——融合

我校心理健康教育的核心理念是"融合",基于"和合"生态思想,即心理健康教育各要素融合的整体性心理健康教育。我们坚持心理健康教育融于日常的教育之中,拒绝"渗透"的观点。教育本身是生命的事业,教育本身充满着生命性。而"渗透"观把心理健康教育作为"外在物"放到"心理健康教育"之中,把人看作可以分割的"机器",把教育看作非整体性,违背了教育的基本规律,也与教育生态学悖论。教育是生命整体性的人类特殊的实践活动,即使教学,也是充满着教育,教育也是让学生提升智慧,所以教学的一个重要原则——"教学的教育原则"。心理健康教育的"融合"强调心理健康教育的内容与形式必须整合,应该运用多种形式促进学生的生命意识、生命伦理、珍爱生命的能力的健全发展。

3. 心理健康教育工作目标

学校心理健康教育的总目标是通过不断规范与完善学校的心理健康教育工作,把学校心理健康教育融合在学生的德育、智育、体育的过程中,实现心理、生理、社会性发展的和谐,促进学生社会化和个性化协调发展,促进学生整体和谐发展,建立健全学校心理健康教育的长效机制,完善心理辅导室功能,从而提升学校心理健康教育专业化水平,促进学校内涵建设发展。

学校心理健康教育目标从"五自"维度与年段维度上建构了六中心小学的"学校心理健康教育分年段目标"。在道德自律上提出"身心向善,人格健康的人";在学习自主上提出"端正学习态度、激励学习动力与自信,成为学习的主人";在健体自觉上提出"养成健康的心理品质、生活期望、兴趣爱好,成为身心健康的人";在交往自如上提出"善交流,乐交往,敢于表达自我,悦纳他人,成为充满活力的人";在劳动自立上提出"勤奋做事、热心服务、不怕困难、吃苦耐劳,成为热爱劳动的人"。这些要求是从"五自"培养目标以及心理健康的基本要求出发,进行了符合逻辑与儿童特征的演绎与具体化,归纳起来心理健康的基本目标是智力正常、情绪良好、行为协调、社会适应良好、人格完整、自我意识健全 6 个方面。

学校心理健康教育为学生营造良好的心理健康发展的生态环

境,遵循学生的生理和心理发展规律,充分开发学生的心理潜能,促进学生身心的和谐发展,培养学生"热爱生活,争做'五自'少年",为他们身心健康成长奠定扎实的基础。

4. 心理健康教育内容的两个层次

(1) 意识层面:珍爱生命。通过心理健康教育让学生理解生命意义、尊重生命,建立学生正确的生命认知,让学生明白"生命不可逆""生命独一无二";帮助学生建立正确的人生观,健全人格,帮助他们增进人际关系。我们在心理健康教育中遵循循序渐进,"我是谁?生命有何意义?"同一个问题在不同学段有着不同演绎。小学低年级,让学生初步了解自己的身体,有性别意识,喜欢自己;小学高年级,学生要了解身体生长情形,懂得同情关心,初步认识和体验生命可贵。

(2) 行为层面:注重健康。注重学生的健康行为,关注学生精神世界、心理感受、认知方式。要通过心理健康教育提高学生珍爱生命行为能力,养成健康的生活方式。让儿童远离心理伤害,珍爱生命与预防心理问题,如情绪的控制、积极的人际交往,积极进取,不怕困难,了解个体生命的成长历程,健康地从儿童向青春期过渡。

5. 心理健康教育的6项原则

学校强调心理健康教育的融合理念,并归纳出了适宜学校的6项实施原则。

(1) 主体性原则。开展心理健康教育必须坚持"以育人为本""以学生发展为本",强调知、情、意、行的有效整合。在实施心理健康教育过程中,应确立学生的主体地位,充分发挥学生的自主意识,引导他们在实践活动中自我认识,自我提高。

(2) 适切性原则。不同年龄段学生具有不同的身心特点,同一年龄段的学生个体之间又存在个性特点的差异。因此,在心理健康教育内容设置和要求上,要根据小学生年龄特点、接受程度和个性差异,选择贴近学生生活和实际,与学生成长、发展、学习、交往密切联系的内容组织教育活动,以提高教育的实效性。

(3)互动性原则。心理健康教育作用在于学生与心理辅导者之间的互动。通过依据心理健康教育原理设计的活动、课程、咨询等载体,帮助学生了解自己的心理状态,或者心理困惑等,并在两者的活动中得到支持,改变自己的认知、情感与行为。没有学生真正的参与,学生心理教育很难得到实效。

(4)体验性原则。在实施心理健康教育过程中,应注重对学生的人文关怀,强调学生的切身体验,改变单一的接受性学习方式,把心理健康教育有机地融入到学生的生活之中,努力使学生在实践活动中获得积极的情感体验,培养学生的生命意识。

(5)发展性原则。在开展心理健康教育指导时,要用发展的眼光看待每一个学生,多一些正面引导、启发和鼓励,少一些批评指责,让学生在不断的努力中增长知识,陶冶性情,形成健全人格。

(6)合力性原则。心理健康教育是一个系统工程,既要发挥学校教育的积极引导作用,又要开发、利用家庭和社会的教育资源,并进行有机整合,发挥校内外各教育因素与学生之间的多重、双向的互动作用,实现学校、家庭、社区心理健康教育的联袂共进。

6.心理健康教育的策略

通过实践,我们总结出了学校心理健康教育的两大策略。

(1)第一条策略:积极发展策略。

学校心理健康教育必须立足于学生积极的心理的培养,而不是着力于学生出现心理问题后的矫正。我们要通过心理健康教育培养学生积极的情绪、健全的认知、合理的行为,培养乐观、仁爱等良好的心理品质。

学生的心理问题矫治也要本着让这类学生积极的发展,以积极心理学的原则,立足于学生固有的积极能力和积极潜力上,以增进学生的积极体验为核心,以培养学生个体层面和集体层面的积极人格特质。教师不能总是把自己的全部注意或绝大部分注意力放在应对学生各种外显或潜在的问题上,以病理学的范式来对待这些问题。教师如果把工作重心放在修补学生的各种问题——不当的动机、不幸的早期经历、不良的学习习惯、各种问题行为等,这种教育方式常会使学生的许多正常的积极功能受到极大的限制,如自我完善、自我激励。

积极发展策略十分重要的是爱的能量运用。苏霍姆林斯基说:"没有欢欣鼓舞的心情,学习就会成为学生沉重的负担。"学校和老师用真诚的关爱去感化学生失落的心灵,积极创造宽容、仁爱、平等、尊重的心理氛围和人际氛围,让学生感觉自己在这个环境中被人关注、关心和关爱重视,真正让学生们的自我意识觉醒,追求有尊严的生活,从而促进他们形成积极的心理状态,轻松愉快地投入学习中去。积极发展策略十分有效的是激励的运用。抓住学生的优点和长处来肯定、鼓励、表扬,哪怕是一点点,都能有效地打消他们的自卑感,唤起学生的进取心。心理学家说过这样一句话:"人性中最深切的需求就是渴望别人的赞赏。"那何况是那群学生呢?他们更希望得到家长、老师和同学的理解、肯定和赞赏,尤其需要获得需求的满足和成功的激励。对他们多一点鼓励,少一点指责;多一点温情,少一点冷漠。

(2) 矫治转变策略。

我们通常运用矫治转变策略,对于有着心理问题、需要心理辅导的学生给予帮助,使这类学生得到心理支持,促进他们的心理健康。这种心理干预首先要全体教师具有学生心理健康意识,在学校生活、学习中所表现出来的心理问题有必要的警觉,能及时识别,对一时性心理症状者、心理问题者、心理障碍者分类采取措施,或者施予心理辅导咨询、或者转介专业机构,以免错失及早开展心理干预时机。

矫治转变策略应该注重针对性。有心理问题的学生一般自身不会意识到自己的心理问题,而且教师在这方面大多缺乏经验,这就很容易被忽视而耽搁早期干预。因此学校对全体教师进行必要的心理健康教育培训,提高教师对心理问题的识别能力,以及建立汇报"会诊"制度。同时针对不同学生之间由于家庭环境和经历的不同,心理问题所各具的具体情况,在教育时要做到有的放矢,有针对性地开展工作。这就要求教师必须在摸清学生家庭背景详实情况和学生性格的基础上,采取因人制宜的矫治转变方式,制定出具体的教育措施和方法,这样才能达到最佳教育效果。否则,不但不能使学生的心理得到健全的发展,还可能适得其反,造成新的心理问题。矫治转变策略应该注重环境优化。学生心理压力、家长的情绪、攻击性行为的疏缓、释放,以及转变、矫正需要宽容的环境,需要正确合理的心理辅导。

7. 心理健康教育途径方法多元化发展

基于"和合"生态型学校建设的理念,本着学校心理健康教育的生态化,着力于学校心理健康教育的融合,以根植教育教学、丰富主题活动、注重心育方式、讲究辅导实效,实现心理健康教育生态的丰富性、适宜性、开放性、整体性等。

(1) 心理课程丰富性。

学校安排了三年级开设心理健康教育活动课,每周一节课,使用《小学生心理健康教育自助手册》,根据学生的年龄特征,有序地向学生传授心理健康的有关知识。每两周一次的周四午会课时间进行心理健康教育——"心海导航"广播讲座,帮助学生树立心理健康意识,了解一些心理调节的方法等。我校坚持在每一学期的开学第一天,上好心理健康教育第一课。2018年起,我校逐步摸索将每年的心育节、开学第一课、社团活动等串联起来,集思广益、精心设计,逐渐形成主题活动课程系列化。

开展多种形式的心理健康专题教育。2014年起,我校坚持在每一学期的开学第一天,上好心理健康教育第一课,逐渐形成《开学了,你准备好了吗?》系列化课程活动,如:"新学期,我要更自信""放飞心情,快乐成长""抬头挺胸,自信满满""复课啦……""小枞树和竹子""开学福袋,能量满满""开学了,亮出自己的小目标"等,我们以阅读绘本、经典短片、学生讲座、主题活动等形式,让全校师生在体验式活动中,学习正确积极面对开学不适应状态。每年4~5月,我们都会开展为期一周的"心育节"活动,如"情绪嘉年华"主题活动、"小小棉花糖,快乐我成长"主题活动、"好好爱自己,做快乐的自己"主题活动和云端心情故事、"大胆夸,勇敢爱"主题活动等。每次"心育节"以主题活动、板报宣传、专题广播、绘画创作、心愿征集、专题讲座等形式展开,让师生们在生动有趣的团体活动中,体会到生活和学习的乐趣,健全自己的人格,拥有阳光的心态,全面健康地成长。还尝试着做好开学第一课的主题延续和延展,将每两周一次的"心海导航"广播和每学年的"心育节"贯穿始终。

(2) 教学融合整体性。

学校秉持学生心理健康教育的整体性,将心理健康教育列入学校发展规划和常规的教育教学计划中,贯穿于教育教学全过程。学校要求全体教师在各学科教学中遵循心理健康教育规律,将适合学生特点的心理健康教育内容有机融合到日常教育教学活动中。各个学科坚持以学科学习为载体,在提升学生的学习兴趣,激发学习信心的同时,讲究心灵的启迪,注重心理疏导,排解心理的困扰,使课堂不仅仅是启迪智慧的舞台,更是开发心灵、塑造良好的心理素质的载体。

在学科教学课堂中,学科教师同样重视挖掘教材中与学生身心健康相关的教学内容,精心设计,为学生创设愉快、积极向上的心理氛围。如语文学科的《一块奶酪》引导学生在人际交往中要严于律己,爱护弱小;《那一定会很好》引导学生心怀美好,积极乐观的人生态度;《大自然的声音》《读不完的大书》引导孩子热爱生活,擅于观察和思考;英语学科的《My School》教育孩子要爱学校;自然学科的《你和我》让孩子懂得与别人分享快乐,才会感到更加快乐等等。

(3) 心理社团自主性。

自2013年"彩虹心灵"心理社团成立至今,学校把"彩虹心灵"心理社团的建设纳入每周五的趣乐园课程里,由学校心理老师负责,保证每周两课时的活动时间;保证社团活动有计划、有总结,有记录;保证成员相对稳定,规章制度完善。社团活动注重培养学生自主管理能力,在心理健康教育中,重视同伴间的心理互助,每个班级都有"小小心理员"。在每一次学校心理活动中,心理社团的成员们都能成为活动的生力军和主力军。

我们的理念是:展现自我,提高能力,相信自己,一定能行。团体活动以体验式活动、儿童游戏、情景剧为主要辅导活动方式。帮助他们正确认知自我、挖掘优势、建立自信,激发学生关注健康心灵的培养;积极营造身心健康、和谐发展的氛围,树立阳光乐观的心理状态和乐于分享的理念,引导他们拥有自信的力量,健康成长。

(4) 心理辅导共构性。

发挥心理辅导室的作用,个别辅导和团体辅导功能共构。坚持每个工作日开放至少一小时,指导帮助学生解决在学习、生活和成长中出现的问题,排解学生心理困扰。在学校重建心理室期间,心理老师克服困难,除沙盘辅导暂停之外,其他功能如常进行。主动公开工作手机号,成为学校的心理热线。上海市双名工程"尹杰团队"种子团队力量拟订围绕主题"疫情期间的好习惯养成课程"进行微课设计、拍摄和制作的工作。短短3个月不到的时间内,成员们共完成8课"携手战'疫'"家庭教育指导微课,通过区域学校微信公众号推送,为区域学校疫情期间家庭教育,提供指导帮助,也丰富了课题实施途径,取得良好实效。其中,《战'疫'期视力防护二三事》一课还被虹口德研室公众号及学习强国平台推送,有幸为更多家庭提供指导。

学校建立学生心理危机干预三级报告制,教师树立危机干预意识,发现个别有心理疾病的应及时报告至学校心理辅导健康教育兼职教师,及时给予干预。如有严重心理疾病的学生应及时识别并转介区心理健康教育研究中心。随着"全员导师制"的试点推行,"全员育人"保障了"全员润心",将育心与育德无声地落地落实。

8. 学校心理健康教育工作的领导

学校心理健康教育要切实加强领导。校长要充分认识到学校心理健康教育对于学校教育品质提升的重要价值。

(1) 确立心理健康教育可持续发展的观念。

心理健康教育不是领导要求做而不得不做的事情,更不是临时热闹一番的事情,我们确立了心理健康教育必须长期坚持有计划开展的思想,树立心理健康教育的可持续发展的观念。提高开展这项工作的自觉性,尤其是提高学校领导对学校心理健康教育的认识。只有成为学校自身需求的时候,工作才会有自觉性。

要保持学校心理健康教育可持续发展,必须抓紧心理健康教育的队伍建设。心理健康教育是专业性很强的一项教育工作,从事这项工作的人员必须接受严格的专业训练。为此我们首先就抓专职心理健康教育教师的培训。学校在师资紧张的情况下,还是投入了大量的经费培养专职的心理健康教育的人才,现在学校具有国家二级心理咨询师资格证书者3名,确保心育队伍的梯队建设。持有国家二级心理咨询师资质的老师组成心理健康教研组,在学校里承担了心理健康教育的主体工作,发挥骨干作用。学校鼓励参加各级各类心理健康教育的培训,如"春雨计划",鼓励心理辅导教师每年接受1次以上的个案督导,以及不定期的小组督导等各种形式的专业督导。

我们加强全体教师的心理健康教育培训,利用全教会的平台请专家讲课,利用"晨曦"青年教师工作坊的平台,每学期对班主任和全体教师开展了心理健康教育的自培工作,将理论引导与实务培训相结合,增强人人守护学生心理健康的责任意识,让全体教师学做学生心理健康的守护者。

(2)心理健康教育工作的"两个结合"。

1)心理健康教育必须和学校的教育、教学相结合。心理健康教育有其本身的任务,提高学生的心理健康水平,发展学生的良好个性,提升学生的心理素质,同时也是德育、智育、体育等教育的基础。学校的心理健康教育是学校整体教育工作中的一部分,是为培养适应社会需要的健康下一代服务的,不能脱离学校的教育、教学。只有这样,学校的心理健康教育内趋力才能激发。当前学校方方面面的工作很多,如果心理健康教育不能和其他工作有机结合,只是追求形式主义和表面的轰轰烈烈,必然没有生命力,不可能持久。

2)心理健康教育工作必须实践和理论相结合。多年来的实践证明了,应该在理论的指导下,研究自己学校开展心理健康教育的工作思路。学校在开展心理健康教育时研究学生的差异、学校的不同工作基础,确定本校以"融合"为理念,确立了"六原则、二策略、四性途径"开展心理健康教育,在实践上进行了探索创新。

(3)心理健康教育必须加强"三制"建设。

"三制"建设是指心理健康教育工作的体制建设、机制建设和制度建设。

1)心理健康教育工作的体制建设是工作的必要基础。学校心理健康教育实施的工作体制是"行政领导、专业指导"。只有加强行政领导,才能有效地推动学校心理健康教育。没有专业的指导,工作就不能深入有效地开展,尤其在当前,学校已经动起来的情况下,工作上的专业指导更显必要。在学校层面上,成立学校心理健康教育领导小组,由校长任组长,德育室负责人和其他职能部门负责人、学校专职心理健康教育负责人组成,负责学校心理健康教育工作的规划、制度与管理等工作,具体由分管学校心理健康教育的德育室主任负责。学校建心理辅导室,具体负责学校各项心理健康教育工作与活动,兼具心理健康教育教研组功能,负责开展心理健康教育的课程教学工作,以及教研、科研等。这两个机构是"行政领导、专业指导"的体现。这样的工作体制既能体现行政领导的权威性,又能表现出业务上的指导性,收到了明显的效果。

2)心理健康教育工作的机制建设是工作的重要保障。在心理健康教育的机制建设中首先加强了运行机制的建设,形成了校、班纵向二级和学校、家庭、社会（校外资源）横向3层面构成的网络运行。这样的机制把学校心理健康教育的组织层次、管理层次和操作层次的运行有机地联结起来，使工作畅通、整体互动得到保障。我们在工作中体会到要注意这个网络的层级工作上各有不同，各有其作用和地位。学校的管理主要是导向性的，以总结评估为主；而对操作层面的管理主要是规定常规工作及其要求。我们学校理清组织架构，健全组织机构，建立了"六部一会"的心理健康教育工作机制，职责明确，运行有效，逐步形成了学校、家庭、社区共同关怀学生的心理健康教育格局。

学校健全了心理健康教育全员参与机制。全体教师均知晓危机干预的三级报告制，各部门相关人员各行其责、落实工作，建立起人人守护学生心理健康的责任意识，形成学校上下"全员育人"的局面。2020年，我校率先参加"全员导师制"试行工作，变"全员育人"为"全员润心"，将育心与育德无声地落实落地。整个支持系统以"育人"为本，以"导师"为核心，以"五导"为方向。我们的组织架构中还将家长纳入其中，增强"全员导师"的宣传和支持的力度。

学校还加强了保障机制的建设，完善心理辅导室的硬件建设。根据学校对心理健康教育工作的规划，满足学生需求，使学生可就近、便利地获得和使用的原则，特将心理辅导室安置在新建综艺大楼的一楼，占地80平方米，改"彩虹驿站"为"心灵驿站"，按要求配备了相关设施装备。整个"心灵驿站"集心理咨询辅导室、团辅导室、沙盘区、宣泄区、测评区、阅读区等多种功能一体，为开展心理辅导等教育活动提供了安静、宽松、和谐、舒适的场所，方便心理咨询工作的展开与深入，也极好地保护了来访学生的隐私。

建立学校、家庭和社会心理健康教育的协作机制。我们学校一直都是家庭教育指导实验基地特色校，开展家庭心理辅导实践研究。学校通过开展各种形式的家庭教育指导活动,帮助家长树立正确的教育观念,加强亲子沟通,注重自身良好心理素质的养成,以积极健康的和谐家庭环境影响孩子,使家长在子女人格健全的培养能力上有明显提高。

3) 心理健康教育工作的制度建设是工作的重要条件。学校从整体出发,在心理健康教育工作、咨询、保障等方面建立、完善各项制度。为了保障学校心理健康教育工作能规范化、制度化和科学化,必须有一定的规范性措施来推进工作和制约不利的影响,为此我们制定了学校心理健康教育的规范性文件,如《虹口区第六中心小学心理健康教育保障机制》《虹口区第六中心小学心理健康教育工作制度》《虹口区第六中心小学心理咨询工作制度》《虹口区第六中心小学心理咨询室管理制度》《虹口区第六中心小学心理咨询教师工作制度》《虹口区第六中心小学心理咨询教师工作守则》《小学生心理咨询注意事项》《虹口区第六中心小学学生危机干预办法》《心理咨询须知》等,通过这些制度的建设,进一步保证学校心理健康教育的有效运作。

三、"自力:会自理,善自力"——学校劳动教育创新

劳动教育是学校教育的重要组成部分。劳动教育具有鲜明的思想性,必须将正确的劳动观贯彻始终,倡导通过诚实劳动创造美好生活、实现人生梦想。劳动教育具有突出的社会性,必须加强学校教育与社会生活、生产实践的直接联系,引导学生认识社会,增强社会责任感。劳动教育具有显著的实践性,必须面向真实的生活世界和职业世界,引导学生以动手实践为主要方式,在认识世界的基础上,获得有积极意义的价值体验。

新时期赋予了劳动教育新的使命和灵魂,从"和合"出发,依据生态系统的要素—结构—功能理论,我们在设计基础上,凝练了基于"自力"的"八新"学校劳动教育模式(见图4-2),促进劳动教育生态化。

架构劳动教育新框架,整体规划	全程贯通
确立劳动教育新目标,目标适切	有序落实
设置劳动教育新课程,课程多样	共育素养
探索劳动教育新内容,"趣美乐"	十大劳动
丰富劳动教育新形式,适宜儿童	形式多样
构建劳动教育新评价,四度评价	凸显素养
拓宽劳动教育新机制,四个结合	三个加强
研究劳动教育新课题,实践探索	鲜活经验

图4-2 基于"自力"的"八新"劳动教育模式

(一) 劳动教育的基本框架

学校根据《大中小学劳动教育指导纲要(试行)》的要求,从"五自"培养目标出发,紧紧围绕以劳育人的价值,形成"以劳增智,以劳树德,以劳健体,以劳鉴美,以劳创新"学校劳动教育基本框架。学校劳动教育注重全面提高学生劳动素养,培养学生积极的劳动价值取向、端正的劳动态度和必要的劳动技能。我们学校劳动教育目标是根据小学生身心特点,明确了"劳动自力:会自理、善自力"作为学校学生培养目标的"五自"之一。学校进一步提出劳动教育的分年级具体要求,见表4-3。

表 4-3 劳动教育的分年级具体要求

自力	自力要求	自力的具体要求
会自理善自力	学会自理爱惜物品	会保管整理物品,会爱惜随身物品
	生活自理积极劳动	在班级和家庭中有自己劳动岗位,自觉节能环保
	善做家务热心服务	自觉参加校园内劳动、自觉分担家务劳动、自觉参加社区公益服务

我们学校的劳动教育的基点是从小学生的身心出发,形成了以学生"自力"为主线,培养学生尽自己的力量、自食其力、靠自身之力的劳动主体精神与品质,这"自力"充分体现了"和合"的劳动教育理念。学校又以"会自理、善自力"的要求,明晰劳动教育的内容,使学生能清晰把握与践行。劳动教育内容主要有3个方面。

(1) 树立正确的劳动观念。正确树立尊重劳动,尊重普通劳动者,牢固树立劳动最光荣、劳动最崇高、劳动最伟大、劳动最美丽的思想观念,正确认识劳动创造人、劳动创造价值、创造财富、创造美好生活的道理。

(2) 具有必备的劳动能力。掌握与小学生相适应的基本的劳动知识和技能,正确使用常见劳动工具,增强体力、智力和创造力,具备完成一定劳动任务所需要的设计、操作能力及团队合作能力。

(3) 养成良好的劳动习惯和品质。能够自觉自愿、认真负责、安全规范、坚持不懈地参与劳动,形成诚实守信、吃苦耐劳的品质。珍惜劳动成果,勤俭节约,养成良好的消费习惯,杜绝浪费。

这些劳动教育内容立足于日常生活,注重生活能力和良好卫生习惯培养,树立自立自强意识。注重服务性劳动教育,让学生利用知识、技能等为他人和社会提供服务,在学校与家庭服务性劳动中增强服务意识,实践服务技能;在社会公益劳动、志愿服务中强化社会责任感。

在明确了劳动教育目标与内容的基础上,我们将劳动素养"新"内容细化为具体的劳动生活技能。"六中心"劳动技能发展序列见表4-4。

表4-4 "六中心"劳动技能发展序列

年段	年级	必备技能(必达)	自选技能(3选1)
第一学段	一年级	学会并坚持主动整理书包	1. 学会剥豆; 2. 学用筛子淘米; 3. 会巧妙折叠衣裤
		学会清洗红领巾、小黄帽等小物件	
		学会正确进行垃圾分类,并影响身边人	
		学会用扫把扫地,清除死角灰尘	
		学会饭前盛饭、摆碗筷,饭后擦干净桌子	
		坚持自我洗漱,将洗手盆和地面上的水渍擦干	
	二年级	会打扫干净房间,巧妙整理书橱	1. 制作水果拼盘; 2. 巧妙剥虾壳; 3. 学养一盆花,并进行悉心照料
		学会叠被子	
		能快速系好鞋带	
		学会用拖把拖地,做到又快又干净	
		坚持饭后收拾、擦桌子,并学习洗碗筷	
		当客人来访时,能主动倒茶招待客人	

续 表

年段	年级	必备技能（必达）	自选技能（3选1）
第二学段	三年级	会用刨刀削瓜果类的皮	1. 学会用电饭煲煮饭； 2. 用报纸或其他纸张包装礼物； 3. 认识姜葱蒜，并巧妙洗切
		会洗叶菜类及根茎果类的蔬菜	
		会协助父母铺床单，自主换套枕头	
		学会烧一道简单的菜，如番茄炒蛋，蒸蛋汤等	
		会打死结、活结、蝴蝶结等	
		会包馄饨、饺子等简单的面食	
	四年级	每周帮家人洗一次碗	1. 养一种小动物，悉心照料； 2. 学会正确熨衣服； 3. 辨别蔬菜的好坏，巧妙清洗
		坚持每天帮家人盛饭，饭后一起收拾桌子	
		学会自己洗头发	
		坚持每月自己至少清洗一次衣物	
		独立上超市购物	
		周末帮助家长列好菜单，并一起去菜场买菜	
第三学段	五年级	巧用收纳箱分类整理四季衣物	1. 学会用洗涤剂清洗马桶； 2. 学会插花； 3. 拟定一次家庭出游计划和出行攻略
		坚持每周至少洗一次碗及清理灶台	
		学习将冰箱中的物品分类摆放	
		为家人准备一次早餐	
		学会怎样用工具巧妙把玻璃擦干净	
		做长辈拿手的1~2样特色菜	

(二) 劳动教育的生态化三原则

传统教育轻视劳育,当下尚未根本上扭转劳动教育被弱化和被软化的尴尬局面,忽视劳动教育的育人价值,缺少知行合一的现实体验,学生劳动能力与劳动习惯薄弱。轻视劳育的种种现象是违背教育生态基本规律的,使教育整体性、教育与儿童成长的适宜性、教育与社会、生活的开放性等生态性遭受严重失衡与损害。在小学阶段让学生树立劳动意识,养成劳动习惯,加强劳动技能显得尤为重要。我们秉持"五育"并举,推进劳动教育生态化,以"和合"生态思想,优化我们学校的劳动教育,贯彻学校劳动教育生态化的三原则。

1. 劳育的整合性原则

小学生的劳动教育在于培养积极的劳动观念,热爱劳动,尊重劳动者,尤其要出于内心对从事艰苦体力劳动群体的同情与关爱。在这基础上把劳动知识、劳动技能与劳动道德品质融合起来开展教育,强化劳动观念,弘扬劳动精神。认识劳动教育与其他教育活动的关系,劳动教育必修课要与综合实践活动的社会服务整合实施。学校把劳动观念和劳动精神贯穿教育全过程,贯穿家庭、学校、社会各方面。学校注重通过家庭教育指导工作,引导家长积极、认真对孩子开展家庭劳动教育,为学生在家庭生活中生活自理、服务他人创设更多的可能。

2. 劳育的主体性原则

德育心理学告诉我们,一个道德观念,要通过道德情感的体验,才能转化为道德的信念。我们在劳育中强调学生主体的参与,没有主体亲身经历劳动的艰辛,学生无法真正感受与认识劳动的意义与价值。强调身心参与,注重手脑并用。把握劳动教育的根本特征,让学生面对真实的个人生活和社会性服务任务情境,亲历实际的劳动过程,经历劳动过程中的情感体验,感悟劳动本身存在的意义,然后产生热爱劳动的情感,改变与端正自己的劳动态度,得以树立劳动光荣的价值观念,摒弃剥削思想。

3. 劳育的践行性原则

劳动教育不注重劳动践行是空头的教育,会培养出空口说白话的懒虫。规划劳动教育时,要坚持以实践锻炼为主,切实保证每一个学生都有必要的劳动实践经历,不能只是口头上喊劳动、课堂上讲劳动。要通过学生实践前的计划构想、实践中的观察思考和实践后的反思交流,加深对有关劳动的体验转化为劳动的感悟,促进学生正确劳动观念的构建。劳动实践锻炼还要关注将所学知识转化为真正有用的实际本领,形成良好的劳动习惯,弘扬劳动精神。落实劳育的关键在于学校与教师要组织学生参与相对稳定的劳动,安排学生在学校或班级的服务性岗位,指导家长安排孩子规定的家务性劳动。

我校的这3条劳育的原则基于教育生态学的适宜性、整体性、交互性等基本原理,经学校劳育实践证明,这些原则是合理的。

(三)学校劳动教育的实施

学校是劳动教育的实施主体,根据国家相关规定,结合本校实际情况,我们对劳动教育进行了整体设计、系统规划,形成劳动教育总体实施方案。我校劳育实施的主要举措如下。

1. 整体规划　目标贯通

学校认真编制学校劳动教育课程的总体规划,明确学校实施劳动教育的基本框架,制定了《上海市虹口区第六中心小学义务教育阶段学校劳动教育课程实施方案》,研究制定了"学校劳动教育分年段目标要求",目标适切,有序落实。根据劳动素养的内涵,制定了"四会"劳动素养目标,即会当家、会服务、会担当、会创新,旨在培养拥有幸福生活能力的全人格发展的现代小公民。

（1）会当家：会自理、会计划、会作主。

（2）会服务：会助人、会分享、会沟通。

（3）会担当：会负责、会尝试、会反思。

（4）会创新：会求异、会求解、会质疑。

我们还明确了劳动教育分年级目标。小学低年级要注重围绕劳动意识的启蒙,让学生学习日常生活自理,感知劳动乐趣,知道人人都要劳动。小学中年级要注重围绕卫生、劳动习惯养成,让学生做好个人清洁卫生,主动分担家务,适当参加校内外公益劳动,学会与他人合作劳动,体会到劳动光荣。小学高年级注重围绕增加劳动知识、技能,开展适宜的学校、家庭、社会服务、公益性劳动等,使学生初步养成认真负责、吃苦耐劳的品质。

2. 创设五大类劳动课程

全面落实劳动教育的内容,课程创新,设置劳动素养"新"课程,设计劳动共育内容,分别从浸润类、实践类、体验类、探索类及创新类"五大"板块,设计相对完整的劳动教育内容体系,由此提升学生的劳动素养。

我们根据学生的年龄特点和劳动技能的难易程度进行家长、教师、学生的问卷调查,提炼并制定了适合本校各年级学生的《六宝劳动技能'30技＋'习养表》,统整劳动素养"新"内容,根据学生的劳动短板,设计校本课程,让学生乐学劳动生活技能。

（1）沉浸类劳动课程。这类劳动课程指充分利用学生生活学习的环境,在耳濡目染的家校氛围下,潜移默化地让学生树立正确的劳动价值观,具备一定的劳动知识,给予润泽与熏陶。劳动环境类,比如打造人人到岗的"班级耕作室"、班级劳动文化墙、家庭劳动家风家训等;劳动视听类,比如观看劳动影视、聆听劳模的故事、看网络劳动微视频等;劳动榜样类,比如校园、家庭劳动小达人评选、家庭成员劳动示范、家长讲坛等。

(2)实践类劳动课程。实践类劳动课程指通过行动力培养学生的劳动观念,储备劳动知识与技能,并在身体力行中形成良好的劳动习惯和劳动品质。这类课程旨在提高学生生活之能力。

(3)体验类劳动课程,包括日常性劳动(比如整理书包、清洗红领巾、班级各类小岗位等)、体艺性劳动(比如、剪纸、手工、编织等)、农耕性劳动(比如种番薯、养花等);家庭体验类劳动,包括内务性劳动(比如各类家务等)、烹饪性劳动(比如做家乡特色菜、清洗简单瓜果蔬菜等)、服务性劳动(比如招待客人、帮父母洗头等)。

(4)探索类劳动课程。这类劳动课程指通过小组合作探究的过程寻找劳动的乐趣。在实践的过程中找到劳动的窍门。社会体验类劳动,包括公益性劳动(比如社区植树、写春联等)、节日性劳动(比如编中国结、编蛋套等)、职业性劳动(比如我是小跟班、职场体验等)及探究类劳动(寻找生活劳动中的小技巧、变废为宝小制作等)。

(5)创造性劳动课程。创造性劳动指通过项目化的学习在创造性劳动教育中培养学生的劳动意识、劳动能力,并通过智慧创造改进和创新劳动方式,提高劳动效率,最终使学生具备创造幸福生活的能力。创意性布置(班级"最美劳动角"、布置自己的小天地、校园"厕所"革命项目、每月一技能习得)。通过这类课程,学生可以感悟创新之乐。

3."趣美乐"十大劳动

我校劳动教育内容不断创新,丰富而充满儿童化,避免成人化。我们创设了"趣美乐"的"十大"劳动,分年级实施,以期达到教育内容适切性。按学生年龄,将劳动教育分为低、中、高3个阶段实施,以适宜的方式推进少年儿童的劳动教育。每个年段有各自的主题:低年级主题为"学会自理,爱惜物品",中年级主题为"生活自理,积极劳动",高年级活动主题为"善做家务,热心服务",着力培养劳动习惯与实践能力。通过劳动场景,使学生的劳动情境兴趣转化为劳动的个体兴趣,成为劳动习惯,终身受用、终身受益。学生劳动以符合学生年龄特点,以操作性劳动为主,注意手脑并用、安全得当,强化实践体验,让学生亲历劳动过程,提升育人实效性。劳动教育不仅提高学生对劳动的认知,更注重培养学生对劳动的情感,突出劳动教育的践行,组织学生劳动活动。

我校积极拓宽劳动活动的体验渠道,以用心感受劳动之趣,发现生活之美,探索生活之乐,提高学生之能为支点,开展"十大"劳动趣味化主题活动,并灵活运用主题实践模式,即"先体验、再感悟、后养成"的路线,聚焦真问题→营造体验场→开放式对话→反思性表达→行为引领→素养提升,从多维角度给予学生们充分的劳动体验。

(1) 感受劳动之趣。为更好涵养学生的劳动品质,学生利用家校固有资源,开展如下3类主题活动:① 小小岗位"我",结合我校小小岗位活动,校内校外相结合,在学校里采用班级岗位轮换制,体验不同岗位的乐趣,学习不同岗位的技能,增强自我劳动意识,校外主要结合家庭中的小岗位,跟随家人体验一日家庭中的工作,体验工作流程,分担相应的劳动任务,感悟劳动中的百般滋味;② 六宝志愿"我能行",采取个人自愿报名原则,可以与社区公益服务劳动相结合,也可以报名参与学校组织的各类公益活动,如

"学雷锋"、植树节、重阳节等活动,让"六宝"们在活动中参与实践、服务他人、奉献社会;③ 生态乐园"我参与",利用校园"生态农庄"基地,带领学生在自己包干的营养土中播种,了解农耕知识,培养集体劳动意识,涵养吃苦耐劳、勤劳节俭等优秀品质。

(2) 发现生活之美。学校充分利用校微平台打卡功能,开启家校合作"直通车",在平台互动功能下,开展如下 3 类主题活动:① 家校劳动"幸福吧",通过开展共创家校劳动个性口号、共约劳动规则、打卡劳动瞬间、交流劳动之获得活动,营造生长共同体;② 最美劳动"留心吧",通过开展"六宝寻美"活动,让学生们寻找校内外身边"最美劳动人",通过摄影比赛、画我眼中的劳动人民等活动,用心发现生活中的劳动瞬间;③ 劳动家风"传承吧",通过每周一次的"六宝家校汇""身边的温度""亲子家风主题我来讲""劳动微语录"等子活动,传承优秀劳动家风,培养劳动情怀。

(3) 探索生活之乐。在体验中丰富学生的劳动知识,提升劳动技能,储养劳动智慧,主要开展如下主题活动:①"今日我当家快乐做",在家校助力下,开展"六宝进超市""六宝来当家""六宝定计划"等活动,让学生主动承担家务劳动,提高生活自理及服务能力,增强家庭责任意识,获得劳动幸福感;② 飘香四溢"手艺传",利用家校互动资源,把有劳动拿手绝活的家长请进校园,通过家长讲坛,结合传统节日的传统(包饺子、做青团、钩蛋套等)和学生进行面对面交流,手把手传授劳动手艺,让学生近距离感知劳动的魅力,提高传承劳动技能;③ 个性劳动"我能行"鼓励学生开动脑筋研发个性化生活小窍门,比如编劳动烹饪顺口溜、拍摄"我技我秀"微视频、开展"变废为宝"等个性化劳动;让学生成为劳动实践者,激发创造兴趣,共享劳动智慧;④ 六宝劳动技能"对对碰"——与"六宝劳动技能'30 技+'"相结合,根据学生每月劳动技能的习得、假期中的家庭劳动技能大比拼,开展全校劳动技能大赛,评选每班劳动小达人和校劳动之星,做到赛事"月月比""月月评""月月秀"。

4. 4个"结合"与3个"加强"

学校劳动教育强化综合实施机制的4个"结合"分别为课内与课外结合、校内与校外结合、认知与践行结合及劳动教育与德、智、体、美结合;3个"基地"加强分别为校内劳动场所基地、校外社会实践基地、家庭生活劳动基地建设。我们加强学校统筹,拓宽劳动教育途径,整合家庭、学校、社会各方面力量。家庭劳动教育要日常化,学校劳动教育要规范化,社会劳动教育要多样化,形成协同育人格局。

"社会—学校—家庭"一体化的共育管理模式,制订"同频共振"组织体系,成立"四位一体"的家校联动委员会,形成家校合力,由此保障家校劳动教育的有效运行。家校共育组织架构如图4-3所示。

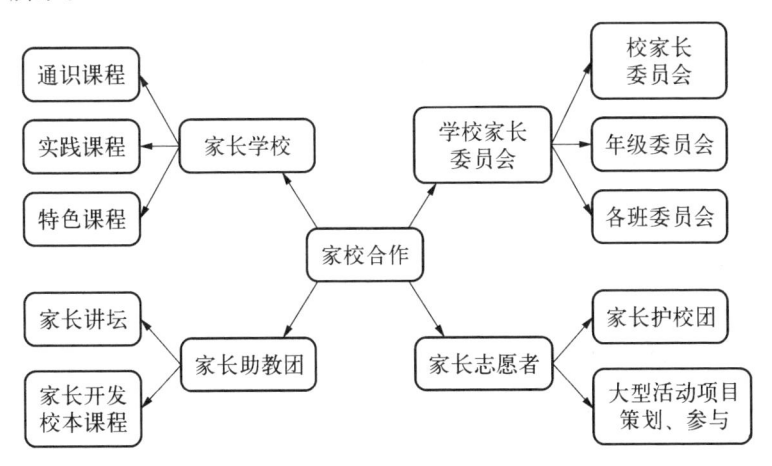

图4-3 家校共育组织架构

组建家校讲师团,更新劳动教育理念。转变家庭的劳动观念,是提升学生劳动素养的首要前提。为此,学校成立了一个由50余人组成、具有不同研究专长的校级家校讲师团,细化时间节点和年级节点,以点辐面,利用家长学校和新父母课堂,通过开设不同专题的系列讲座和亲子案例活动,传达先进的劳动教育新理念,引导正确的劳动教育行为,引导家长树立劳动观念、传授劳动知识、指导家庭劳动教育策略,从而达成教育共识。

巧用家校互联网,实现交流互动共享。学校充分利用信息网络技术平台,加强与家长的密切沟通,集"通知、学习、交流、互动"于一体,实现家校即时沟通,拓宽交流渠道。比如巧用校园公众号平台,在分类推送功能平台上设置"我技我秀""劳育在线""校长信箱"等板块。学校利用智慧校园,建立众享圈平台,每天发送家庭劳动教育短信,涉及学生劳动教育中各方面的问题,共促学生劳动素养的全面提升。

根据学校实际,结合学校所在社区等方面条件,充分挖掘可利用资源,采取多种方式开展劳动教育,避免"一刀切"。学校不遗余力搭建社区教育交流平台,建立了9个社校互动基地,包括小草头服务社、青年家园、消防队、敬老院、科协、历史博物馆、中共一大会址、社区居委会、红日养老院。每学年学校都会开展不同的活动,如消防队半日营活动、"119"消防节系列教育活动、学雷锋活动、毒品预防教育活动、法制交通安全宣传教育活动、暑期社区实践活动等。学校成立志愿者队伍,参加"蓝天下的挚爱"慈善活动。学校充分利用社区的教育资源加强对学生的小公民道德教育和行为习惯养成等教育,建立起社校合作的大教育格局,共同引领学生健康成长。

5. 四"度"评价,凸显素养

健全劳动素养评价制度。将劳动素养纳入学生综合素质评价体系,制定评价标准,建立激励机制,组织开展劳动技能和劳动成果展示、劳动竞赛等活动,全面客观记录课内外劳动过程和结果。把劳动素养评价结果作为衡量学生全面发展情况的重要内容。

为更好地激发小学生劳动内驱力,获得自我价值的肯定,结合我校"奖章银行"评价平台,通过建立四"度"评价标准,采用教师评价、家长评价和学生自评等方式,分别从参与劳动的广度、频度、持久度和服务对象的满意度4个方面进行评价。

(1) 参与的广度。以学生个人每学期参加劳动活动的项目类型为评估依据。根据活动主题,完成任务的学生可在"奖章银行"中的"劳动自力板块"进行打卡,每参与一次获得一颗星。每学期进行活动总结,评选"劳动小达人"。

(2) 参与的频度。以学生每学期参加活动的次数为评估依据,分为参加固定岗位(学校小小岗位)和非固定岗位劳动(各类主题活动)的次数。定期参加固定岗位服务活动的为"优秀"。非固定类的5次以上的为"合格",7次以上为"良好",10次以上为"优秀"。频度的多少通过打卡可以换取"奖章银行"币兑换参与更多主题劳动活动。

(3) 参与的持久度。以学生个体参加活动的持续时间为评估依据,家长、老师、学生利用打卡点击作为依据,参加活动1个学期以上的为合格,1年以上为良好,3年以上为优秀。

(4) 服务对象的满意度。以服务对象对参加服务的个体获群体的满意度调查为评估依据。每次活动之后,受服务的对象(学生、老师、家长以及社会群体、机构)利用线上线下评价的方式进行打星。满意度在60%以上的为合格,75%以上的为良好,90%以上的为优秀。

6. 实践探索,积累鲜活经验

加强劳动教育的教育科研。学校为了加强劳动教育研究与指导,组织了"基于'以劳育人'理念的家校共育小学生劳动素养培养的实践研究"以及"基于劳动习惯的行为规范养成教育"课题研究,实施家校"二享三同",即信息共享、资源共享和目标同步、措施同步、评价同步,促进家庭劳动习惯教育。注重跟踪研究、行动研究,梳理来自劳动教育一线的典型案例和鲜活经验,形成分学段、分专题的劳动教育课程资源包,促进优质资源的共享与使用。学校也举办有关劳动教育生态化的论坛讲座,开展分年段实施劳动教育的专题教研,提高劳动教育整体实施水平。

四、"健康第一:人人有兴趣、学校有强项"——学校体育特色

学校深刻认识到"促进人类的健康",促进学生健康发展,是人类孜孜以求的教育理想。人的健康的整体性,必须通过教育、教学促进学生的身体、心理、社会的和谐健康。学校要树立健康第一的指导思想,把促进学生健康发展作为学校工作的出发点,以促进学生身心健康为目标,关注学生健康的整体性,通过整合体育、卫生和心理健康教育,为学生的和谐健康发展创造良好的教育环境,促进学生生理、心理、社会性全面健康。我们学校践行"人人有兴趣、班班有队伍、年年有比赛、普及有成绩"的理念,开展广泛性群众性体育,增强学生体质,以"一校一品"建设推进学校体育特色项目。学校是学生促进健康的重要环境。学校体育是学生体力、智力与人格平衡发展不可或缺的因素。"人人有兴趣、学校有强项"的理念,也是学校体育工作的基本策略。

（一）充分认识学校体育工作的价值，确立学校体育工作的目标

健康体魄是青少年为祖国和人民服务的基本前提，是中华民族旺盛生命力的体现。健康对一个人而言是核心资本，是生命之基、事业之本、幸福之源，也是智力、体力和心理发展和劳动生产力的基础；健康对社会而言，是促进经济发展和社会进步的根本保障。全民族健康素质不断提高，是我国建设小康社会的一项重要指标。学生健康素质关系到千家万户、关系到国家与民族的未来。只有广大青少年健康素质的提高，才能为全民族健康素质的提高奠定坚实的基础。全面推进素质教育，包括健康素质的提高，是我们党从实现中华民族伟大复兴的战略高度作出的重大决策，是21世纪我国教育的主导理念，是学校肩负的历史使命与义不容辞的责任。

2016年10月，中共中央、国务院印发《"健康中国2030"规划纲要》，强调"以人民健康为中心"。2017年10月，党的十九大报告把健康中国正式上升为国家战略，明确提出"实施健康中国战略"，同时提出要"完善国民健康政策，为人民群众提供全方位全周期健康服务"。2022年6月，全面、系统修订后的《中华人民共和国体育法》特别关注"青少年和学校体育"，将其单列成章，并在第一条提出"国家实行青少年和学校体育活动促进计划，健全青少年和学校体育工作制度，培育、增强青少年体育健身意识，推动青少年和学校体育活动的开展和普及，促进青少年身心健康和体魄强健"，不仅将青少年和学校体育置于优先发展的战略地位，更是明确提出学校体育工作制度的重要性及主要任务。

党的二十大报告把到2035年建成教育强国、体育强国、健康

中国作为基本实现社会主义现代化的战略目标,强调要以中国式现代化全面推进中华民族伟大复兴。习近平多次强调,要树立健康第一的教育理念,开齐开足体育课,帮助学生在体育锻炼中享受乐趣、增强体质、健全人格、锤炼意志。这为我们做好新时代学校体育工作提供了根本遵循的思路。

学校体育对青少年学生健康成长起着其他学科不可替代的作用。近几年来,我们学校认真贯彻《中共中央国务院关于深化教育改革全面推进素质教育的决定》,树立"健康第一"指导思想,以青少年体育为重点,切实加强学校体育工作。体育是通过身体的教育,让学生在身体练习中学会体育与健康知识、技能与方法,形成核心素养和促进身心健康的课程。作为教育的重要组成部分,能够促进学生全面发展,提升身体素质,养成规则意识,体验挫折教育。可以说,离开体育的教育是不完整的教育。

体育作为学校教育工作中的重要一环,具有养德、益智、勤劳、尚美的育人作用,是实现立德树人根本任务、提升学生综合素质的基础性工程。体育对于加快建设教育强国、健康中国具有重要意义,对于弘扬社会主义核心价值观,培养学生爱国主义、集体主义精神和奋发向上、顽强拼搏的意志品质具有重要作用。我们要深刻认识体育在社会主义现代化建设,特别是人才培养工作全局中的重要地位,以健康第一的教育理念为指导、以课堂为根本、以课外为依托、以朋辈促进为抓手、以文化传承为主线,培养德智体美劳全面发展的社会主义建设者和接班人。

加强学生体育是一项系统工程。对学校而言,需要为体育配备教师、体育场馆建设等提供支持,为体育教学提供科学引导和资源支撑。对家长而言,需要重视孩子的体质健康,花时间陪伴孩子共同参与体育锻炼,营造快乐运动、健康成长的家庭氛围,让体育运动成为孩子的终身爱好和习惯。学校应该起着引领作用,推动学校与家庭、社会各方携手,秉持健康第一的教育理念,共同行动起来,才能让广大青少年保持身心健康,在人生道路上快乐成长、实现更好发展。

(二) 学校体育工作的观念与目标

学校必须树立正确的学校体育观,以推进学校体育工作。

第一,树立以健康第一的教育理念为指导。立德树人,不仅要让学生学习科学文化知识、涵育高尚品格,还需要学生有强健的体魄,从而毕业后能更好地投身社会主义建设。身体是革命的本钱,体育工作与学生健康息息相关。在学校教育教学工作全局中,体育具有特殊重要的地位。在人才培养中要牢固树立健康第一的教育理念,把实现好、维护好、发展好广大学生的体质健康作为学校体育工作的出发点和落脚点,全面加强和改进新时代学校体育工作,时刻突出健康的要求,促进学生健康发展。

第二,树立培育、增强青少年体育健身意识观念。这是学校体育工作的重要目标。要让体育运动成为师生自觉的生活方式,而不是仅仅停留在体育分数、体质监测成绩或者运动比赛成绩上。调查发现,造成运动难以成为自觉生活方式的主要原因之一是学生缺少喜爱的或经常从事的体育运动项目。这与学生少年儿童时期没有培养自己喜爱的、有兴趣的运动项目有着密切关系。为此我们学校体育工作强调学生在校期间要坚持参与至少达到一学年及以上的一个体育项目,运动项目教学要成为学校体育教学的核心内容,以帮助学生掌握一项喜爱的运动项目技能,学校体育社团与运动项目教学之间要有机衔接,要大力开展各级各类比赛,以促进青少年养成常练不辍的体育运动习惯。教会、勤练、常赛,是学校体育工作的基本要求。

第三,树立群众性体育普及与特色体育活动相结合观念。这也是学校体育工作的基本原则,充分体现了学校"和合"生态思想。学校要开展广泛的群众体育活动,为的是增强每一位学生的体质,这是学校体育的基本目的。学校体育不应该走竞技体育路线,以某体育项目"称霸"为目的。正确处理群众性体育与学校体育特色的关系,首先要明确什么是学校体育特色项目。学校体育特色项目应该是具有学校体育文化基础,能反映学校办学理念与教育理念,能体现学校精神,为全校师生所认同的,师生广泛参加的体育项目。建设学校体育特色项目最重要的目的是为了激发广大学生的体育兴趣、增强学生体育意识,让每一位学生亲近体育运动,不断激发学生的体育活动的热情与持续投入。学校特色体育项目不应该是少数人专属、为了竞赛而从事的项目。只有打破这道界限,学校特色项目群众化,才能真正实现体育活动的"全员普及"。基于青少年身体素质的特点与培养要求,不断开发趣味盎然的比赛项目,是学校体育特色的要义。

第四,树立促进青少年身心健康和体魄强健的观念。这是学校体育的价值旨归。学校体育要体现"五育"并举,促进学生可持续发展,让体育在促进学生全面发展中发挥重要作用。体育运动可以促进大脑发育,从而改善学业活动的生物学基础。运动可以培养规则意识和合作性,增强学生的人际交往能力,也可以培养学生积极的情绪、坚强的意志、坚持的行动、良好的个性。体育具有独特的育人价值,体育回归面向人人、以体育人的原点。

我校体育一以贯之,以确立的体育工作目标聚焦落实。学校开展大体育,加强体育课程教学、大力开展学生体育活动,加强学校体育特色项目,采取体育与诸育融合,交互并进策略,增强学生体育意识、增强学生体质,全面提升学生健康,积极创建体育先进学校、体育特色学校,成为一所体育强校。

学校体育工作包括学校的体育课教学、课外体育活动、课余体育训练和体育竞赛。学校体育工作的基本任务是:增进学生身心健康、增强学生体质;使学生掌握体育基本知识,培养学生体育运动能力和习惯;提高学生运动技术水平,为国家培养体育后备人才;对学生进行品德教育,增强组织纪律性,培养学生的勇敢、顽强、进取精神。

更好发挥体育的育人功能,是教育回归育人本位的应有之义。我校体育工作原则如下。

(1) 学校体育工作应当面向全体学生,积极推行国家体育锻炼标准。体育课教学应当遵循学生身心发展的规律,教学内容应当符合教学大纲的要求,符合学生年龄、性别特点和上海的气候条件。

(2) 体育课的教学形式应当灵活多样,不断改进教学方法,改善教学条件,提高教学质量。体育教学的过程既是培养学生运动兴趣、运动技能的过程,也是磨炼学生意志品质,塑造学生精神面貌、性格乃至价值观的过程。

(3) 坚持普及与提高相结合、体育锻炼与安全卫生相结合的原则,积极开展多种形式的强身健体活动,重视继承和发扬民族传统体育。

(4) 全员关心体育。班主任与其他教师应当把学校体育工作作为一项工作内容,教育和督促学生积极参加体育活动。学校的卫生部门应当与体育管理部门互相配合,搞好体育卫生工作。总务部门应当搞好学校体育工作的后勤保障。

(5) 关注学生体育运动的密度。每节体育课的运动密度应该达到75%左右,以避免体育课知识讲授多体育活动少的状况,有利于学生体质得到充分活动锻炼。

学校应该引导与组织学生经常性参与体育锻炼、体育活动,有助于推动学生在体育技能的学习中养成坚韧拼搏、自尊自信、积极进取的品质,在团队合作中学会合作互助、相互尊重、承担责任,在比赛训练中养成遵规守纪、诚信自律的意识,树立正确的胜负观等体育道德品质。一堂好的体育课,是对学生综合素质的全面培养。

以文化传承为主线。"体育锻炼健体魄,童年运动奠基础"。学校要根据办学定位和自身特点,做好体育文化赋能,一方面抓好体育文化氛围的营造,将"享受乐趣、增强体质、健全人格、锤炼意志"贯穿于体育工作的全过程,形成各具特色的体育运动队精神面貌和向上向善的体育文化氛围;另一方面依托体育活动抓好中华优秀传统文化的传承,推动实现以体树德、以体增智、以体育美、以体促劳,促进全体学生健康成长。

(三) 充分发挥体育课程主渠道的作用

1. 加强体育课程教学

促进学生身心健康、体魄强健,需要开齐开足体育课、上好体育课,确保学生的体育锻炼时间。2020年10月,中办、国办印发《关于全面加强和改进新时代学校体育工作的意见》,提出严格落实学校体育课程开设刚性要求,不断拓宽课程领域,逐步增加课时,丰富课程内容;2021年7月印发的《关于进一步减轻义务教育阶段学生作业负担和校外培训负担的意见》也提出,要引导学生"开展适宜的体育锻炼"。相关政策举措,为开齐开足、开好体育课提供了遵循和保障。充分发挥体育课程主渠道的作用,实施校本课程、体育活动,强化群众性体育,奠定体育强校的基础。以课堂为根本。体育教学要以学生为中心,确立学生的主体地位,开齐开足体育课、上好体育课。要深入分析学生的年龄特点和发展规律,结合学生的兴趣爱好和成长需要,深化体育课程供给侧改革,深化体教融合协同育人,满足学生的多元体育需求。

增进学生体质健康水平是学校体育教育的根本任务,运动密度是检验这一根本任务完成与否的重要标准,也是衡量体育课质量和体育锻炼科学化程度的重要指标。合理增大体育课的运动密度,抓住青少年体育锻炼习惯形成的关键期,不仅有利于青少年掌握运动技术、锤炼意志品质、提高体质健康水平,而且对于应对久坐行为、身体活动不足带来的青少年肥胖问题、心血管疾病早发问题等全球化健康危机和建立青少年体力活动评估的金标准具有现实意义。笔者与华东师大"青少年健康评价与运动干预"教育部重点实验室合作研究了"运动密度对青少年运动能耗与体质健康的影响",结论是运动密度是影响运动能耗和体质健康显著性改变的主要因素,还存在性别差异;55%~74%的运动密度对青少年体质健康有着良好影响,提示在教学中应注意根据练习项目和性别区别安排练习密度,并建议:有效衔接国家课程标准"中国健康体育课程模式"倡导的"每节课的运动密度应在75%左右,运动心率达140~160次/分"的目标[1],为制订青少年健康促进计划[2]提供参考。

体育与健康课程是以身体练习为主要手段,以增进学生健康为主要目的的必修课程,是学校体育工作的中心环节。如何把切

---

[1] 季浏:中国健康体育课程模式的思考与构建,上海体育大学学报2015年第9期。

[2] George L X: Improving of physical fitness through physical education in school students, Swedish Journal of Scientific Research, 2017, 2.

实增进学生的健康贯彻到课程全过程,充分挖掘课程的各项功能和教育价值,一直是我们认真思考的问题。体育教学的过程既是培养学生运动兴趣、运动技能的过程,也是磨炼学生意志品质,塑造学生精神面貌、性格乃至价值观的过程。帮助学生享受乐趣、增强体质、健全人格、锻炼意志……体育课与体育锻炼有着重要的教育功能。习近平强调:"要坚持健康第一的教育理念,加强学校体育工作,推动青少年文化学习和体育锻炼协调发展。"落实这一重要要求,需要进一步强化学校体育工作,强化体育课与体育锻炼,让体育成为一种健康的生活方式。

我校按照教育部的要求开设体育课,保证每周体育课开足开好,不断提高课堂教学质量。我们充分发挥课堂教学主渠道的作用,高质量地上好每一节体育课。体育课教学始终贯穿4个理念:① 坚持"健康第一"的指导思想,促进学生健康成长;② 激发学生运动兴趣,培养学生终身体育意识;③ 以学生发展为中心,重视学生的主体地位;④ 关注学生个体差异与不同需求,确保每个学生受益。为达到切实增强学生体质的目的,每节体育课都安排一些发展身体素质的教学内容,做到课课安排、课课练,使学生的脉搏数达到140~160次/分,持续5~7分钟,并通过对学生生理负荷的监测,及时调整运动强度。通过体育课教学,达到有效增强广大学生的体质目的。

我校大胆实行体育必修课的改革,体育活动进行选项,让学生选择自己喜欢的体育项目,选项内容有球类、健美、形体、武术等8项。从过去让学生学练,变为学生要学练,学生由被动学习变成主动学习,学生练习的兴趣浓、兴致高,体育课面貌发生很大变化。几年来,体育选项课教学实践收到了良好的效果,学生说这样的体育课我们喜欢,课堂上呈现出生机勃勃、健康发展的良好局面。在实行体育必修课改革的同时,学校积极开发校本课程资源,开设 8 门体育类校本课程。校本课程将教学内容的多样性、综合性和教育内容的科学性、实用性、趣味性融为一体,使学生在掌握现代社会最有用、最基本的体育知识技能的同时,增强了体质,充分体验着运动的乐趣,为终身体育打下了良好的基础。在每一轮学生自主选课过程中,体育类校本课程都成为热门课程,学生经常通过要求增加课时和扩大招收人数的方式表达对体育类校本课程的喜爱。

开齐开足体育课、上好学校体育课,还要建立科学合理的教学评价体系。无论是上体育课还是进行体育锻炼,都要强调运动时间、运动过程与运动质量,因此,对学生的体育评价需要强化过程评价,更加关注学生上体育课以及参加体育活动的实际表现。应以过程评价为主要指标,将过程评价与结果评价相结合,构建起包括平时运动表现、体质健康监测与体育技能测试在内的综合评价体系。抓好学生体质健康标准的测试工作。做到认真辅导规范测试,使学生体质健康标准优良率、合格率进一步提高,学生体质有明显提高。既重视体育教学的过程和学生在体育运动中的综合表现,又强调掌握体育技能、提高运动水平的重要性,才能更好激发学生对体育运动的兴趣、提升学生参与体育锻炼的质量和强度。体育教师队伍建设直接关乎体育课程质量建设,影响体育课程教学因材施教、寓教于乐,提高体育课的参与率和实效性。

五、"以美育人,综合、亮丽、全覆盖"——学校艺术教育

(一) 学校艺术教育的价值

美术教育是美育的重要组成部分,对塑造美好心灵具有重要

作用。加强美育工作,很有必要。做好美育工作要坚持立德树人,扎根时代生活,遵循美育特点,弘扬中华美育精神,让祖国青年一代身心都健康成长。要全面加强和改进学校美育,坚持以美育人、以文化人,提高学生审美和人文素养。从宏观的国家层面,我国出台政策文件引领"美的教育",国家先后颁布了《学校艺术教育工作规程》《关于全面加强和改进新时代学校美育工作的意见》,全面深化学校美育综合改革,坚持德智体美劳"五育"并举,加强艺术学科,整合美育资源,强化实践体验,完善评价机制,全员、全过程、全方位育人,形成充满活力、多方协作、开放高效的学校美育新格局。

美育要坚持落实立德树人任务。美是纯洁道德、丰富精神的重要源泉。美育是审美教育、情操教育、心灵教育,也是丰富想象力和培养创新意识的教育,能提升审美素养、陶冶情操、温润心灵、激发创新创造活力。学校美育以提高学生审美和人文素养为目标,弘扬中华美育精神,以美育人、以美化人、以美培人,把美育纳入育人全过程,贯穿学校教育。将学校美育作为立德树人的重要载体,引领学生树立正确的审美观,陶冶高尚情操,塑造美好心灵,增强文化自信。学校艺术教育是铸造灵魂的工程,承担着以文化人、以文育人的职责,应该用独到的思想启迪、润物无声的艺术熏陶启迪学生的心灵,传递向善向上的价值观,不断提高学生的审美与人文素养。教师要做真善美的追求者和传播者,把崇高的价值、美好的情感融入自己的教育之中,引导学生崇尚高尚的道德,给学生以审美的享受、思想的启迪、心灵的震撼。美育纯洁道德、滋养心灵。如果青少年的精神世界没有童话、歌谣和大自然的云彩、花朵、鸟叫虫鸣,如果学生的心灵世界没有动人的音符和丰富的颜色,如果学生没有艺术爱好和艺术修养,不可能全面发展。

学校艺术教育是美育的重要组成部分。艺术教育是学校实施美育的重要途径和内容,是素质教育的有机组成部分。学校艺术教育工作包括艺术类课程教学,课外、校外艺术教育活动,校园文化艺术环境建设。学校艺术教育工作应该以面向全体学生、分类指导、因地制宜、讲求实效的方针,遵循普及与提高相结合、课内与课外相结合、学习与实践相结合的原则。通过艺术教育,使学生了解我国优秀的民族艺术文化传统和外国的优秀艺术成果,提高文化艺术素养,增强爱国主义精神;培养感受美、表现美、鉴赏美、创造美的能力,树立正确的审美观念,抵制不良文化的影响;陶冶情操,发展个性,启迪智慧,激发创新意识和创造能力,促进学生全面发展。

艺术色彩有多斑斓,艺术教育的内容就应该有多斑斓;艺术情境有多丰富,艺术教育的形式就应该有多丰富;艺术韵味有多淳厚,艺术学习环境的韵味就应该有多淳厚。这应该成为学校艺术教育所追求的理想状态。切实扭转艺术教育中的功利化与技术化倾向。使学校艺术教育的各方面各部分各环节都能见到最鲜活的人,真正能够让学生的心灵得到艺术的浸润与滋养。学校艺术教育必须真正在教育教学内容层面上坚守中华文化立场、传承中华文化基因,展现中华审美风范(郭声健,刘珊:新时代学校艺术教育必须把握的几个基本点,美育学刊 2019 年第 7 期)。学校艺术教育要实现以美育人目标,就必须遵循艺术的规律和特点,教学形式和方法同样应该如蓝天上的阳光、春季里的清风,生动活泼、活灵活现,春风化雨、润物无声、潜移默化、滋养人心。必须通过学生亲身参与的艺术实践活动,让学生亲身体验艺术带给人的审美享受、思想启迪、心灵震撼,而不能是用非艺术的方式来进行艺术的教育,不能采用单项灌输、理性说教、被动接受的方式来掌握艺术知识技能。

重视学校艺术教育是教育国际化的走向。英国开展"大美术课程",将学生美育素养提到国家发展层面。英国政府通过修订国家课程——"美术与设计"完善学生美育素养的提升工作。英国教育部门认为,通过美术课程的学习有助于促进学生在交流、与他人合作以及改善学习行为上的能力。英国公立学校的绘画课教学着重关注学生的审美能力培养,美育素养被提到国家发展的高度,引起社会各界的重视(李雪如:基于国际视角的中小学生美育素养培育理念与实践,艺术教育2022年第11期)。新西兰创设"多元共融艺术环境",使得美育素养包容了互助元素,自新西兰政府颁布《艺术课程标准》以来,通过艺术教育培养中小学生的艺术审美、交流能力、解决问题能力、审视艺术能力、身体表达能力、收集信息的能力等便成为新西兰教育部门关注的重点。该标准中明确指出"艺术学习有助于学生成为一个正直、勇敢、坚韧不拔、负有国家责任并兼容并包的独立公民"。澳大利亚形成"体系完备"的美育素养培养模式,注重国际化发展站位,澳大利亚通过颁布《艺术(幼儿园至十年级)》标准,将国家课程评估和报告委员会提出的要求设定为"七种能力",其中与美育素养有关的能力为"批判性和创造性思维""个人和社会的能力""伦理行为以及跨文化理解"3种能力。美国自颁布《每个学生都成功法案》后,教育重点由"核心学术科目"转变为"全面教育",其中艺术教育则是全面教育的必要组成部分,这也意味着美国国家层面对艺术教育的重视。在美国各州学校,艺术教育与其他学科并驾齐驱,受到教育法律法规的保护与支持。2014年,美国《国家核心艺术标准》应运而生,学校艺术教育呈现形式发生转变,具体表现为将媒体艺术纳入学科门类;艺术教育内部学科之间交叉互补,艺术教育学科与自然、社会学科相互融合。美国学校重视"良性的艺术教育生态。学校领导支持和善治、师生共创共建、社区组织积极配合以及艺术专家和专业艺术组织合作共同建立起艺术教育发展的良性循环"(高雅茹：美国特许学校艺术教育模式与实施路径,全球教育 2021 年第 4 期)。

我国艺术教育有着悠久的文化传统。从春秋时期,孔子倡导"兴诗,立礼,成乐",到 1912 年北京大学校长蔡元培提出"五育并举",主张"美感教育不可偏废"的思想,再到智能时代社会需要复合型人才,艺术启蒙教育为学生提供宝贵机会得到更多重视,艺术界开始重点关注让越来越多的中小学生能在美的氛围中成长,培养其感知美、了解美、创造美的素养(顾霁昀："以美育人"的时代价值与实践路径——基于教师美育素养的视角,教师教育研究 2021 年第 2 期)。

艺术教育应该作为重要的教育组成部分贯穿于学生培养的每一个环节。但是,在中小学中,艺术教育还未受到应有的重视,"美育素养作为核心素养的重要部分,却并未得到学界的重点关注。在现实中,对于学生美育素养的评价,无论是艺术课程考试、美育素质测评,还是'美育进中考',都存在'一把尺子量到底'的简单做法,功利性的培养方式与评价模式限制了学生在美育感受、美育认知上的发展"(李雪如：基于国际视角的中小学生美育素养培育理念与实践,艺术教育 2022 年第 11 期)。

(二) 学校艺术教育特色的创新

遵循艺术教育规律与特点,改进教育教学方式,增强课程综合性,坚韧不拔地推进学校的艺术教育,经过数年的积累,我们已经在向艺术特色学校迈进,形成了"艺术课程综合,艺术社团亮丽,艺术活动全覆盖"的学校艺术教育格局,以音乐的"百灵鸟"合唱团为亮点,美术课程教学的"广域+融合"模式为创新点。

"六中心"作为虹口区艺术教育特色学校,坚持面向全体,健全面向全体学生的学校美育育人机制,让学校所有学生都享有接受美育的机会,整体推进学校美育发展,鼓励学校艺术教育特色发展,形成"一校一品""一校多品"的学校美育发展新局面,形成全覆盖、多样化、高质量的现代化学校美育体系。

艺术特色教育是学校实施美育的主要内容和途径,是促进学生智力和身心健康发展的有力手段。根据新时期教育教学规律,立足本校实际,面对当前不断发展、持续更新的艺术教育需求,学校秉承"手牵手,心连心,自主快乐同成长"的校本艺术教育价值观,充分发挥艺术教育的育人功能,体现校园文化向真、向善、向上的文化特质,陶冶学生艺术情操,提高审美情趣,促进学生全面发展。

艺术类社团有琵琶乐团、儿童舞团、拉丁舞团、口风琴队、鼓号队、金话筒社团、沪语童谣社团、戏剧团、魔术团、合唱队、藏书票社团、魅力彩铅社团、陶陶乐社团、妙笔生辉社团、跃然纸上社团等,让学生艺术特长得到提高。

我们学校将艺术教育贯穿在学校教育的全过程各方面,构建相互衔接的艺术教育课程体系,构建具有开放性、综合性的跨学科艺术教育教学体系,突破学科本位藩篱和狭隘视野,切实加强艺术教育的渗透与融合。这种渗透与融合包括几个层面:① 艺术学科内部的渗透融合,如音乐、美术、舞蹈、戏剧等各艺术门类的渗透融合;② 艺术学科与非艺术学科的渗透融合;③ 艺术课堂教学与课外校外艺术实践活动的对接融合;④ 学校艺术教育与家庭艺术教育、社会艺术环境、学生现实艺术生活的对接渗透。这就要求要大力开展以美育为主题的跨学科教育教学和课外校外实践活动,将相关学科的美育内容有机整合,围绕美育目标,形成艺术课堂教学、课外艺术活动、校园艺术文化环境的育人合力。

学生近3年共获各级各类艺术奖项近200个。区艺术教育特色项目"魔法奇幻秀",被评为上海市城市少年宫特色项目,获得"区红领巾小社团"称号,课程被评为区精品课程;藏书票课程教师为中国美协藏书票研究会会员,上海版画藏书票协会会员。师生作品入围保加利亚国际藏书票展、中日青年版画交流展共15人次,获国家级等第奖近70个;百灵鸟合唱团获市级合唱赛三等奖,区级合唱赛一等奖两次,并多次参加市区级展演活动,获好评。

(三)以声乐为基础,"器乐进课堂"

我校以音乐教学的声乐为基础,"器乐进课堂""百灵鸟合唱"为亮点,形成了"六中心"音乐特色。"六中心"的"小百灵"合唱队曾在上海市、虹口区学生合唱比赛获得优异成绩,成立至今,共培养学生300余人,先后培养了一批走向市、区的声乐类艺术特长学生。

学校合唱的特色形成与发展是我们探索适应自己学校的艺术教育发展的成果。学校艺术教育发展要一个抓手,这个抓手不能是小众的,只是几个学生搞的项目,而是要具有广泛性与课程规定性。声乐是合唱的基础,是小学音乐课程的基本内容。声乐是学生学习与掌握节奏、旋律、强弱音乐语言基本形式,是发展学生音乐识谱读谱能力、音乐感知能力、音乐表达能力等音乐能力与艺术想象能力、艺术创造能力的基本路径,同时也是学生学习器乐的音乐基础,对于学生掌握一项或者几项乐器是有利的。基于这样的课程认识考虑,我们认为学校的艺术特色应该具有广泛性,学生人人能参与,而且对于学生终身的艺术发展有着奠基作用与长远价值,基于这样的课程观与教育特色观,我们确定了以合唱为作为学校音乐艺术发展的抓手。学校艺术教育的合唱特色体现了我们"抓实艺术课程+积极拓展艺术活动"的发展策略思想。

《关于全面加强和改进新时代学校美育工作的意见》中,提出"义务教育阶段注重激发学生艺术兴趣和创新意识,培养学生健康向上的审美趣味、审美格调,帮助学生掌握1至2项艺术特长""义务教育阶段丰富艺术课程内容,在开好音乐、美术、书法课程的基础上,逐步开设舞蹈、戏剧、影视等艺术课程""丰富艺术实践活动。面向人人,建立常态化学生全员艺术展演机制,大力推广惠及全体学生的合唱、合奏、集体舞、课本剧、艺术实践工作坊和博物馆、非遗展示传习场所体验学习等实践活动,广泛开展班级、年级、院系、校级等群体性展示交流"。依据上述3方面的要求,我们以合唱为抓手,加强了艺术课程的改革,高质量上好每一节音乐课,让学生在声乐学习中,逐步掌握音乐知识与能力,培养热爱艺术的审美感。

同时,课程教学中始终坚持"器乐进课堂"来促进学生综合素质的培养。学校把"器乐进课堂"与广泛开展艺术社团活动结合,每一个孩子学会一项乐器,让每一个孩子学会竖笛吹奏,实现审美自悦。我们广泛开展课内外、校内外合唱等艺术活动。学校面向全体学生组织艺术社团或者艺术活动小组,每个学生至少要参加一项艺术活动。学校应当根据自身条件,举办经常性、综合性、多样性的艺术活动,与艺术课程教学相结合,扩展和丰富学校艺术教育的内容和形式。学校在艺术教育中应当结合重大节日庆典活动开展艺术活动。学校要为学生创造良好的校园文化艺术环境。校园的广播、演出、展览、展示以及校园的整体设计应当有利于营造健康、高雅的学校文化艺术氛围,有利于对学生进行审美教育。学校应当充分利用社会艺术教育资源,补充和完善艺术教育活动内容,促进艺术教育活动质量和水平的提高,推动校园文化艺术环境建设。

在推进合唱项目建设工程中,本着加强艺术实践活动环节,为学生搭建艺术展示平台,让学生真正感受到艺术教育给自己带来的实实在在的益处,确保学生学有所长,学有所用。特别是要充分利用信息化手段,将学校艺术教育与学生艺术生活相对接;充分利用社会公共艺术场地资源,将学校艺术课堂与社会艺术环境相对接;充分发挥社会资源的育人作用,建立学校与社会一体的艺术教育协同育人机制。

第五章　家校合作　共育下一代
——"二享三同"家校共育

一、家庭教育工作：学校不可推卸的责任

正如苏霍姆林斯基所指出的，"没有家庭教育的学校教育和没有学校教育的家庭教育，都不可能完成培养人这样一个极其细微的任务。"我们学校致力于构建家庭教育的协同发展机制，为孩子们营造良好的健康成长生态圈。

《中华人民共和国家庭教育促进法》也明确提出，"家庭教育、学校教育、社会教育紧密结合、协调一致"（第四条）和"建立健全家庭学校社会协同育人机制"（第六条）。这些法律条文分别对家庭、政府、学校和社会力量的责任进行了规定，明确了多元责任主体格局，由过去的家庭单一主体转变为多元责任主体分担，家庭教育工作应明确各方责任，共同协作。父母或其他监护人应当树立家庭是第一个课堂、家长是第一任老师的责任意识，承担实施家庭教育的主体责任。学校应充分发挥其指导家长开展家庭教育的职能，社会的多元社会力量则应各司其职，加强联动，完善家庭教育指导服务体系，形成家庭教育的协同育人工作机制。教育部《关于建立中小学幼儿园家长委员会的指导意见》明确指出，"中小学生和幼

儿园儿童健康成长是学校教育和家庭教育的共同目标。"

在现实中,家庭教育存在着不少问题,家长的家庭教育观念、家庭教育态度与家庭教育方法都需要转变,良好的家风需要倡导与践行。家长疏于对学生的日常教育,对孩子精神、生活、学习上的需求漠视,新的心理问题随之产生。不同的家庭由于他们社会地位、文化素养、经济条件的不同,都会影响对子女的教育。大部分家长比较重视自己孩子的学业成绩,忽略学生的心理健康,家长对孩子的成长目标单一化,期望孩子以后能够考上好的学校,相当一部分家长不了解学生的身心发展规律,家庭教育方法陈旧,导致了许多家庭缺乏与孩子有效沟通的方法,继而导致学生问题的产生。同时,有相当一部分家长忙于自己的事务,忽略孩子的家庭教育,把孩子推给家里的老人隔代照顾。不少特殊家庭的家庭教育也面临着不少问题,也是我们所面临的一个必须关注的问题。

学校教师与管理者对家庭教育指导工作及其在学校教育中的位置也并非完全深刻理解,有的教师还认为家庭教育工作不是学校的事,家庭教育指导加重了教师的负担,有的也认为他们年轻,做家长工作没有经验。出于办学的需要,我们从"和合"生态型学校创建出发,抓紧、抓好家校教育生态圈的营造,增强家校合作能力,形成学校发展的长效机制。我们从学校的顶层设计上,通过学校核心制度对学校家庭教育指导工作给予了保障。

为了更好地服务与指导家庭开展家庭教育,提高教师家庭教育指导能力,我们十分重视家庭教育指导的教育科研,通过研究提升学校的家庭教育工作的质效。每学年,学校通过各种形式开展家庭教育工作现状调研,每一项研究课题的出台,都是根据本校学生家庭中面临的家庭教育的问题及班主任在家庭教育指导中遇到的困惑而开展,因此,教师、家长都能积极参与其中,其中班主任参与研究的人员达50%,参与推广研究活动的班主任达100%。

学校积极组织课题研究,近年来已经立项的市、区级家庭教育工作方面的课题有5项。其中"家长委员会'三员制'建设创新实践"的项目研究,作为市教育科研重点项目,2019年,尹杰校长作为上海市第四期"双名"工程虹口区"种子计划"管理团队领衔人,带领6所学校的9位干部,围绕着"提升未来校长家校合作领导力的行动研究"项目开展研究。以辐射"六中心"的家校合作"三员制"经验为主线,加强和发挥各校建设家校合作体制机制的领导力。

二、大力营造学校家庭"和合"教育生态圈

我们着力以"双全双融"范式推进学校家庭教育指导工作,学校成为上海市家庭教育工作先进学校、上海市家庭教育指导实验基地。学校以"双全双融"范式推进学校家庭教育指导工作。结合学校近两年来办学理念,以及开展家庭教育指导工作实践中已初步形成的家教特色,提出了"双全双融"。"双全"即全校教师和全体家长积极参与到各项家庭教育工作与指导活动中;"双融"即家庭教育和学校教育相互融合、家庭和社区相融合,积极建构健康的学生成长的教育生态。

(一) 家校合作教育生态体系

在学校3年规划中,明确地把家庭教育指导工作放到重要位置,作了规划,建构高质量家校合作教育生态体系。

(1) 完善家长委员会组织,分年级展开家长代表(家委会)工作,提高家长参与学校治理的水平。实施家委会驻校制度。通过

多种形式的家长开放日等方式,将学生在各个方面的成长多角度地展现给家长,提高家校合作水平。

(2)开展家庭教育指导,提高家长教育能力。做好学校微信小程序的开放和运用,提高家校沟通的时效性、透明度和便捷度。通过家长学校、家长沙龙、家校沟通直通车等活动,分层次开展家庭教育指导工作。

(3)积极开展社区教育,加强了学校教育与社会教育相互协调,为建立"高效教育场",充分开发和利用校外教育资源,为学生参与社会实践提供必要的条件。以年级组为单位,利用学校周边教育资源,开展社会考察活动。

(4)健全学校家庭教育指导工作制度。加强家访工作,制定家访工作条例。基于社会发展的具体情况,针对学生的家长与社区特点,积极建设好家长学校,提高班主任家庭教育指导工作的能力,转变家长的教育观念、改变教育态度、优化教育方法,形成家校合作教育的积极局面。健全家长委员会制度基础上,创建家社咨议制度。"

(二) 双全双融

学校通过"四个强化"和"三个抓"来落实"双全双融"。

1. 四个强化

(1)强化家长学校建设。建设家长教育课程,有计划地开展家长学校讲座,建设家长学校讲师队伍。

(2)强化家长委员会工作。发挥二级家委会作用,健全家委员职能,巩固与发展家委员进驻学校。

(3)强化班主任家庭教育工作培训。组织全体班主任家庭教育指导培训,结合班主任工作室开展实训。

(4)强化科研引领提升指导工作内涵。开展"家委会驻校的制度安排与工作机制的实践研究"。

2. 三个抓

(1) 抓好家校共育共赢的"和合"大教育生态圈。

"六中心"通过学校章程,从学校基本制度上对家校合作与学校的家庭教育工作作了制度上的安排,建构学校教育生态,关注家长参与学校管理与课程建设,家长委员会进驻学校发挥家长对办学的支持与监督,这是现代学校制度建设的重要方面。为实践"开放办学"理念,整合学校、家庭和社会的教育力量,有效体现家长对学校教育工作的知情权、参与权和监督权,切实发挥家长委员会在学校、家庭、社会教育问题的桥梁和纽带作用,我校进行了家委会驻校轮值的大胆尝试——家长走进学校,全面参与学校管理。

(2) 抓好学校家庭教育指导的基础性工作。

学校针对学生身心发展特点和家长教育的需求,聘请家长进学校开讲座。除了学校领导与教师担任讲课外,我们经常聘请家庭教育方面的专家,为家长们做"当好父母,让孩子健康成长"的讲座。为了进一步提升学校的家长学校的工作质量,我们学校编写了《家庭教育家长读本》,这本家长读本是有目的、有针对性地推荐一些家庭教育良策与建议,触动家长对自己的家庭教育问题的思考,转变家长的教育观念、端正家庭教育的态度、掌握良好的家庭教育方法。通过家长教育教材的编写使学校的家长学校教材建设走出了第一步,家长学校工作更规范。

学校加强家校合作,形成良好的学生成长生态。学校各年级定时组织家长开放日活动,认真制定了家校活动方案,安排家长听课,观摩教师的课堂教学,同时也引导家长关注自己孩子的学习状态。在开放日活动中,学校也安排学校干部作当前有关的教育政策与教育发展信息报告,通过具体实例向家长们介绍学校的"趣乐园课程""主体性德育"的目的、意义和特点,以及家校协作培养"五自"少年,同时引导家长更多关注学生的成长过程,关注学生的情感和态度,激励学生的学习,帮助学生养成良好的学习习惯与思维,认识自我,树立信心,真正体验到自己的成功与进步。学校的开放日活动使学校、家庭、老师、学生、家长的心贴得更紧,也使师生感受到了成长的力量和前行的希望!

(3) 抓好班主任的家长工作基础性工作。

根据学校教师新的特点,年轻教师大多刚从大学毕业,还没有结婚生育,缺乏家庭教育知识与经验,只有他们自己经历的家庭教育成了他们的"榜样",往往缺少科学性,因此这些教师的家庭教育工作成了"高危工作"。增强教师家校合作共育学生的意识,提升教师家庭教育指导能力,成了学校的一项重要的工作。

学校针对年轻的新班主任缺乏与家长交往经验,尤其是平等地与家长沟通的能力,建立了班主任的学习制度、家访制度、重点工作考评制度等。学校十分重视班主任的家访工作,转变一些青年教师误以为可以用现代手段为什么还要进行花时间颇多的家访。我们结合班主任的思想实际开展了这方面的培训,引导教师改变家访的形式,丰富家访的内涵。老师们现在能运用宣传征询式家访、指导式家访、慰问式家访、贺喜式家访等进行家校沟通,把学校的教育教学情况与要求,有针对性地告知家长,征求家长意见。

我们开展全体教师,特别是班主任的家庭教育指导能力的培训。学校多种形式的家庭教育指导,更新了家长的家庭教育理念,有助于学生的健康成长,切实为建构学校的健康教育生态提供了有力的支撑。以多种形式加强家庭教育指导工作,以多途径加强家校协同,增强教育合力,创新合作机制,让家长委员会进驻学校。我们培训教师,认真分析学生的家庭教育现状,从转变家长的家庭教育观念,端正家庭教育态度入手,正确运用教育方法,开展家庭教育指导工作,从而达到教育好学生的目的。

三、家委会"三员制"的创新

我们学校在家校合作上加强现代学校制度建设,不断进行创新,以家长委员会功能创新为抓手,进一步推进学校的家庭教育工作,曾在全区作过"家委会职能创新、促进学校主体发展"专题经验介绍。该项成果也为其他学校提升家委会功能提供了一种改革的路径。

(一)家委会"三员制"的机制创新

学校要从办好人民满意教育的高度,充分认识建立家长委员会的重要意义。我们认为,把家长委员会作为建设依法办学、自主管理、民主监督、社会参与的现代学校制度的重要内容,作为发挥家长在教育改革发展中积极作用的有效途径,作为构建学校、家庭、社会密切配合的育人体系的重大举措,以更大的热情,更有效的措施,创造更好的条件,大力推进建立家长委员会工作。在第三轮学校发展规划中提出了"手牵手,心连心,自主快乐同成长"的办学理念,这里的"手牵手,心连心"是多角色(生生、师生、家校、社校)的沟通、联系、协调、共进,通过对接各方的优势资源,促进学校的改革与发展。2013年,学校再次修改了学校章程,明确提出"三位一体""和谐共生"的思想,其中第八章是对家委会的含义、相关制度等的阐述。建设好与时代发展和学校办学特色相适应的家长委员会,是实现家校联合,推进现代学校制度建设的关键,2014年,学校开始了家委会职能创新的实践研究。

1. 从组织机构入手,确立家长委员会地位

(1) 家委会的定位。

家委会是学校推进家校合作、促进家长参与的重要组织,"十三五"期间,学校开始了家委会职能创新的实践研究,设立了"三大职能部"及对应的"三员制"。家长以视导员、协理员和指导员的身份参与学校重大决策,保障了家长对学校教育的知情权、监督权、评议权和参与决策权。

家委会"三员制"是学校根据家委会的功能职责,针对学校、家庭的需求进行组织机构改革的制度。家委会与学校管理部门是平行的、互动的、监督的关系,起到相互制约、相互促进的作用。家长委员会是学校教育改革的参与者、教育资源的开拓者,是教育问题的应对者、家校关系的协调者,还是学生良好成长环境的创建者、学校教育教学行为的监督者,在提高教育教学质量、促进学生全面发展等方面,具有不可或缺的重要作用。

家委会相对独立,并由广大家长选举产生,家委会代表家长、对家长负责,行使权利与履行义务。学校听取了家长、教师的意见,改革了家委会的设置,建立了"视导部""协理部""指导部"三部及"视导员""协理员""指导员"三员制,以此实现监督、协调和指导3种职能。学校通过建立健全家长委员会管理制度,让家委会有了参与学校管理的地位。通过开展各类协商,让家委会明确岗位职责;通过开展各类家校互动合作活动,让家委会有为。"三员制"成了学校开放办学管理的助推器,促使学校的教育教学管理更规范与科学,家长走进校园、课堂,促使教师的教育行为不断改进,适应学生身心发展规律,为家庭对学校教育知情权、参与权、监督权和评价权的实现提供了保障机制。在新形势下,"三员制"家委会使"家校协同育人"成为教育新常态。在"双减"政策的校本化实施

中发挥了较好的作用。

(2) 家委会的产生。

学校遵循民主、公开、自愿的原则,根据家长委员会委员的任职条件,首先,在班级中组织家长自愿申报、竞选演讲,最终无记名投票选举产生班级家委会成员5名。学校刚开始筹备公选家委会时,不少家长有顾虑,老师也担心家委会影响正常教学秩序。一度参与热情低,报名寥寥无几。经过学校管理层的精心策划、动员,老师与家长打消了各方顾虑。当然,实践中为确保家长委员会的质量和水平,使其真正代表每位家长的利益,及时反映家长们心声,我们采用自我申报和民主推荐相结合的方式,选出委员会代表。每届新生入学的第一天就召开全体家长会,开始家长学校的第一课,同时号召有意愿为家长及学校服务的人员报名,申报之后,由班主任组织召开竞选会议,由全体家长无记名投票选出班级家长委员会代表5名。召开班级家长委员会第一次会议,根据自身特点,选择职能部岗位,可以多选,但班级中必须有"三大员",其中1人为班组长,负责领导班级家长委员会的日常管理。正是这种民主推荐的方式,使每个当选者都有一种强烈的责任感和使命感,都想发挥自己最大的能量和最高的水平,以赢得全体家长的认可。从而使我们的家长委员会始终充满生机与活力,有力推动了学校的教育教学水平。

(3) 家委会的运行机制。

哪些工作该学校做,哪些该有家委会管,都有明确规定。我们主要从规范制度方面推进家委会的运行:① 建立层级家委会;② 完善家委会组织机构;③ 制定家委会有关制度;④ 做好相关培训;⑤ 遵守议事规则;⑥ 保障家庭教育指导经费。

明确家委会与"三员制"的基本架构。校级家长委员会设15人,由各年级视导部、协理部、指导部的负责人组成,其中3人为校级视导部、协理部、指导部负责人,1人为主任,1人为副主任,负责领导校级家长委员会的日常管理。学校根据各班提供的职能部岗位名单,综合各方面因素,确定年级、校级家委会成员。年级家长委员会设4人,由各班组长及视导员、协理员、指导员负责人组成,其中3人为年级视导部、协调部和指导部的负责人,1人为组长,主要负责领导年级家长委员会的日常管理。虹口区第六中心小学家长委员会组织如图5-1所示。

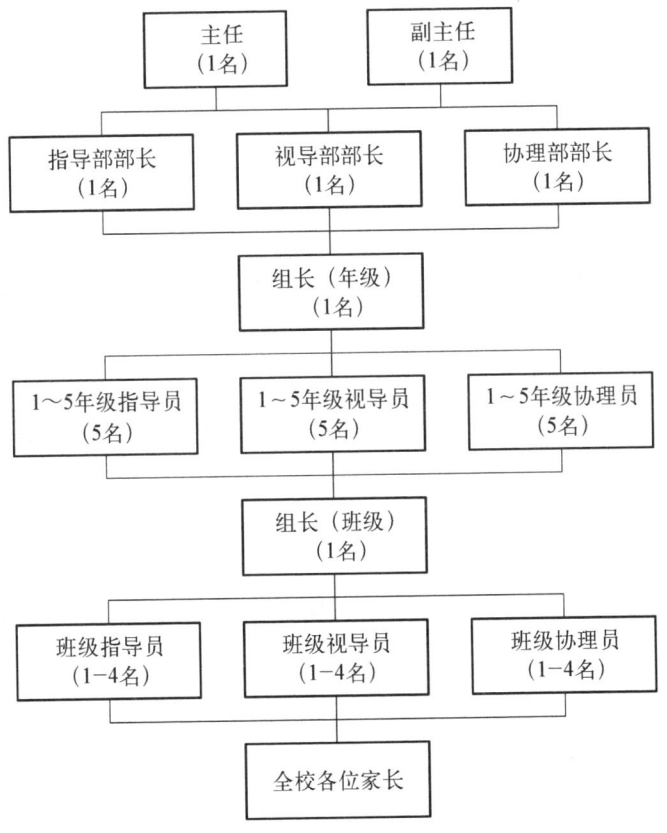

图5-1 虹口区第六中心小学家长委员会组织

家长委员会全面参与学校家庭教育工作,所有委员都统一颁发聘书,聘期3年。家长委员会成立后,就将他们的联络方式告知全体家长,以方便沟通与交流。主任委员负责制定每学年工作计划,召开家长委员会时向大会做工作汇报,接受全体委员的监督。学校为家长委员会的建立与运转提供必要条件和有力保障,确保家长委员会依法、规范、有序、有效地对学校、教师的教育教学、管理活动实施监督,提出意见、建议。正是通过他们,家校间的桥梁与纽带才便利通畅。

2. 从家长委员会的职能出发,让家委会有作为

家长委员会的主体作用通过"三大职能部"发挥,视导员、协理员及指导员这三大员积极参与学校重大决策,进一步保障家长对学校教育的知情权、监督权、评议权和参与决策权。

"视导员"主要用于线上线下观察家校间的情况,将家校"问题"提供给校方或家委会,通过客观分析给出初步建议;根据内容的需要可分为"一日视导制"和"日常视导制"两类。其中一日视导制是家长通过观察了解学校一日教育教学管理工作,参加学校的重大会议等,让家长充分了解学校日常管理情况,对学校工作提出意见和建议;日常视导制是请家长视导员在日常观察学生、家长、教师之间的情况,及时传递信息,及时了解处理一些应急情况,避免家校间一些误会情况的发生。

视导内容主要有检查学生上学时段师生进校礼仪;进教室听课或观摩教育活动;巡视校园环境、设施及课间师生情况;检查食堂,品尝学生午餐;访谈学生、教师,进一步了解学校常态工作;做好相关记录,提出意见或建议;做好与校领导反馈工作,与校领导面对面沟通;校领导责成相关部门及时整改,并请视导员跟踪式查访,做好回访工作。

家长视导员的身影在"爱心义卖活动""家长一日开放日""十岁生日""毕业典礼""学生运动会""微课程活动"等校园活动中都有出现,他们不仅积极参与学校活动,还以第三方的角度审视学校管理活动中的优势与问题,让学校管理在家长委员会的监督管理下,有序有效开展。

"协理员"主要在视导员不能解决问题的情况下或校方接到家长的反映,需要家委会配合进一步听取班级家长的意见等情况时,在家校间进行协调,以达到解决问题的目的。

比如,某学期一位协理员在以学校名命名的一个QQ群里,看到作为版主的家长发出一条帖子质疑学校午餐的质量,而紧随其后有家长跟帖谈论呼应,对于这一事情,协理员就在第一时间向学校反映情况,也让校方紧急启动《家长委员会议事规则》,将全体校级家委会聚集一起,首先巡视食堂,考察学校学生中午用餐情况;之后围绕如何树立家长与孩子正确的午餐营养意识、午餐食谱的合理搭配等议题展开讨论,与学校及食堂代表达成共识。会后,协理员就此事调研讨论情况,在群里予以发布沟通,得到了广大家长的理解认同。协理员的建立就是希望家长能在出现矛盾的萌芽期找到问题的根源,尽早将问题解决在初期。以家长身份开展视导和协调,更能客观看待问题,也更能从家长角度思考问题,说服力也更强。

"指导员"主要对各年级家长开展各种形式的指导活动,完善家长学校的课程建设;参与学校"快乐活动日"课程建设,为学校教育提供各种资源,丰富学生的社会实践,拓展学生思维。特别是家长教育资源在课程实施中的有效运用实现了突破,如家长资源在主题活动开展中的运用、家长资源在课程建设中的运用、家长资源在环境布置中的运用、家长资源在亲子活动课程实施中的运用、家长资源在教育资源共享平台上的运用等。

家委会积极引导与组织指导员参与"慧家共育"家长学校的课程建设;参与学校"快乐活动日"课程建设,为学校教育提供丰富资源,拓展学生思维。经过整体构思,逐步在分层推进,设计了较为完整的课程体系。课程分为公共课程、班级课程、研讨课程及活动课程4种类型。其中公共课程由学校及家长指导员执教,主要向家长们宣传党和国家的教育方针,推介新课程改革,解读学校的办学理念,引导家长们站在国家和民族的高度理解教育,遵循教育规律和青少年成长的规律,做学校教育的理解者和合作者;班级课程以班级为单位,分年级进行,由班主任和家长指导员为主,向家长传授家庭教育的科学理念和具体方法,帮助家长提高家庭教育的水平;研讨课程由家长们自愿参加,围绕人格培养、习惯养成、情绪管理、亲子沟通等内容开展研讨,旨在解决有针对性的问题;活动课程由家长和孩子共同参与,以增加亲子间的沟通,特别是由家长资源组织的社会实践课程让学生兴趣盎然,收获良多。

指导员主要对各年级家长开展各种形式的指导活动,同时,我们还挖掘家长专业资源为学生设置部分选修课程。

家委会的这"三员"之间既有联系又有区别,"三员"既要有独立的履职能力,又有团队的协作精神。

"三员制",通过多种形式的合作、沟通,进一步实现学校办学理念,通过对接各方的优势资源,促进学校的改革与发展,达到以下3个目标。

(1) 通过设立视导员岗位,及时听取家长的意见和建议,对学校开展的教育教学活动进行监督,帮助学校改进工作,促进家庭对学校教育的知情权、参与权、监督权和评价权的实现。

(2) 通过设立协理员岗位,主动与视导员、学校教导处及社区居委的联系,做好家校、社校之间的协调、沟通工作,加强学校、家庭、社区的联动工作,争取家长、社区的支持和理解。

(3) 通过设立指导员岗位,定期与学生、家长、教师开展指导活动,创设学习、研讨氛围,提高学生、家长、教师的素养。

(三) 家委会"三员制"新发展

在"双减"政策背景下,家校教育生态圈的营造迎来了重塑的契机。我校践行"双减"工作的核心精神,充分发挥家委会主体作用,以"视导员""协理员""指导员"三大员三条路径助力家长,从认识上达成共识,从行动上给予支撑,从方法上提供指导,竭力画好"双减"落地过程中的家校共育同心圆,助力学生健康成长。

1. 视导员——借"督导"东风,促行规提升

学校设立了"月调研督导日",每月最后一周四上午邀请视导员来校进班"一日督导",现场听课,观察学生上课状态;参与"大课间",体验亲子健身快乐;作业检查,了解学校作业管理细节;座谈沟通,既解惑于家长对五项管理的认识,又从面上了解学生学习习惯、学习态度。"月调研督导日"的建立,让视导员及时了解了学校"双减"下学校管理的精准施策,又促进了学生行为规范的养成,从解决家长焦虑、改变家长认知、掌握家庭行为规范训练方法等这一源头做起,走出一条依靠家校共育促"双减"落地落实的有效路径。

2. 指导员——设"家长讲堂"促课程提升

"双减"背景下的家长学校课程,我们从不同年段家长的需求、热点和难点入手,联合指导员一起打造适合"六中心"家长学校需求的校本教材。我校家委会"三员制"的探索,产生了一批热心学校发展的家长指导员,他们积极参与学校"慧家共育"课程建设,每

周一讲,亲子共研共学;开发了"家有小儿初入学——幼小衔接习惯养成课程""家有小儿养习惯——好习惯养成课程""家有小儿爱劳动——劳动技能指导课程"等校本课程供大家一起分享学习,让家校课堂更加立体多彩,也让草根家长的家庭教育知识得以创生、共享。

学校在校微平台推出"家校汇"专栏,在学校的引领下,每周由指导员们开发的"家有育儿好技巧——育儿经验分享课程",深得家长认可,如"做一名不焦虑的家长""我说我的家教好故事""自己动手,丰衣足食"等文章,满足了不同家长不同阶段的需求,给家长和孩子心理减负,也帮助家长掌握有效的家庭行为规范教育方法,让家长也能"减负增效"。每周二的"家长讲坛"更是从职业启蒙出发,通过讲座的形式给孩子们普及职业启蒙教育,还一同编撰了《家有小儿乐实践——职业启蒙成长课程》。

3. 协理员——缓解家校冲突

营造家校协同育人新局面,需要学校教育教学创新升级,也需要家长的教育理念升级迭代,正确认识"双减"政策的意义,理解、支持学校做好"双减"有关工作。同时也配合学校做好家校间的沟通。

学校还编写了《家庭教育指导手册》。家委会"三员制"成了学校开放办学管理的引擎,促使学校的教育教学管理更具透明性,家长走进校园、课堂,促使教师的教育行为不断变革,适应学生身心发展规律,为家长对学校教育知情权、参与权、监督权和评价权的实现提供了保障机制。本校的家长委员会作为一个与学校教育机构相对独立、相互制约、相互促进的教育组织,在学校管理中发挥着桥梁作用,促进学校民主管理,提升学校的家庭教育工作水平。

3. 家委会"三员制"取得成效

家长委员会的职能创新实践让家长有地位有作为,"三员制"的探索实践促进了学校开放办学,"快乐同成长"的理念得以进一步落地。家长的有效介入促进了学校教育教学改革进程,取得了一定的成效。家委会职能创新实践让家长的权利与义务提升,家长的角色和地位提升,家委会建设水平提升,家庭教育综合素养提升。此课题研究荣获 2018 年家庭教育研究成果评选一等奖,形成了特色品牌,在本市及外省市产生了一定的影响,形成了良好的示范辐射作用。学校家庭教育工作研究成果分别在各类报刊上发表,并在市级各类评比中屡屡获奖;家庭教育工作的特色经验多次在市、区相关会议上作交流、展示;多次接待外区的教育同行并代表上海赴外省市作经验介绍。

家长积极主动参与学校管理教育教学、督导评价等各个方面,有利于进一步保障家长对学校教育的知情权、监督权、评议权和参与决策权。学校层面上,校级、年级、班级 3 级工作网络共同构成了一个广大家长参与教育工作的网络,有利于从组织上保障家长参与学校管理的权利。各级家委会主任均由在校学生家长代表担任,体现了家长在家委会中的主体地位,有利于在学校民主管理中进一步发挥家长作用。这具体表现为"四个提升"。

(1) 家长的权利与义务的提升。在"法治精神"的层面确认家长的权利与义务;保障家长对教育的 5 个权利,尊重家长的志愿精神。

(2) 家长的角色和地位的提升。从"民主管理"的视野定位家长的角色和地位:家长是学校管理的参与者、决策者;是学校教育教学的推进者、合作者;是家庭教育研究的实践者、探究者。

(3) 家委会建设水平的提升。以制度平台的力量推进家委会的建设,家委会建设进一步朝着规范化和科学化迈进。

(4) 实现学生综合素质的提升。以素质教育的理念整合和开发家长的志愿,促进学生全面、主动地发展,实现学生综合素质的提升。

家委会承担支持教育教学工作、参与和监督学校管理、促进学校与家庭沟通、合作等职责,其成员由全体家长民主选举产生。学校应当提供必要条件,保障家委会对学校、教师的教育教学、管理活动实施监督,提出意见、建议;应当定期与家委会成员进行沟通,听取意见。学校实施直接涉及学生个体利益的活动,应由学校或者教师提出建议和选择方案,并做出相应说明,提交家委会讨论,由家长自主选择、做出决定。因此在全面落实依法治校的今天,我们要积极探索完善家委会的组织形式和运行规则,不断扩大家长对学校办学活动和管理行为的知情权、参与权、评议权和监督权,以构建政府、学校、社会之间新型关系,加快建设现代学校制度。

《上海教育》杂志特推出"家校合作新实践"专栏,追踪上述研究项目的进展,展示学校已有经验和不断探索的新创意,以此激发更多的学校充分重视并践行新理念的家校合作。刊登了笔者的专文《家委会职能创新 促进学校主体发展》。上海市教育科学研究院普通教育研究所专家郁琴芳作了点评,指出:目前家委会在中小学家校合作实践工作的功能发挥并不尽如人意。实际上,家委会建设也走入了深水区。因此,如何通过制度规范、机制完善、功能创新,既能让家委会真正地履行权利、发挥作用,同时又保证学校教育和校长、教师的专业性,我觉得这是上海的中小学幼儿园家委会今后要重点解决和突破的问题。虹口第六中心小学家委会职能创新实践,为其他学校破解家委会功能发挥不佳难题提供了一种改革的路径,值得其他学校加以借鉴和进一步思考。

四、"慧家共育"家长学校的课程创新

(一)"慧家共育":"慧学、慧思、慧行、慧教"

随着《家庭教育促进法》的出台,家庭文化的建设、家庭教育理念的提升、家校社关系的共建,成为新时代家庭教育的新命题。学校在"和合文化"的指引下,将"慧家共育"家长学校建设纳入学校发展规划,努力做好家长学校的顶层设计。"慧家共育"家长学校是以家长为对象的,以校本的"慧家共育"课程为主的,以提高家长科学育儿能力、转变家长家庭观念为目标的,以共育学生为目的的家庭教育指导性的成人继续教育学校。

"慧家共育"家长学校的理念是"手牵手,心连心,家校共育,鼓励和帮助家长们成为'慧学、慧思、慧行、慧教'",即家长智慧地学习家庭教育;智慧地思考自己的家庭教育观念与态度;智慧地采取合理的家庭教育方法;智慧地家庭教育,成为合格或者优秀的家长。"慧家共育"家长学校是家长学习共同体,学习的是知识,连接的是关系,建立的是情感,成就的是家长和孩子。在家长学校课程的实践过程中,学校切实加强了家长学校的领导力量和组织机构建设,营造了可持续发展的家校教育平台。

我们不仅开设指导讲座,也鼓励家长通过线上"家长慕课""校微智能平台——家校汇",以及线下"家长慧课堂"平台积极开展家长学校教育。通过家长学校课程指导家长的育德能力,我校已经开设了系列家庭教育指导课程。学校每学年至少组织 6 次家庭教育指导和实践活动,有针对全校家长的主题式辅导讲座,也有针对起始年级家长每月一次的专门指导,如"入学须知""习惯培养""等

笫制评价"等,家长参与率达到100%。家长学校的培训、指导、实践活动帮助家长学会了尊重和信任孩子,掌握了培养孩子独立、自主、健全的个性和自我管理能力的方法,提高了育儿水平。

学校有责任让立德树人的理念深入家庭,向有需要的家长提供家庭教育指导与服务。因此,家长学校的建设与运行,我们更针对家长的问题,以需求为导向,为家长提供更为多元化的课程学习、有针对性的家庭教育指导与服务。在家长学校培训和指导工作中,我们尽可能摒弃"封闭、灌输、强制"的说教模式,采取"开放、民主、主体、创新"的新模式。从目标、内容、途径、方法上加大改革的力度,在目标上尊重个体差异,在内容和方法上注重更新家庭教育观念、指导育人方法和构建民主平等的亲子关系。

家长学校的师资队伍中有专家,有教师,也有家长志愿者。每学期都针对不同年段家长的需求、热点和难点问题举办专题培训或讲座。如针对"来自心理学、脑科学的教育政策的解读"这一难点问题,学校邀请专家讲座,并采用直播方式惠及所有家长,获得了非常好的效果。针对"如何预防孩子近视"这一热点问题,学校邀请有专业背景的家长开设专题讲座,指导家长积极投身干预行动。对于一些特殊学生的家长,学校要求心理专职教师和特教专职教师定期给予个别化指导,帮助家长提高指导特殊儿童的能力。

(二)"慧家共育"课程的开发与实施

我们的"慧家共育"家长课程的目标是通过家长学校课程,以丰富的活动形式为载体,帮助家长树立正确的教育观念,了解儿童发展的身心规律和特点;指导家长学会亲子沟通技巧,懂得欣赏和悦纳孩子;提升家庭教育能力,学会从孩子的角度看待和理解问题,优化家庭教育效果,使学校教育和家庭教育互相融合,形成合力,促孩子健康成长。学校于2020年启动"慧家共育"家长学校项目,由校长领衔,组织骨干团队,带领全体教师帮助家长寻找正确且适合的家庭教育指导方法。我校的"慧家共育"家长课程是深受家长喜爱的课程,它冲破了一般意义上"课程即讲座"的概念,拓宽了课程的内涵与外延,整合及优化了学校、社区的各种资源。

1."慧家共育"家长学校课程内容架构

学校根据校情、学情结合特色以及社会热点、家长需求,开发了通识类、实践类、特色类等家长学校课程体系。通识类课程有政策引领篇、育儿知识篇、习惯培养篇、身心建设篇等,打造专业的家长课堂,有针对性地帮助家长答疑解惑;实践类和特色类课程以多种途径和形式引领家长通过实践体验提升育儿素养,提高家教水平;多元课程的设置拓宽了家校沟通与合作的渠道,使家长学校具有教育教学特点。

2."慧家共育"家长学校课程组成

"慧家共育"家长学校课程由基础课程和特色课程组成。基础课程面向全体家长,普及儿童成长基本规律,掌握培育未来社会人基本的家庭教育常识,分为线上的家长慕课和线下的家长慧课堂。学校借力"家长慕课"这一平台,根据不同年段学生心理特征,向家长推送优秀慕课课程,以供家长观看学习,作为必修课,鼓励家长坚持在线打卡学习家庭教育指导方法与技能。每学年的"家长慧课堂",学校安排4次家长学校,就广大家长共同的困惑,结合社会热点,聘请家庭教育指导专家。特色课程由"家有小儿初入学——幼小衔接习惯养成课程""家有小儿爱劳动——劳动技能指导课程""家有小儿圆梦想——职业启蒙成长课程""家有小儿乐实践——博物馆游实践课程""家有小儿养习惯——好习惯养成课程"以及"家有育儿好技巧——育儿经验分享课程"等组成,形式多样。每学年,学校安排6次以上的家长实践活动。2020年疫情期间,学校借助微信公众平台,每周都会推送丰富多彩的家庭教育指导学习资料如"学之有方 教之有道——虹口区第六中心小学心理防护微课""携手战'疫'家庭教育指导微课""体重不上升,视力不下降——运动战疫"等课程,为家校互动架起一座空中桥梁。家长学校除了讲座以外,还开展多种形式的家庭教育指导。我们通过家长学校课程,定期指导家长的育德能力,线上线下每周推送家长开发的"家校汇"微课,每学期学校与家长合作开设微课程,每周一次举办"家长讲坛",并参与区、社区组织的各类公益活动。我们鼓励家长通过线上"家长慕课""校微智能平台——家校汇"以及线下"家长慧课堂"平台积极开展家长学校活动。

3. "慧家共育"家长课程师资培训课程

家长学校教育的推进,师资是关键。学校成立了由校内外专家老师组成的家庭教育指导队伍,将全体老师纳入家庭教育指导者队伍的培训中,每学期从理论、案例等方面对全体教师进行校本培训,提高教师开展家庭教育的指导方法和技能。三年来,我校结合师德素养课程,每学期对全体教师开展专题指导。此外,我们还依靠校内的研究心理健康教育工作坊团队,开展小组合作式培训。内容丰富、形式多样的培训活动,大大提升了教师们开展家庭教育指导的能力。

(三)"慧家共育"家长学校成效

多年来,学校注重家校互动合作,得到了学生家长和社会的广泛认可,家长对学校提供的家庭教育指导服务满意度达100%,社区对学校提供的家庭教育指导服务满意率达100%。

学校在2017年荣获首批上海市家庭教育工作示范校;2020年,"家校共育对小学生目标管理习惯养成的实践性研究"课题评审结果优秀;尹杰校长荣获2020年家庭教育优秀指导者称号;祝一兰老师撰写的《肩负使命,追梦足球》一文获上海市中小幼教"家校合作"校长故事征文二等奖;2020年9月曹静家长在2019—2020年中国新父母年度人物评选活动中荣获年度人物入围奖;《支部引航,家校携手,共育"四自"新人》案例入选区教育局典型案例集。

1. 家长学校平台

我校以"三员制"家委会为基础,以"慧家共育"课程为主,举办的家长学校,形成了组织稳定,课程丰富,学习泛化的家长学校平台。我们组织家委会三大员参与学校管理,促进家校沟通,引导家长成为孩子的学习榜样,向着"五自"好家长不断努力。通过学校、家庭、社会三方努力,家校合力共同创造出有利于孩子们健康成长的和谐环境。

(1) 三足鼎立的组织架构,稳定又灵活。为全面提升家庭教育水平,学校组建教师、家委会、社会专家等在内的学习共同体。家委会处于学习共同体的核心地位,主要负责家校沟通、整合家长需求、组织并推动家长共同体的学习和分享,利用学校和社区资源开展校内外实践活动等。学校则根据家长需求做好家长学校计划的顶层设计、开发课程,提供课程资源和服务、组织教师和家长共同学习互动。学校和社区之间也搭建起桥梁,实现资源的互惠互享。

(2) 三维共进的学习平台,民主又适切。"慧家共育"课程帮助家长构建良好的自我关系。学校家庭教育课程开发团队通过专家引领、资源整合、自主开发,形成了"慧家共育"家庭教育课程体系。在学习方式上，打通个体学习和群体学习、线上和线下学习，让家长随时随地可以选择学习。学校通过线上"家校汇"专栏补充学习资源，推介家庭教育案例，结合家庭实际生活，以问题撬动思考，以共享促进反思和成长。"慧家共育"家长学校的家长读书会让交流、分享促进共同成长。学校通过开展师生共读、亲子共读、亲子共写等活动，使学校教育和家庭教育同频共振，多方位激发孩子主动阅读、探索人生的兴趣。家委会"三大员"共进平台由学校组织定期学习培训，引领赋能发展。

（3）三度空间的灵活转换，有情又有味。学校围绕亲子关系建设，开展富有互动性的活动，让高质量陪伴成为学生成长的加油站。如在疫情期间，线上开展了"寻香润心，创意表达"系列活动，通过"家的味道·书香""家的味道·厨香""家的味道·花香"等主题，让家成为互相陪伴、互相给予、不断生长、充满爱与温暖的地方。家庭之间建立不同类型学习共同体。通过组建社区型共同体、班级型共同体、校级共同体，为特需孩子个性化定制活动方案，针对性格差异、学习能力、体质健康、品德涵养、实践操作等方面，开展增智强能、动手操作和社会实践活动，助力孩子个性化发展，提高其学习能力和社会适应能力。家校社资源共享，凝聚社区力量。学校组织开展"好家风，我传承"主题活动，引领家长和孩子积极参与"家风故事汇""红色家书亲子读"等活动，寻找并营造良好的家风。学校和社区形成合作协议，开展社区共建、家庭教育、送教送艺上门等活动，实现合作共赢、和合成长。

2. 家校联系制度

从 2020 年开始，我们学校作为虹口区第一批全员导师制试点小学，学校建立家校联系制度，要求班主任、任课教师经常与家长保持联系，开展个别化指导，及时了解学生家庭生活状况，及时给予帮助指导。学校要求心理辅导教师关注特殊需求家庭的情况，做好排摸工作，有针对性地开展个别化和团体家庭心理辅导。这些工作都取得良好的成效与较高的家长满意度。

3. 三位一体的办学格局

学校形成了三位一体的办学格局，合作办学，学校、家庭、社会三方真正建立起协同教育的责任，共育共赢；开放办学，家长、社区组织代表参加联席会议，共同商讨教育问题、阶段性工作目标、活动形式以及需要解决的问题等，已经形成长效机制；互动办学，关注诉求，学校开设学校微信公众号，设立互动专栏、家长信箱，面向全体家长推送学校教育教学活动信息、网上校园开放日等，学校平时积极参与社区各类活动，给社区以专业支持。

我们通过三位一体的办学，"家校社"互动，不仅有效提高了家长整体素质，改善了家庭教育环境，而且赢得了家长和社会的大力支持，学校教育渠道不断拓宽，教育优质资源得到整合，教育合力逐渐形成，有效促进了学校和家庭教育的和谐发展。

五、家校同频共育"二享三同"

学校与家庭共育一直受到人们的关注，但是随着社会的变迁与发展，家庭的变化复杂，对儿童的影响也是深刻的，也给学校教育带来很大挑战。学校教育随着社会发展对教育提出的新要求，教育现代化发展迅猛，因此学校与家庭的共育面临着新情况、新要求、新挑战。因此学校加强与家庭在儿童教育上的同步共育的研究势在必行。2020年11月，学校"同频共震：网络平台支持下的'二享三同'家校共育模式的实践与研究"项目，被区级教育科研重点研究项目立项。

(一) 运用现代技术,关注共育中家长角色定位

我们学校提出"二享三同"与"同频共振"是教育科学技术迅猛发展条件下,信息技术广泛应用于上海这样的国际大都市,家长信息技术应用普及的条件下提出的。

"二享三同"是指信息共享、资源共享;措施同步、目标同步、评价同步。"同频共振"是指学校和家庭成员在同一平台共鸣、碰撞,产出共同的效益,达到一致的目标。"家校共育"家校合作的目的,需要通过一定的中介,这个中介就是"二享三同""同频共振"。通过这两者,充分发挥好家庭、学校的作用,形成合力,共同把孩子培育好。苏联教育家苏霍姆林斯基曾把学校和家庭比作两个"教育者",认为这两者"不仅要一致行动,要向儿童提出同样的要求,而且要志同道合,抱着一致的信念"。我们要研究的即是"同频共振"的家校共育。

家校合作,实质上是整合对学生最具影响的两个社会机构——家庭和学校的力量,对学生进行教育。我们这个课题的研究是针对家校关系中的不平等这个较为普遍的现象。学校中的不少教师认为家庭教育从属于学校教育的看法,家长要配合教师,教师总是处在指挥家长的地位。这种观念忽视了家庭教育与学校教育各有自己特定的教育功能,是互相不能替代的。调整好学校与家庭的关系,调整好教师与家长的关系,有利于调动家庭对其子女教育的积极性,发挥家庭教育的巨大作用,也有利于发挥家长的教育资源,以提高学校教育的资源的丰富性。

家校合作上的信息技术的运用中,我们学校也遇到了一些困惑。互联网已然深入社会的每个角落,"互联网+教育"将给家校共育带来积极的变化之外,也出现了值得研究的问题:① 网络平

台信息的传播路径方向性比较单一,目前来讲,学校网络平台的搭建方是学校管理层,管理权限在学校,使得网络共享变得比较单一,同时也产生了一定的局限性,家长学校反馈缺少,达不到"共育"所产生的效果;② 网络平台的教育内容无法引起家长的重视,沟通非常片面,发布的内容似乎并不能引起家长足够的重视,久而久之,家长与学校的互动热情慢慢减弱。家校共育模式本身是一种信息传递模式,需要改进家校合作上的信息技术的运用。

家校合作也是国际教育一致认同的。有一种家长的学校角色理论,美国学者大卫·威廉姆斯研究发现,家长在学校中渴望扮演不同的角色,其角色范围可从指导孩子或课堂辅助到参加校委会、制定学校规章等。另外两位学者兰根布伦纳和索恩伯格则把参与学校教育过程中的家长角色分为3类。

(1) 家长作为支持者和学习者。以这种角色身份参与孩子教育是家长参与的传统模式,也最常见,往往受到教师、家长和学校管理人员的偏爱。家校双方的交流是这些活动的主要特色,参与目的主要是学校得到家长对其孩子教育的支持,家长在活动中学习有关教育理论和方法。

(2) 家长作为学校教育的决策参与者。认为家长应参与学校教育决策的全部环节,家长最了解其孩子与其家庭环境,有利于对学校教育作规划。

(3) 家长作为学校教育者的伙伴。这意味着家长在其子女的教育过程中与学校具有完全平等的伙伴关系。要建立伙伴关系就必须认识到家长有能力向学校提供帮助,认识到家校之间信息的交流和相互支持是一种共同受益的过程。

国外的这些观点也同我们的课题相一致,并可以获得家长的角色作用借鉴。

家长作为家校共育中的关键人物,对学校开展的家校共育工作有重要话语权。我们对家长需求从家校双方态度、家校共育效果、家校共育存在问题、家校共育方式4个方面展开把握。每个方面又细分出若干个二级指标和三级指标。由于同一被访者可能提到多个二级或三级指标,因此三级指标的频次之和可能大于相应的二级指标频次,二级指标的频次之和可能大于相应的一级指标频次。家校共育现状如图5-2所示。

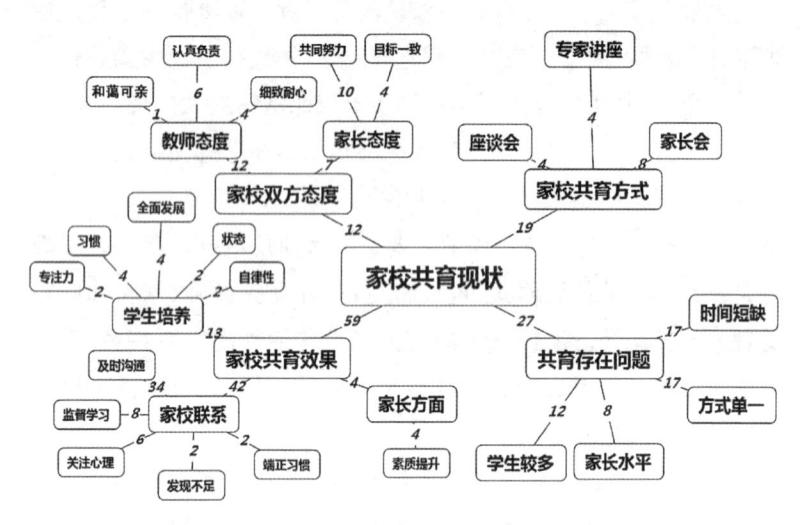

图5-2 家校共育现状

综上,我们可以发现在家校共育态度方面,教师及家长对家校共育的认识及观念较为一致,能够具有一致的教育目标。

(二)"二享三同"的研究与实践

本课题的目标是初步形成的六中心小学"二享三同"家校共育新模式,探索相关管理工作有序、规范、可持续性地开展,让微信公众平台助力学校家庭教育指导工作,提升家长的参与感、责任感,加强学校家庭教育指导实效性,使家校"同频共振"。同时,培育一支师德优秀、专业性强的家庭教育指导教师专业队伍,提升教师运用在线工具实施家庭教育指导的实际操作能力。

1. 线上平台总体框架

在实践研究中重点突破"二享三同"家校共育网络平台的构建,主要是家校共育模式的突破:沟通方式由平面转为立体、由滞后转为实时、由被动转为主动。反馈机制的突破:由结果反馈转变为过程性反馈,动态支持家校共育过程。

"二享三同"家校共育线上平台总体框架见表5-1。

表5-1 "二享三同"家校共育线上平台总体框架

维度	研究重点	操作对象	权限及内容
二享	信息共享	教师	多种形式发布学习情况、校园生活、校外实践、健康与安全、综合评价等信息并查看反馈情况
		学生	查看教师发布信息并给予相应反馈
		家长	看孩子学习信息并给予相应反馈
	资源共享	教师	发布学习实践等供学生及家长选择的资源
		学生	查看、选择、分享
		家长	查看、分享学习实践等资源
三同	措施同步	学校、家长	学校文化、家校同频(在线论坛、家长会等)
	目标同步	学校、家长	育人目标明确

续 表

维度	研究重点	操作对象	权限及内容
	评价同步	教师	查看评价、对学生在校学习活动情况给予评价
		学生	查看评价、对学校和家庭教育给予评价
		家长	查看评价、对学校和孩子给予评价

2. 实践研究的基本思路

(1) 开展"家庭教育中的问题调查",了解目前学校家庭教育指导中的短板及家长对于相关指导的需求。

(2) 分析归纳,提炼调查结果,以促学生发展为核心,结合学校办学及学生培养目标,从"生活、学习、活动、家校互动"四大板块中划分4个维度,即校园生活、校外实践、健康与安全、综合评价。

(3) 借助微信公众平台,根据学校家庭教育指导实际需求开发相关工具,建立相应的信息互动共享,打通学校、老师、学生、家长间的分享交互通道。

(4) 使用平台数据揭示各方需求,客观衡量学校家庭指导新模式的使用效果,不断改进。

(5) 以平台实际使用情况为依据,加强家庭教育指导教师队伍培训。

2. 线上平台建设成果

学校重在依托现代技术创设家校沟通平台。学校的"六宝"公众号平台内包含"六宝校园""六宝课程""家校互动"三大板块,并为学生、教师、家长开放了不同的通道与权限,初步发挥了家校共育的桥梁作用。在公众号中,以学生群体为核心,教师为引导,家长为辅助,从学业、校外实践、学生发展等维度,家校合力促进学生综合发展。尤其是在疫情期间,"六宝"公众号充分发挥了互联网平台的优势,开辟了"分享"模式:教师推荐优质作业分享给学生和家长;家长分享学生在家学习情况,形成良性互动,激励学生自主学习,自我发展。同时进一步挖掘并使用公众号平台赋予的功能,除了每天的健康上报以外,还开通了直播课、在线互动、线上家长论坛等板块,提高了家校共育的效率。目前,教师、学生及家长的公众号使用率达到了100%,并已基本养成了学校、家庭双向接收公众号信息的习惯,为本项目的实践研究奠定了扎实的基础。

通过"二享三同"达到了"同频共振"。学校聚焦家庭教育实际问题,发挥学校指导作用,以线上线下互动为主要媒介,在强调全员导师参与的基础上,以微信公众平台为家校互动通道,取样灵活,记录迅速,自动形成后台数据,使家校"同频共振"。我们初步形成全员导师制背景下的学校"二享三同"家校共育新模式,让校园微信公众平台助力学校家庭教育指导工作,提升家长的参与感、责任感,做到经验分享、资源共享;信息同步、目标同步、评价同步,实现家校"同频共振"。

六、家校共识共育的"五自"发展目标

"五自"是本校主体性教育的学生培养目标,2018年,学校开展了"家校共育对小学生目标管理习惯养成的实践性研究"。我们基于现代化信息技术,切实推进家校形成共识,以"五自"目标引领家校共育,通过小学生目标管理习惯养成教育和促进评价机制的完善,以期达到家长教育家长,学生影响学生的目的。

（一）以学生发展目标引领家校共育

多年的家校指导工作，在与小学生、家长的沟通访谈中，我校德育老师和班主任发现大部分学生对自身的学习、生活目标并不清晰，特别缺少思想的引领和方法的指导，更缺乏家庭教育指导中的评价激励，导致各种良好习惯养成的缺陷。教育心理学有一个"雏鸟情结"效应，一些刚孵化出来的幼鸟总是认识并紧紧跟随着它们所见到的第一个移动的物体，通常是它们的母亲，伴之以行，跟随学习。强化家长对未成年的小学生的亲子教育影响，开展对孩子早期好习惯养成教育，其教育心理的依据就在于此。习惯养成教育目标的实现会增强孩子的自信心和自我效能感，目标将引导孩子走向成功，为人生发展夯实品格基础。

课题确立之初，学校采用问卷调查法，通过学校微信公众号平台，发动全校家长完成与课题相关的电子问卷。调查数据显示，75.31%的家庭认为孩子习惯培养的过程中最需要目标管理和方法指导；63.44%的家庭认为对孩子的习惯培养，家校间的关系是完全或基本一致。这就在学校与家庭之间、教师与家长之间取得对小学生(子女)开展基于目标管理习惯养成的实践性研究的一致性认识，保证了后续研究的顺利进行。同时，通过数据统计，我们发现，大部分学生对自身的学习、生活目标不清晰，特别缺少思想的引领和方法的指导，更缺乏家庭教育指导中的评价激励，给学生良好习惯的养成，带来家庭教育指导上的缺失。

鉴于上述情况，我校提出"家校共育对学生目标管理的习惯养成实践性研究"课题的设想，注重学校与家庭紧密合作通过目标管理，加强学生行为习惯养成。

(二) 共识、共育，切实做好家校协同

这项课题的研究目标是基于教育目标管理，通过家校共育实践研究，形成小学生目标管理习惯养成的步骤和评价机制，探索提高小学生目标管理习惯养成的指导方法和原则，帮助学生养成良好的目标管理习惯，增进家校间的互动联系和紧密联系，通过家校合作共育，实现学校德育与亲子教育的融合，达到多赢共享的教育格局。

我们重点关注形成学生习惯养成目标管理链，设计习惯养成的原则和方法，学校加强对家庭教育指导，设计和形成对小学生目标管理习惯养成的指导原则、策略和方法。并协调家校共育的各种关系，对小学生目标管理习惯养成指导过程中家校间、亲子间的各种关系进行协调，施予正面的引导和影响。

本课题注重学生好习惯的养成教育，引导方是学校，措施是目标管理，立足点在家庭，以亲子教育、学生体验为主。特别是引入目标管理机制，深化"三员制"特色发展，最大的受益者是学生。100％学生参与围绕特色项目开展的活动，他们的学习内容比以前更为丰富，形式比以前更为多样。通过家庭学习活动，家长与孩子的沟通多了，他们有了共同的话题，共同为争创"五自"父母、"四自"少年而努力。2020年，这项课题获得市教科院结题评审为优秀。

1. 主要做法

我们在家校共育学生良好行为习惯上的实践研究主要做法如下。

(1) 家校要共育，必有明确的目标导向，才能有的放矢。我们学校长期来形成的德育特色"**主体性教育**"，确立了学生"四自"，后

来发展为"五自"的培养目标。这个育人目标本着由浅入深的原则,从行为习惯着手,培育学生良好的德行,学会做人做事,这样的培养目标是家校的共识。为此,我们首先形成家校共育的学生行为习惯养成细则,解决学生做什么,家长的家庭教育做什么,学校教师做什么。在学校育人目标的基础上,我们通过研讨,结合学生身心特点,围绕学校主体性教育培养目标,将初定的30余条习惯目标,整合精炼成20条习惯细则。这个细则成为检查成效,考核评价,反馈提高的标准。

做好家长培训,全面推进共育实践。依据"五自"目标,解析习惯细则,进行"习惯解读"和"温馨提示",形成家长培训材料,并将目标和习惯细则分发到每位家长,提高家长对小学生目标管理习惯养成的认识,并鼓励和指导全校家长根据孩子与家庭情况,制定个性化的教育目标和具体的训练策略,切实开展亲子习惯养成训练。

(2)班主任老师对本班家长开展有针对性的培训,内容丰富。比如,有的班主任就把"21天习惯效应"进行解读,用心理学中的"21天习惯效应"对家长进行科学的指导,给以正面的影响,引导家长用爱心、耐心,加上督促、引导的方法,逐步塑造孩子良好的行为习惯和个性品格。对于小学生来说,还处在良好身心的养成期、成熟期,每一个好习惯养成的时间周期相对较短。每一个班级还确定有5名学生作为课题研究重点个案观察对象,由家校合作完成观察、评估,并初步建立孩子目标管理习惯,培养"成长档案袋",稳扎稳打地开始了全面的研究。

(3)打造精品课程,推进习惯养成。2018年8月起,为了借助现代化信息技术,切实推进小学生目标管理习惯养成教育和促进评价机制的完善,学校借助家委会的资源,经过对家长的数次培训辅导,家校携手共同拍摄"习惯养成"系列微课。20节行为习惯养成的微型课程影像资料通过手机平台,推送给家长与学生共享,能达到家长教育家长,学生影响学生的目的。

(4) 培训新形式,实施新途径。2019年起,学校在"上海虹口区第六中心小学"微信服务号上隆重推出"习惯养成"校本特色精品课程。学校借助全校家长会、课题家长培训会、各班家长小讲坛、学校微信服务号等方式宣传和培训。值得一提的是,学校组织各班家长指导员进行课题培训,并在全校家长会中,2次组织各班家委会召开"班级家长小讲坛"活动,请指导员家长,为大家进行"习惯养成"和服务号精品课程的操作指导。身边的家长现身说法,为大家提供了许多切实可行的习惯养成好方法,达到良好的家长学校学习效果。

(5) "互联网+""微课"强化传播力度。2020年2月起,上海市第四期普教系统"双名工程"种子计划尹杰小学管理团队在尹杰校长的指导下,针对当下疫情情况,基于课题研学,运用"互联网+""微课"等现代化手段,将本年度团队重点工作定为线上"疫情期间的好习惯养成课程"微课设计,积极开展区域家长学校"空中课堂"的微课资源建设。

在线学习需要小朋友们能够合理地管理时间,科学规划自己在家的学习和生活。家长们该如何引导孩子度过这段时光呢?基于这样的实际情况,尹杰校长第一时间设计并拍摄了"疫情宅家时间管理术",指导家长掌握时间管理的关键方法,引导学生提高宅家学习和生活效率,并带领团队成员积极开展线上微课设计和拍摄活动,其间共进行线上讨论会议5次。线上活动期间,大家集思广益,构思微课活动设计流程,探讨微课拍摄技巧,并联合各校家长和学生的力量共同开发制作。最终,8节"携手战'疫'"家庭教育系列指导微课成功制作完成,并上传区域内各校微信服务号,为各校家长提供孩子好习惯的养成方法和策略,为疫情期间学生宅家学习生活提供方法指导。其中"战'疫'期视力防护二三事"一课,先后被虹口区德育教研室微信平台与"学习强国"平台进行推送。

(6) 实现家庭自主,促进表现性评价。关注由家庭自主进行学生习惯养成评价,让家长掌握,亲子评定,上传教育成效。在精品课程学习和培训中,全校每个学生家庭日常以打卡方式,记录习惯达成度,并将相应的照片资料及留言等过程进行记录。最终坚持习惯养成、达到定量(100 积分)的同学,以电子结业证书等方式完成课程,并可以继续选择新习惯养成课程,进入下一阶段学习。学校通过课程解读和积分等活动,真正做到家校联手,家庭为主。学校服务号后台进行阶段汇总评价,分别就学生的参与及学习情况,先后进行两期"习惯养成"精品课程积极分子表彰。上述这些活动的开展和后续的评价反馈机制还起到了家校之间、家长之间的交流和互动作用,有助于不断提高学生习惯养成教育的成效。

2. 建设成果

本课题通过两年的努力,取得了良好的实效。

(1) 促进学生行为习惯培养的家校共育的经验。要有效引导学生家庭进行"目标管理",我们自己就得在课题的推进工作中不断完善"目标管理"。我们相信"家校共育对学生目标管理的习惯养成实践性研究"课题是一个良好的开端,其成果将得到持续性的扩大,我们也相信"六中心"的众多学生家庭通过目标管理习惯养成教育的实施,取得经验,启迪后续工作,会取得更好的成效!

(2) 运用目标管理引导家庭教育。家庭教育其实有一定的私密性,家长一般不愿意过多反映学生在家表现不良的一面,或是有明显缺点的一面。这方面主要依靠班主任"察言观色",悉心沟通,仔细了解，才能获得相关信息，并给予家长指导。本课题的研究注重学生好习惯的养成教育，引导方是学校，措施是目标管理，立足点还是在家庭，实践的过程是以亲子教育，学生体验为主。最终取得比较满意的成功，也给后续教育以新的启发。

（3）依照目标管理规律提升学校家庭教育指导水平。目标管理一方面强调完成目标，实现工作成果；另一方面重视人的作用，强调团队成员自主参与目标的制定、实施、控制、检查和评价。人的作用恰恰保障管理目标的实现。因此，学校在今后的家庭教育指导工作中应当不断深入探讨目标管理，充分调动人的积极性，进一步提升家长学校办学水平。

第三编

学校课程与趣乐园意蕴

第六章　课程学习,让每一个孩子的童年生活有意义

一、"趣乐园"课程理念——"回归童心、童真、童趣"

(一) 课程改革与发展的趋势

课程教育是古老而鲜活的命题,课程也是教育的命脉。多少教育大家对课程发表过深邃的见解,更多的难以胜数的教师在从事课程教学。我国古代课程的特点是流派众多,儒学为主;重视文化知识的教育,轻自然科学教育;重视德育、智育,轻体育、美育。我国近代的课程,清末课程中体西用,是儒家思想和近代自然科学的教育内容相结合的课程体系;民国初年的学校课程废除读经讲座学科,加强了应用学科,对克服封建教育的弊端有积极意义;五四后,新民主主义教育下的学校课程加强普通教育中的数学和自然学科教育,并开设职业课、选修课,是科学、民主的课程思想体系。移植西方近代课程,借鉴西方国家的经验,是我国近代学校课程的一大进步。我国现代的课程,计划经济时期的课程重视"双基"教育,重视政治类、劳动类课程,强调全国实行统一的课程,强调必修课,排斥选修课;社会主义市场经济条件下的课程门类众

多,以分科为主,并增设综合科,各科课程比重趋于合理,课程实施既有统一性又有灵活性(李方:课程与教学基本理论,广东高等教育出版社2002年版)。当下,我们正以立德树人,核心素养培养"五育"并举,推进课程改革,培养学生创新精神与实践能力。

国际上认为,19世纪末课程教学发展进入现代时期。课程改革的焦点是确定学校课程的最本质的知识,以及如何组织这些知识。斯宾塞的对实际生活和社会生活有用来确定各门学科知识的价值的论断,对世界课程改革产生了相当的影响。此后,出现了不少课程理论,泰勒提出课程目标原理、教材中心课程、杜威儿童中心课程。20世纪后半叶以布鲁纳为代表的学科结构课程(学问中心课程)、罗杰斯为代表的人本主义课程,也出现了核心课程、广域课程等,"学科课程是沿着统合的方向迈进的"(钟启泉:现代课程论,上海教育出版社1989年版)。总之,21世纪国际"课程改革总的趋向于课程人性化、课程的生活化、课程的乐趣化、课程的整体化、课程的弹性化和课程的个别化的方向发展"(李方:课程与教学基本理论,广东高等教育出版社2002年版)。

课程改革是现代学校改革与发展的必然,也只能在现代学校创新中实现真正意义上的课程改革。开设怎样的课程关系到学校如何实施符合其学校性质和任务的教育,关系到学校如何实现其培养目标和办学目标,也关系到学校如何适应学生身心发展的需要。国际上很多国家都把教育改革首先集中在课程改革上,如美国在20世纪60年代感到国家处在危机中,就提出了著名的2061教育改革计划,以课程改革为突破口。学校课程改革是学校创新发展中最为迫切的核心问题。学校课程是否适应现代学校办学目标和培养目标需要通过学校的制度安排来解决。学校正处于传统与创新的路口,学校课程的设置上的落后主要表现为建立在工业社会基础上的以大批量、标准化的人才生产为特征的课程,这样的课程势必要为建立在知识社会基础上的以社会化、个性化、创新型的人才培育为特征的课程所代替。信息网络技术和人工智能在教育领域的应用必然引发学校课程的深刻变革,影响学校教育教学模式、教学过程以及学生学习方式的革命性变革,引发具有全新的时代内涵的学校课程的创新。

课程是学校教育的载体,办学的第一要务就是课程建设。每所学校都以课程组织教育、教学活动培养青少年。学校课程的水平决定了学校的发展。一所学校的办学质量与发展前景取决于诸多主客观因素,但真正具有决定性影响因素的是学校课程建设。

学校课程建设的关键是确立正确的课程理念。课程理念是指人们对课程的理性认识以及在此基础上所形成的对课程价值的认同和追求。学校的课程理念是学校领导、师生对课程的主要观念与基本理念的认识的集中体现,也是他们对课程的基本信念和态度。因此,学校课程理念对学校的课程建设起着直接的影响,对学习课程的设置、课程体系的建构、课程的实施等起着直接的制约作用。课程既是实现学校培养目标的重要载体和关键,又是形成学校办学特色的重要环节;既是学校办学思想的集中体现,又是学校实现育人价值的最有效途径。因此,课程直接反映了学校的核心发展力。

(二)"回归童心、童真、童趣"的课程理念

我校提倡"回归童心、童真、童趣"的课程理念,这是基于"坚持以人民为中心的发展思想",同教育的"以学生为中心"教育观念一致,具有强大的生命力。我们学校的课程理念也体现了新课程的核心理念"以学生发展为本",具有很坚实的课程改革与发展的实

践需要。

从发展心理学的角度来说,"童心、童真、童趣"所表征的童年时代是人生的最可爱的阶段、也是必经阶段。正如卢梭指出的,"在万物中,人类有人类的地位,在人生中,儿童期有儿童期的地位;所以必须把人当作人看待,把儿童当儿童看待"(卢梭:爱弥尔,人民教育出版社 2001 年版)。小学阶段学生一般处在童年期,具有显著的身心特征,充满着天真、烂漫、单纯与可爱,就是未经世事打磨的本来性情。在孩子童年的世界里,一切都是那么美好,永远都是一个纯净、自由的空间。孩子的童心世界也就有如此的童真、童趣。童心岁月是人生的黄金季节,我们教育工作者一定要让孩子们有着金色的年华,我们的教育一定要让孩子们幸福地度过金色的童年。

近年来,六中心小学传承原有的办学特色,将之不断深化,彰显人本育人,概括出了学校的办学理念"手牵手,心连心,自主快乐同成长"。这条办学理念不仅符合小学儿童的"童心""童真""童趣",而且蕴含了丰富的人文意蕴。学校通过校园环境建设和教育将它外显,通过融合在课程中的教育实践,为学校内涵的持续发展明确了方向。"回归童心、童真、童趣"的课程理念融入了人本教育理念,赋予了教育理想追求,充满了人文关爱,逐渐孕育出了六中心自己的校本化的"趣乐园"课程体系。

1. 童心

"童心"意味着天真纯朴的心,儿童般的心灵、儿童般的心情。宋代陆游《园中作》诗:"花前自笑童心在,更伴群儿竹马嬉。"童心虽然幼稚,却是纯真之心、创造之心、博爱之心。纯真之心是纯洁天真、朴实无华之心,纯真之心是童心美的真谛。明代李贽《童心说》:"夫童心者,绝假纯真,最初一念之本心也。"童心特有博爱之心,爱美的心灵,真善美的化身,是儿童审美的源泉。儿童发展心理学表明,小学时期最富有儿童心理特征,主要表现在感知的直观性、想象的好奇性、情感的情绪性、思维的形象性、行为的模仿性和交往的合群性等方面。创造之心是儿童探求世界奥秘的强烈欲望,儿童对世界充满着奇妙幻想,总想探索、跃跃欲试,童心的世界就像浩瀚的海洋,无拘无束,任凭遨游。儿童的创造之心是童心的智慧与活力的奇妙表现,只要是一个身心健康的孩子,他总是无时无刻地在创造着。

儿童不仅把爱投注人间,而且也把爱洒向没有思想感情的自然物。这就是儿童特有的博爱之心的表现。童心,爱美的心灵,真善美的化身,是儿童审美的源泉,让我们共同来爱护和培养这宝贵的童心吧。童心是小鸟,在蓝天中自由飞翔的小鸟,想到哪就到哪。童心是一颗充满爱,充满纯洁和善良的心。童心的无邪每天都跳跃着活泼的身影、放射着金光。童心是明亮的灯,看着那灯就会让你的心明亮、燃烧起来,就没有了痛楚。让我们爱护和培养孩子这宝贵的童心吧。

2. 童真

童真,儿童天真的本性,儿童总以天真无邪的眼光看世界,以真心真实的感情对待周围的人和物。童真就是天真烂漫、可爱,无忧无虑。唐代刘禹锡《伤往赋》:"诚天性之潜感,顾童心兮如疑。"意为人们应该珍惜孩子天真的童心,童心实在是人天性中潜在而无形的感应。

什么是童真?广泛流传着一首关于童真的抒情诗:

童真是一弘清水,清澈见底,让人一览无遗;

童真是一轮明月,皎洁无瑕,让人一见钟情;

童真是漫天繁星,活泼可爱,睁着顽皮的眼睛;

童真是烂漫山花,光彩夺目,舞着娇弱的身姿。

童真指童年的孩子的天真、烂漫、单纯与可爱,就是未经世事打磨的本来性情,一种天然的状态,没有心机,有的只是自然的真实。在童年世界里,一切都是那么美好,没有成人的烦恼,更没有成人的暗斗,他们的世界总是充满着阳光的童真,孩子的内心世界也就如此充满纯净的童真。儿童发展心理学告诉我们,孩子与环境之间有着一种想象的关系,孩子以自己的感受能力去领悟自己心中的世界,因而有许多朴实、幼稚而又可爱的表现。童真充满了单纯、善良与淳朴,就有了天真和可爱的天性,这正是童真世界远离功利,清澈澄明的原因。

童真是一颗爱心,爱自己、爱家人、爱生活、爱自然,爱所有一切值得爱的事物,在儿童的眼里,一切都是美好的,他们没有世俗的束缚,不会用世故的眼光看待自己的生活。童真是一颗真心,真诚地表达自己的情感,真诚地对待周围的人。童心是一颗善心,用善意的态度看待生活,用天真的态度看待世界,保持向上的激情,尽显童真。孩子的童真虽然幼稚,却是纯真之心,在审视儿童的时候,我们必须清醒地意识到童年不是小大人,这跟成人在身心上有着重大区别。这也提示我们童年学生的教育要关注童真。

从人格视角理解,童真象征着一种率真、淳厚、纯朴的做人品质,所以童真岁月让成人回忆、留恋、向往。人都是由天真走向成熟,从幼稚走向世故,从蒙童走向成人,人多保留一分童真,未来人生可能就多一点真、善、美。童真不减,童心未泯,孕育童真的岁月是人生的黄金季节。

今天的小学教育在内容与形式上,其实是少了一点童真,多了一点"老成",而童真时段是人生发展阶段性的美好季节,小学教育应该注重童真的教育,应该顺应儿童成长规律和教育发展规律。

忽视童真,采取"成人式"教育是对童年学生的摧残,会给儿童健康成长和可持续发展带来不可弥补的伤害,必须引起我们的警惕。

3. 童趣

丰子恺先生的"培养童心,就是涵养趣味。"这句话说出了童趣的本义。"童趣",就是儿童的感情及兴趣。童年的乐趣天真烂漫,童音绕梁,童意盎然,童趣无限,充满童年生活的情趣,无拘无束的欢笑,自由自在的奔跑,充满好奇的思考,没有长久的烦恼。兴趣是儿童认识世界、渴望获得知识、不断探求的意向。兴趣是创造精神的源泉,是奋斗精神的催化剂,是儿童学习与才能发展的强大动力。

杜威强调尊重儿童,以儿童为中心,必须充分顾及儿童的个人经验、需要、兴趣和能力,将个人因素与社会因素结合起来。杜威认为,儿童有四方面兴趣,"谈话或交际方面的兴趣、推究或发现东西方面的兴趣、制造东西或建造方面的兴趣,以及艺术表现方面的兴趣"。杜威认为这四方面的兴趣是儿童"天赋的资源""非投资的资本",儿童生动活泼的生长是依靠这些天赋资源的运用获得的(赵祥麟:外国教育家评传,上海教育出版社2003年版)。卢梭指出,"教育中的强制所造成的另一种后果是对创造性和理智兴趣的毁灭"(罗素:罗素论教育,人民教育出版社2009年版)。顺应儿童的个性,从儿童的兴趣和爱好出发进行教育,尊重儿童的选择,采用适当的方法因材施教。

童趣是儿童天性的表现,喜欢游戏,充满好奇心。游戏的兴趣是儿童活力的表征,儿童对游戏产生了浓厚的兴趣,就有了成长的要求和学习的劲头,从而有了发展智力、增长才干的可能。儿童的生活天地虽然有限,但他们玩耍的内容却是很丰富的,有体力的、有脑力的;有室内的、有户外的;有单人的、有集体的;有季节性的、有地区性的。童趣是成才的基础,兴趣是玩出来的,不是逼出来的。孩子都有好奇心,而好奇心往往是兴趣、爱好和才能的先导。童趣就是趣在好奇心,能闪耀出夺目的光彩。单调的生活难以培养孩子的广泛兴趣,让孩子广泛接触社会,接触生活,接触自然,让他们多旅游,多去博览馆、音乐会、美术馆等,开阔视野,增长见识,让他们多听、多行、多想、多问,这是激发儿童兴趣的重要条件。

我们学校的"趣乐园"课程理念体现了儿童的金色童年的珍贵,也是教育的价值取向——以人的发展为中心,以儿童成长为目的。"趣乐园"课程的"趣"的意义是兴趣、情趣,实质在于从学生的学习兴趣出发,激发他们的学习动机、学习创造力,同时"趣"还体现在对孩子童心心理的感知和召唤。"趣乐园"课程的"乐"的意义是促进情绪快乐、学习愉悦,实质在于让学生感受学习的快乐,让快乐的童年萦绕在学生心灵。"趣乐园"课程设计的本意是期望通过"趣"和"乐"的凝聚与融合,促进学生在学习上主动意识、探究意识的培养,影响到人生积极乐观,向上向善的精神培育。

二、"趣"与"乐"蕴含的人文精神
——"给学生学习插上'趣乐'的翅膀"

教师从事着教育人的事业,教师是人类灵魂的工程师。教育是人的事业,必然蕴含着丰富的人文价值,强烈的人文意义。学校教育充满着对人文理想的追求,培育有文化、有理想、有追求的莘莘学子。"趣乐园"课程的设计与实施带有深深的学校文化烙印,洋溢着"给学生学习空间插上'趣乐'的翅膀",这是我对学校课程人文精神的注释。

(一)"趣乐园"课程的人文意蕴

教育与人文有着天然的联结,中国传统文化中有着深厚的人文精神。人之所以是万物之灵,就在于它有人文,有自己独特的精神文化。人文精神的灵魂,是"以人为对象、以人为中心的精神",其核心内容是对人类生存意义和价值的关怀,这就是"人文精神"。人文精神是一种普遍的人类自我关怀,表现为对人的尊严、价值、命运的维护、追求和关切,对人类遗留下来的各种精神文化现象的高度珍视,对一种全面发展的理想人格的肯定和塑造;我们的课程都充满着人文精神,关注的是人类价值和精神表现。"给学生学习插上'趣乐'的翅膀,为的是让学生在课堂上和课外实践活动中能够主动地、生动活泼地学习并得到全面和谐的发展,这也成为我们学校领导和教师的办学追求。我们的课程实践也告诉了我们,小学教育应该使得每个小学生都有幸福的童年。

学校的课程一刻也不能离开人文关怀,人文关怀的核心就是"以人为本"。也就是说,要把人放在最重要的位置上,要尊重人的价值。人文精神是一种普遍的人类自我关怀,表现为对人的尊严、价值、命运的维护、追求和关切,对人类遗留下来的各种精神文化现象的高度珍视,对一种全面发展的理想人格的肯定和塑造。我们的"趣乐园"课程体系突出"趣"与"乐",积极倡导让小学生的课堂教学回归童心、童真、童趣,力求凸显课程设计思路及教学过程实践的"趣"和"乐"。

"趣乐园"课程中的"趣"。这是指激发学习兴趣。学习兴趣是一个人倾向于认识、研究获得某种知识的心理特征,是可以推动人们求知需求的一种内在力量。学生对某一学科有兴趣,就会持续地专心致志地钻研它,从而提高学习效果。学习兴趣有一个发生、发展的过程,一般来说是从"有趣"开始,产生"兴趣",然后向"志趣"而逐步发展的。教师对小学生,要从"有趣"开始,激发学生的学习兴趣。"有趣"有3个特征,即直观性、盲目性及广泛性。教师引发学生对课程产生"有趣"要注意4点:① 问题要小而具体;② 问题要新而有趣;③ 要有适当的难度;④ 要富有启发性。

"趣乐园"课程中的"乐",这是指给师生带来学习愉快,身心舒畅,让学习成为儿童的一种"快乐""享受",其实质是充分调动师生的积极性,创设乐学的外部环境和心理氛围,唤起全体师生的求知兴趣和欲望。让他们主动地,生动活泼地学习并获得全面和谐的发展。小学教育应该使得每个学生都有幸福的童年,都能享受学习,都会得到全面的发展,就是最大的"乐"学。

"趣乐园"的"趣"与"乐"促进学生快乐成长。"趣乐园"课程的实质在于从引导兴趣和激励学习出发,让学生感受到学习的快乐,形成"趣"和"乐"的融合,由此激发学生的学习动机、学习创造力。同时"趣"还体现在对孩子内心心理的感知:主动意识、探究意识、积极乐观,向上向善的精神培育。追求教学内容选择上体现"趣乐";教学途径和方法的设计上体现"趣乐"。同时,我们学校开发了"趣乐园"校园网站平台,为教师发布课程信息、学生自主报名和家校互动、家长参与,为课程体系建设注入了信息技术的生命活力,从而更迅速、有效地满足学生、家长和社会的需求。"趣乐园"为学生的学习空间插上飞翔的翅膀。

我们的校本化的"趣乐园"课程的人文精神贯透在整个课程建设之中,在课程体系设计的教育理念和课程文化孕育过程之中,都可以感受到、体悟到我们的教育人文立场,我们的课程文化。我们学校的课程育人的价值追求主要表现在以下4点。

(1) 以人为本的教育,重视人的价值存在,生命价值优先的人道主义原则和人本主义原则。

（2）弘扬人的理性和睿智，注重课程与儿童关系中的人性、人道、人权。

（3）主张身心和谐，推进全面发展，注重认识和实践活动中，以儿童成长需要的满足为最终诉求，强调人是目的的原则。

（4）课程教学中学生的主体地位，强调尊重儿童的人格尊严，突出师生平等的原则。

校本化的"趣乐园"课程体系就是围绕上述4点，进行科学构思、精心设计和全面展开的。人文精神的形成主要有赖于后天的人文教育，故课程的人文精神的弘扬是学校的基本任务。学校课程结构体系是一种彰显学校教育目标价值的课程文化；是一种基于学校情境的课程创生；是一种校本化的课程领导及管理行为。基于文化育人的价值功能，构建符合学校情境的校本课程结构体系，为每一个学生提供适合发展需要的课程，是学校课程结构改革的大趋势，大举措。

（二）"给学生学习插上'趣乐'的翅膀"

我们学校的"趣乐园"课程体系就是为了让学生都能享受学习，插上"趣乐"的翅膀飞翔，飞得远、飞得高、飞得快，都能得到全面的发展，这就是师生共同成长的最大快乐。"给学生学习插上'趣乐'的翅膀"是人文精神的深刻意蕴。

儿童的成长主要表现为生理上的成熟、成长与发展，精神上的丰富与发展，（广义的）学习是儿童生存与发展的唯一路径，从儿童诞生起就是从生活中学习生存与成长，然后到学校学习，继而终身学习。儿童的成长必然有着其身心发展规律，我们的教育也必须顺应其规律。著名教育家帕克指出，"首先，我们应当承认儿童的崇高地位,儿童的非凡力量和神奇能力;其次,我们要为他们从事完满活动提供条件"(赵祥麟:外国教育家评传,上海教育出版社2003年版)。"教育、训练和全部教学与其是绝对的、指示性的,更应当是容忍的、顺应的。因为在纯粹采用前一种教育方式的情况下,人类那种完美的发展,稳步和持久的前进将会丧失"(福利贝尔:人的教育,人民教育出版社2001年版)。我们必须遵循自然的法则,从童心、童真、童趣出发,建构小学课程,给孩子插上学习的"趣乐"翅膀,这是重视儿童、尊重儿童、关心儿童、爱护儿童的表现,简而言之,这是课程的人文精神,儿童可持续发展的基本保障。这是小学教育的底层逻辑。

给学生学习插上"趣乐"的翅膀,也意味着以人为中心的生态文明思想,以课程生态提供生态化的课程,以"趣乐"提供适宜儿童的课程,为儿童学习插上翅膀,激发儿童学习愿望与乐趣,支持儿童成长。因此给学生学习插上"趣乐"的翅膀,既顺应儿童的自然本性,也要求学校提供儿童学习的适宜的环境。"趣乐园"课程的"趣"的意义是兴趣、情趣,实质在于从学生的学习兴趣出发,激发他们的学习动机、学习创造力,同时"趣"还体现在对孩子童心心理的感知和召唤。"趣乐园"课程的"乐"的意义是促进情绪快乐、学习愉悦,实质在于让学生感受学习的快乐,让快乐的童年萦绕在学生心灵。"趣乐园"课程设计的本意是期望通过"趣"和"乐"的凝聚与融合,促进学生在学习上主动意识、探究意识的培养,影响到人生积极乐观,向上向善的精神培育。

(三)"趣乐园"课程的基本框架

六中心小学"趣乐园"课程本着底层逻辑+环境变量=方法论,即由底层逻辑"童心、童真、童趣",加上环境支持"给学生学习插上'趣乐'的翅膀",建构起方法论——"趣乐园"关心童心,关注生命,引导健康成长。

"趣乐园"校本课程实施十多年来,整个课程目标、教学内容、教学形式及方法和组织管理架构不断得到丰富和发展。不但在教学中,吸引了孩子的好奇和求知欲望,而且带动了家长的积极参与,拓展了各方的教育资源,还引发了教育同行的积极关注,成为享誉区域的教育特色品牌。

课程是学校教育思想、教学理念的集中体现,也是实现教育目标、支撑办学行为、促进学生全面发展的重要载体。我们学校的课程建设是以课程理念提升为核心,以课程规划有效性为依托,以课程结构重建为内涵,以课程管理和实施的校本化为推进过程,以课程评价及反思改进为动力,进一步体现校长的课程领导力和教师的课程执行力。全校上下以课程建设促进学校特色发展,进一步推进学校内涵发展,实现学校办学目标、学生培养目标和教师发展目标。

构建符合学校校本情境的课程结构体系,为每一个学生提供适合发展需要的课程,是学校课程结构改革的趋势。校本化的学校课程结构是以学校为个性主体,对学校中按照教学规律,排进课表的课程进行整体的规划设计,并形成一定的组织和实施形式。因此,学校课程的校本化结构是一种彰显学校目标价值的课程文化;是一种基于学校情境的课程创生;是一种校本化的课程领导行为。学校在审视课程目标的基础上,严格按照国家教育大纲、课纲要求,分析课程类型、具体科目的价值与功能,保证国家课程和地方课程,选择适当的课程和科目,丰富校级层面的课程,形成相对完善,又有校本特色的课程结构体系。

"趣乐园"课程的主题架构围绕着"道德自律、学习自主、健体自觉、交往自如"的校本培养目标而设计,围绕着三类课程(基础型课程、拓展型课程、探究型课程)的校本化实施,注重国家基础课程在夯实学生知识和能力上的基础性,拓展课程的丰富性和探究课程的创造性,让不同课程类型上出层次感,实现课程目标纵横结合;将人的培养与需求相统一,体现育人环境的日益改善,课堂教学的深度改革,教师课堂教学的专业水平。"趣乐园"课程以办学理念为内涵,以学生未来发展为导向,体现学校的办学风格,也蕴含了教师主体发展与学生快乐成长的真意。

"趣乐园"课程是一个将学校环境、家庭环境、社会环境,将学生生活和学习各方面融合在一起的综合性课程体系。课程着眼儿童,以"童心、童真、童趣"为课程理念,旨在培养一个健康成长的人,全面发展的人。趣乐园课程服务于学生的综合发展和全面提升学生素养。课程在表达方式上是多样化的,课程实施更为灵活,是对国家课程进行校本化的重构,给学生学习插上"趣乐"翅膀,融入学校的"主体性"文化。学校依据自身的办学理念和发展目标,整合资源优势,构建出一套适合学生发展的,既有机统一,又富有特色的课程体系——"趣乐园"课程,包括:完整学习者课程(基础型课程)、全面生活者课程(拓展型课程)、快乐探究者课程(跨学科课程)。

"趣乐园"课程体系基本框架如图6-1所示。

学校校本课程建构是以学校为建设主体,对学校中的课程进行整体的规划设计,并形成一定的组织管理形式,加以科学落实和精细推进。优质的课程文化依托组织管理行为有计划、有目的地推动下,凝聚和发展为学校有特色的文化,毕竟课程是学校实践教育教学行为的主渠道。学校在审视学校课程目标的基础上,分析各种课程类型和具体科目的价值与功能,从中选择了符合学校课

```
┌─────────────────────────┐      ┌─────────────────────────┐
│      底层逻辑            │◄────►│      环境支持            │
│ 课程理念：童心、童真、童趣 │      │ 给学生学习插上"趣乐"翅膀  │
└───────────┬─────────────┘      └───────────┬─────────────┘
            │                                │
            ▼                                ▼
        ┌─────────────────────────────────────────┐
        │              方法论                      │
        │   关注童心、关注生命，引导健康成长         │
        └─────────────────────────────────────────┘
            │              │              │
            ▼              ▼              ▼
    ┌───────────┐   ┌───────────┐   ┌───────────┐
    │完整学习者课程│   │全面生活者课程│   │快乐探究者课程│
    │  基础型课程 │   │  拓展型课程 │   │  跨学科课程 │
    └───────────┘   └───────────┘   └───────────┘
```

图 6-1 "趣乐园"课程体系基本框架

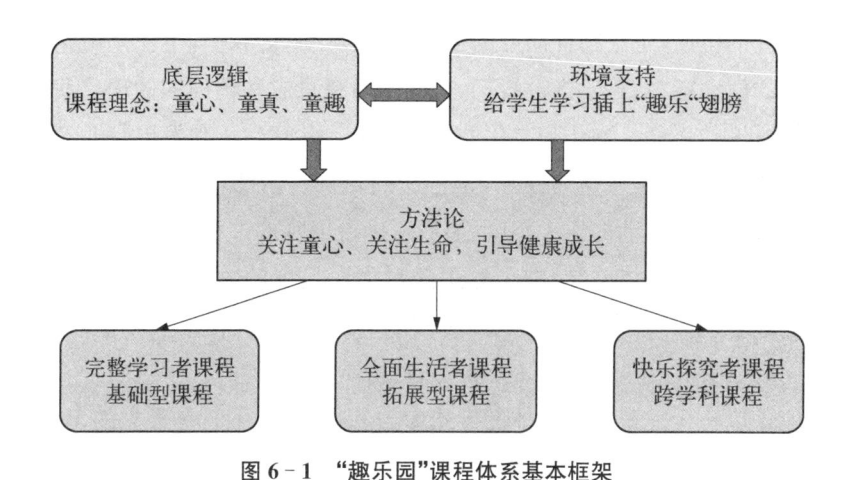

程目标的课程类型和具体科目，并形成结构性课程体系，对学生开展有目的、有计划的教育教学。

三、课程学习的生命意义建构
——"关注童心，关注生命，引导健康成长"

与学校办学理念相适应，我们的课程目标表述为一句话：符合儿童身心发展规律，促进儿童身心健康发展，满足儿童需求，激发儿童学习积极性，能唤起儿童天性，回归儿童本性的课程。课程的特征是关注童心，关注生命，引导健康成长。学校的办学理念"手牵手，心连心，自主快乐同成长"，形象地表达了学校的和合文化，也对学校课程校本化"趣乐园"体系建设明确了课程理念、环境变量与方法论，为学校课程校本化打下了坚实基础。

与学校办学理念相适应，学校所追求的校本课程方法论思想是"关注童心，关注生命，引导健康成长。"这里的"生命"既是生物向度的生命,也是精神向度的生命。生物学告诉我们,生命是生物体的活动能力;哲学告诉我们,人的生命是意志和精神的体现。我们所说的生命是物化和文化的有机统一。儿童生长和发展是儿童的本性,发展是生命的权利,是生命的目标。新课程目标中的"强调形成积极主动的学习态度、形成正确价值观的过程、关注学生的整体人格和个体差异"的表述正是对生命发展的关照。生命发展生态观认为,师生的生命是多层次、多方面的整合体;生命有多方面的需要:生理的、心理的、社会的、物质的、精神的。学生的学习应该以一个完整的生命体的方式参与和投入,而不只是孤立的、片面的参与和投入。生命发展观强调师生的生命是整体地、多向度地在教与学的过程中参与到与生命、与环境的交互对话中,这种整体性包括理性的生命和非理性的生命,包括向外的探索,也包括向内的省察。这就是"关注童心,关注生命"的意蕴。

(一)"引导健康成长"就是"关注童心,关注生命"的本质

没有童年的生活质量就没有终身的生活质量,儿童的童年的教育和早期经历对于儿童的健康成长有着极为重要的关键意义。童年的精神生活是儿童终身发展的基石,儿童时期对于学生来说,教育是其生命价值实现的基础,学校应该成为学生的生命成长的精神家园。教育的生命性就是把儿童真正作为儿童来教育,尽量满足他们整体性的需求。儿童尽管不是一个成熟的人,但他们一定是一个完整的生命个体。他们学习的过程就是充分调动生命机能,对来自生命内部和外部的信息进行获取、反馈和有效调适的过程。这是一个生理、心理、文化等多方面的复杂的反应过程,是儿童以生命的整体对信息作出反应的过程。在实用理性盛行的时代,教育不是生命个性的张扬,不是智慧的启迪,而是知识的灌输、

生命的压抑。他们过早地失去儿童所应有的单纯、诚实和活力,会变得多面、复杂。所以,教育的根本目的就是清除杂草以及那些企图消解儿童生命活力的因素,让儿童生命释放光和热。要善于发现学生的个性、天赋与潜能,并予以积极地培养,使其能够和谐地发展。教育的任务就是要让人的整个生命系统充满生机与活力,焕发出蓬勃的创造力。

(二)"引导儿童健康成长"的具体表现

"引导儿童健康成长"作为教育方法论上的原则,以珍爱生命为核心,以培养健康学习与生活方式为重点,强调学校教育要促进每个学生的身心健康发展,特别尊重学生在学习过程中独特的生命体验。具体表现为主动性、独立性、独特性、体验性和问题性等教育原则。

1. 主动性原则

强调主动性原则,就是认为学生学习的兴趣是首要的,学习必须与学生的生活、生命、成长、发展相联系,这样才能最大限度地调动学生学习的积极性和创造性。"学习即成长",学习的过程与生命成长的过程融为一体。

2. 独立性原则

强调独立性原则,就是认为学生大多有独立学习的能力。学习其实就是通过不断汲取自己和别人的经验,逐步获得独立生活能力并最终走向独立生活的过程。教师的职责不是依靠权威来指挥学生学什么,而是运用其丰富的经验引导学生。

3. 独特性原则

强调独特性原则,就是要尊重学生个体生命的差异性,尽量满足其生命的独特需求,使学生的个性和天赋得以发挥;同时要努力开发每一个学生的生命潜能,使它以最大的活力和张力对新经验保持开放性。

4. 体验性原则

强调体验性原则,就是说儿童生命体验始终是学习的关键性环节,体验强调亲身参与,童年的经历是令人难忘的,那是因为童年的生命体验是深刻而持久的。儿童越是有丰富的生活体验,就越有可能获得深刻的生活知识,会对人生整体价值和根本意义有自觉的感悟。

5. 问题性原则

强调问题性原则,就是说学习的过程,也就是发现问题、提出问题、分析问题和解决问题的过程。在教育中,解决问题不是目的,它是一种方法,用这种方法引导儿童从实际性问题到理论性问题,从具体的感性知识到抽象的理性知识,并进行深入的学习。其中更包括儿童成长着的生命问题,生命是价值的载体,我们的教育不能局限于对知识的认知,更为重要的是对生命的体验上,还要对生命有充分的认知和审美,进而对其进行生命价值的体悟。

(三)"引导儿童健康成长"的重点

"引导儿童健康成长"是教育生态思想在教育环境上的体现。我们学校"和合"文化正是在主体性教育的基础上,凸现"主体与环境"的生态思想,建构了"关注童心,关注生命,引导健康成长"的"趣乐园"课程体系。"趣乐园"强调为儿童的生命成长创造良好的课程与学习环境。健康的学习环境应该是:生活俭朴、时间悠闲、空间宽裕、空气新鲜、充满着自然的安宁,使儿童能完全地接触自然和生命,进而对人生有更深切的体验。同时理想的学校环境应该是能为儿童的学习提供丰富的课程、充足的信息、开放的资源、儿童在这样的环境里学会合作、学会生活、学会学习,并以身体的技能感受科学的声音,探求世界的奥秘。儿童的整体的生命及其发展却离不开和谐的环境。友爱和合作关系比竞争和功利更适合于儿童成长。

"引导儿童健康成长"重点落在"健康"上,"健康"意味教育就是要使儿童成为一个完整的人——他有独立的人格、有神圣的尊严、有丰富的感情、更有不可遏制的创造力,也就是要实现生理健康、心理健康、道德健康与社会适应监控的全面健康。

"关注童心,关注生命,引导健康成长"的"趣乐园"课程顺应儿童成长规律和教育发展规律,抓住三类课程校本化推进的发展趋势,通过统整设计和有序实践,在实践与探索中逐步完善校本化课程体系。"趣乐园"课程以校本办学理念为指导,以学生未来发展为导向,体现学校的办学特色和风格,也蕴含了师生主体发展,也让学生快乐成长。

1. 德育

在德育上,通过关注真善美,实现提升生命的活力。人的生命活力在本质上是人真善美的价值的显现,智慧、才能和力量的表现。个体生命力的强弱,也就是个体所显示的真善美的力量。尊重自己,关爱他人是生命力的体现。生命力作为人的价值的标尺,必然以对自己生命的态度和对他人的生命的态度显现出来,这就是我们学校课程以"尊重自己,关爱他人"作为健康成长、提升生命价值的逻辑起点。

2. 智育

在智育上,我们以"提升人的生命价值,开发人的生命的潜能"视角出发,关注儿童学习的生命性和整体性,重视童年、少年期对于生命的独特重要价值。少年儿童处于生命中学习最集中、记忆力最佳,思维最活跃的时期,教学应该成为善于开发学生生命活力的教学。

3. 体育

在体育上激发学生生命的能量,学校课程不仅要运用体育知识、技术、技能发展儿童健康的体魄,也要运用心理教育焕发学生生命的活力,养成规律生活、坚强意志、健全人格。

4. 美育

在美育上提升生命力的精神源泉,培养学生完满的人格,构建人与生命的丰富的价值关系。健康的思想决定着健康的行为和健康的习惯,同时也决定着个体的命运和社会的幸福。

5. 劳育

在劳育上提升学生的生命价值,劳动创造价值、劳动创造生活,增强学生顽强的意志、持之以恒的毅力,能吃苦耐劳,克服各种困难,从而实现目标的能力。

第七章　多元融合：学校课程生态化

一、学校课程生态化的必然

（一）学校课程生态化的动因

童年在人生中具有不可替代的价值,因此提供给他们的课程必须是金色的,这是对学生的终身发展负责。学校课程要把金色童年还给孩子。让我们的学生唤醒自己心中的巨人,打开心灵的宝库。

学生童年缺少童趣、童真是当前不争的事实,这就是学校提出以金色童年为价值取向的,以"童心、童真、童趣"为课程理念的"趣乐园"课程的基本事实基础。小学学科课程教学中,知识化倾向普遍,课程学科化封闭未根本解决,探究型课程教学发展缓慢、课程教学过分强调评价而忽视学生学习过程,课程教学功利现象极端严重,课程教学考试过重而学生学得狭窄、学生学习能力不足、课程教学中师生关系的不和谐等。这些课程现象的出现由来已久,违背了教育发展的客观规律,衍生出不少问题。必须从生态文明角度改变教育中"唯 GDP"的现象,扭转变着法子追求分数,坚决把学生过重负担减下来,坚决减轻教师层层加码考核而引起的过重"工作"负担,彻底改变办学中的功利倾向。营造良好的教育生态是一项重要而迫切的工作。

课程教学是学校办学的基本渠道,也是学校教育的重要载体。我们学校的课程实施是基于这样一种考量:学校的课程关注在快乐与效率之间的"和合"发展,改变要么"愉快"而不注意"学习的价值",要么重视"学习效益"而忽视学生的"愉快"。学校课程要把金色童年还给孩子,因此"金色童年"价值取向抛弃两个极端化的做法,提倡儿童课程的生态化。

我们学校的"童心、童真、童趣"的理念是"关注童心,关注生命,引导健康成长",为儿童健康幸福人生奠基。我们的"趣乐园"从"童心、童真、童趣"课程理念出发,关注课程的生命性和整体性,重视童年、少年期对于生命的独特重要价值,少年儿童处于生命中学习最集中,记忆力最佳,思维最活跃的时期,课程应该成为提升学生生命活力的课程。学校应该通过各类课程促进学生的生理、心理、道德、社会的整体健康。精神健康是人的内心世界丰盈充实、和谐安宁的态度,并与周围环境保持协调均衡。学校课程的丰富性意味着为学生创设他们需要的课程,让学生选择他们发展需要的课程。课程的生态性指向学生学习的生态性,不仅学习内容上,而且应该在学习形式上、学习时空上、学习资源上更应该是满足学生发展上的丰富性、适宜性、开放性、整体性、共生性,即生态化发展。

"关注童心,关注生命,引导健康成长"是小学教育的基本任务,表达了小学教育是基础教育的奠基性。这个课程思想体现了促进学生可持续发展的教育价值取向,体现了小学教育也要对人的终身负责,不是一个短期的行为。这是对教育"以学生为本"的最本质的诠释。"关注童心,关注生命,引导健康成长"意味着对教育终极目标的认识,健康作为教育的目的,教育要追求儿童可持续发展,过健康的学习生活。教育作为实现健康的手段,为未来的健康生活做准备,要让学校的课程成为"关注童心,关注生命,引导健康成长"的课程。

(二)学校课程的生态化

课程的生态特征明显化的过程称之为课程生态化。课程生态化是一个渐进的过程,当课程的生态特征符合了生态特征基本要求时,这样的课程就是生态型课程(王钰城,2015)我们学校的趣乐园课程具有明显的"少儿感、统整化、丰富性"的特点。这3个特点符合了课程生态特征。

1."趣乐园"课程的少儿感

这个特点表征了适宜性、共生性的生态特征。"趣乐园"课程是基于小学生的年龄特征,强调课程内容、形式要少儿化,要适宜与儿童,避免成人化倾向。课程的鲜明特点就是蕴含着"趣"和"乐"。既要激发学生产生"兴趣",然后向"志趣"逐步发展,同时还要给学生带来学习的愉快,使学习成为儿童生活中的一种"快乐"与"享受"。

我们"趣乐园"课程是站在儿童的立场上,来考虑课程目标的确定,避免课程目标的超纲,增加学生的课业负担。更为重要的少儿感强调的是"童心、童真、童趣"。这不仅是我们的课程理念,也为课程开发与实施提出了明确的要求,就是课程的专业学科要求要与儿童的年龄同特征"和合"。我们针对不少教师对学科知识习惯的熟悉,而对教学对象的年龄特征还不能上心,对于学生学习的差异很少有能力来考量,要求教师课程教学必须充分关注少儿化,表现在课程教学行为上。

2. "趣乐园"课程的统整化

这个特点表征了整体性、开放性的生态特征。"趣乐园"课程是一个将学校环境、家庭环境、社会环境,将学生生活和学习各方面融合在一起的综合性课程体系。课程着眼儿童,旨在培养一个健康成长的人,全面发展的人。趣乐园课程服务于学生的综合发展和全面提升学生素养。校本化地实施国家课程,精选学生终身学习所必备的基础内容,增强课程内容与社会进步、科技发展和学生经验的联系,努力为学生提供多种多样的学习经历和体验,夯实基础、拓宽视野,引导创新和实践,培养学生的终身学习能力和健全人格。

课程在表达方式上是多样化的,课程实施更为灵活,是对国家课程进行校本化的重构,融入学校的"主体性"文化。学校依据自身的办学理念和发展目标,整合资源优势,构建出一套适合学生发展的,既有机统一,又富有特色的课程体系——"趣乐园"课程。我们"趣乐园"将课程与生活、社会整合,使课程从课堂学习向社会、向生活学习开放,更有利于发展学生创新精神与实践能力。

3. "趣乐园"课程的丰富性

这个特点表征了多样性、丰富性。在课程体系上我们建立了完整学习者课程(基础型课程)、全面生活者课程(拓展型课程)、快乐探究者课程(跨学科课程)三大类课程体系。从课程类型上,我们建构了体育课程群、艺术课程群等。如体育课程群包括体育学科课程、智力体育课程、垒球课程等选修课程、足球课程等特色课程。从课程形式上,我们建构了跨学科课程、广域课程、综合实践课程等,丰富学生的综合素养。

我们学校的"趣乐园"课程围绕着学校的学生培养目标而设计,为学生提供各种学习经历,构建个别化、高选择性课程体系,强化适合少年儿童的"趣"和"乐",在国家课程校本化实施中努力体现"少儿感、层次感、美学感",做到课程目标的纵横结合;使学生的培养理想与现实需求相统一,推进学校课程生态化,建构"趣乐园"课程体系,呵护童真的美好岁月。

二、建构多元融合的"趣乐园"课程

(一)"多元融合"的课程体系建构

学校课程体系创新是现代学校建设的反映。现代学校建设中课程建设的价值引领至关重要。我们充分发挥学校文化的引领作用,从课程管理走向课程领导,引导学校建构特色鲜明的"趣乐园"学校课程体系。课程文化由课程的核心价值观、课程制度、课程运作等表征。课程文化影响着学校每一个教师课程教学与学生的学习。学校课程文化决定着学校办学方向与质量,影响着学校课程目标与课程设置。我们学校明确提出课程体系建设思路,即"以关心童心,关注生命,引导健康成长"方法论,全面整合教育资源,建构一个使学生全面发展、个性充分张扬、可供选择的"趣乐园"课程体系,使学校课程特色更明显。并由此提出了学校课程目标是以有效学习为核心,以学生需求为导向,建构多层次、多类型、高质量的学校课程体系。"趣乐园"课程体系的功能在于最大限度地"回归童心、童真、童趣",促进每一个儿童获得发展。学校课程必须关注每一个学生,强调每位学生都有差异,强调课程必须关心所有儿童的最充分的发展,学校的责任是提供寻找能使每个儿童达到他可能达到的最高学习水平的学习条件,通过学校课程体系实现学生发展目标。

我们在学校课程体系建构的实践中,逐步发展了"多维度、多元化、多形式、生态化"为特征的课程体系。"多维度"是指我们的学校课程结构是多维度的,包括课程目标结构维度、课程内容结构维度、课程形式结构维度、课程年龄结构维度;"多元化"是指学校课程体系中课程类型的多元化,从课程内容规定性上有国家课程、地方课程、校本课程,还有拓展课程、特色课程等多元课程;"多形式"是指从课程形式规定性上,有体验课程、综合实践课程、探究课程、隐性课程、微型课程等多种形式;"生态化"是指我们的学校课程体系具有适宜性、丰富性、开放性、整体性与共生性等生态特征。正是这些要素特征结构交融,形成了具有学校特色的课程体系。

以课程生态化为指导原则建构学校课程体系,着力建构与学校课程文化内涵相匹配的以"三性一化"为特征的学校课程体系。我们根据学生的需要与课程资源,采取主题化、系列化校本微型拓展型课程组织开发实施,体现了我们的课程文化诉求:从工具走向本体,课程满足学生发展的需要。

1. 课程建设的主要目标

我们的课程目标"构建'趣乐园',促进学生'五自'发展的学校课程体系",具体表现为以下几方面。

(1) 学习融入生活。不断加强基础型课程教学内容与学生生活以及现代社会、文化、科学发展间的联系,关注学生的学习兴趣和体验,进一步完善学校"趣乐园"校本拓展型课程、探究型课程的体系建设,将劳动教育课程、心理健康教育、项目化学习等融入拓展型和探究型课程体系,形成横纵结合、上下贯通的学校总体课程结构体系,体现"五育并举"的育人目标。

(2) 促进健康成长。坚持立德树人的根本任务,落实不同课程对学生的培养目标,即培养学生的交往与合作能力,提高自主获取新知识的学习能力,培养学生主动参与、乐于探究的学习态度与创新素养等。并落实课程实施过程中的评价监控手段,关注学生心理和生理的和谐发展,促进学生沿着"自主"的轨迹健康成长、全面发展,有效构建学生发展核心素养,为学生未来的学习、工作、生活、社交,打下良好的基础。

(3)课程持续生长。继续探索、发展与课程相适应的教学模式,以基于标准,以生为本,融合生活,促进思维的发展,探索数字教材及云课堂建设、项目化学习建设,具有"主体"课堂特征的教学文化建设等多种促进师生共同发展的课堂教学形态的融合,促进学生学习综合素养的形成。

2. 学校课程结构

趣乐园课程服务于学生的综合发展,在表达方式上是多样化的,课程实施灵活。它的设置主要是对国家课程进行校本化的改造和重构,在层次化实施国家课程的基础上融入学校的"主体性"文化,依据学校自身的办学理念和发展目标,整合学校资源优势,根据所开设课程的门类构建出适合学生发展的有机统一,富有特色的课程——"趣乐园"课程。

学校课程结构体系如图 7-1 所示。

学校课程结构体系是一种彰显学校教育目标价值的课程文化;是一种基于学校情境的课程创生;是一种校本化的课程领导及管理行为。基于文化育人的价值功能,构建符合学校情境的校本课程结构体系,为每一个学生提供适合发展需要的课程,是学校课程结构改革的大趋势,大举措。学校校本课程结构是以学校为建设主体,对学校中的课程进行整体的规划设计,并形成一定的组织管理形式,加以科学落实和精细推进。优质的课程文化依托组织管理行为,有计划、有目的地推动,凝聚和发展为学校有特色的文

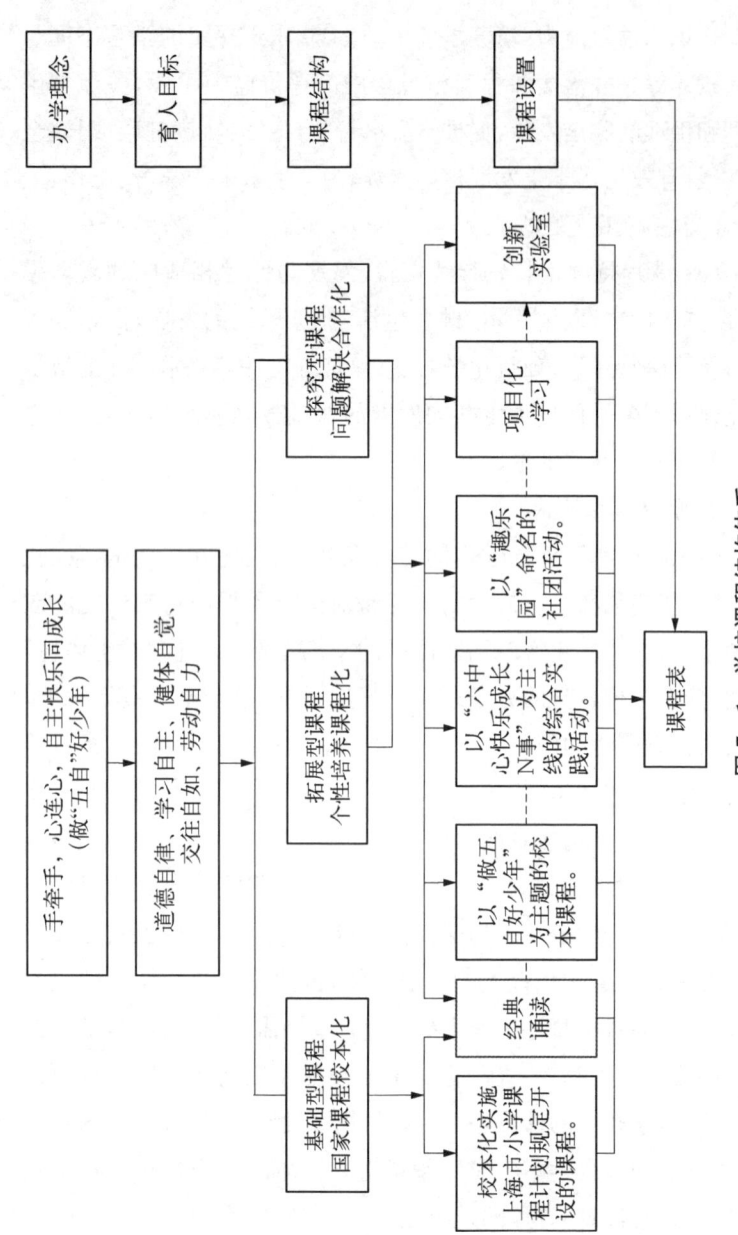

图 7-1 学校课程结构体系

化,毕竟课程是学校实践教育教学行为的主渠道。学校在审视学校课程目标的基础上,分析各种课程类型和具体科目的价值与功能,从中选择了符合学校课程目标的课程类型和具体科目,并形成结构性课程体系,对学生开展有目的、有计划的教育教学。

"趣乐园"课程建设认同学生在课程发展中的主体地位,以强化学生学习的内在动机为切入点设计课程框架,突出对教材的二度开发与使用,力争使学生能够在学校中学会丰富的、具有挑战性的知识与技能;同时,从对学生自我成长意义的生成开始,加强课程发展过程中师生学习共同体的建设,充分体现以生为本的主体性教育理念。

完整学习者课程,分别以各个学科为中心,采取分科学习的方式,完成各科教材的学习,落实国家课程标准,着重于培养一个学会完整学习的人,为逐步形成相对扎实知识与技能基础,为成为全面发展的人才打下基础。

全面生活者课程,是对各科学习的一个拓展和补充,致力于对学生持续学习兴趣的培养,是对基础型课程学力形成的必要辅助,是对提升生活能力的必要锤炼,为学生的未来发展和职业生涯做准备。

快乐探究者课程,是基于问题学习,以学生为主体的学习,跨学科的学习,强调学生在真实的、有意义的问题情境中,通过小组合作共同解决复杂或真实性的问题,获得知识与技能,发展解决问题、自主学习、合作学习能力。快乐探究者课程不是简单的教科书,知识需要运用与实践,学生是课程的中心,是课程资源的创造者。

"趣乐园"课程体系架构见表7-1。

表 7-1 "趣乐园"课程体系架构

课程定位	课程类型	学习经历	学习科目	领域
完整学习者	基础型课程	认知、身体、心理、美育、社会实践、人格完善	语文、数学、英语、音乐、体育、美术、科学与技术、道德与法制	学科课程
全面生活者	学科拓展、综合实践、专题教育	完整生活的拓展发展	智趣园、乐趣园、意趣园等课程,主题文化周	综合课程
快乐探究者	创新实验室课程、项目化学习课程、综合实践课程、探究之星	完整生活的探究发展	藏书票、魔法奇幻秀、年级项目化课程、群育活动等	活动课程

学校立足于3类课程框架,构建了完整学习者课程(基础型课程)、全面生活者课程(拓展型课程)、快乐探究者课程(跨学科学习)。这是从课程任务的角度,着重对不同课程(科目)的教学进行强化。尽管不同课程都有学科育人的要求,然而因为学科性学习的差别,对学生知识习得、能力养成是各有侧重的,当然思想品德的养成、价值理想的树立是不同学科的共同目标。

3. 学校课程体系的重要保障

提升学校课程领导力是建设学校课程体系的重要保障,也是学校课程体系健全的标志。学校从"趣乐园"课程体系出发,增强课程领导能力,包括课程文化引导力、课程规划决策力,课程制度执行力、课程实施的组织力、课程评价的实施力、课程团队组织力和课程资源开发力。

首先我们加强组织层面的领导力。学校的教导处、年级组、教研组都认真地在课程文化、课程实施等方面不断加强领导力。同时加强个体层面的课程领导力,尤其是学校领导者、各级管理者的领导力。校长的课程领导力具有关键作用。校长领导着管理团队与教师团队在学校课程体系建构的决策、组织工作中创造性地开展工作。我们学校要求各级课程管理者尽职履职,在课程实施中发挥领导力,承担责任、善于决策、明晰目标、合理组织、有效实施、科学总结,提高课程实施合力、凝聚教师的课程能力、发挥组织的课程领导力。

在学校课程体系建设过程中,我们注重顺畅学校课程体系的运行路径。根据学校办学理念与发展需要,依据学生成长需要,以"三化一性"推进趣乐园课程的生态化。学校要求参与课程设计及编撰的教师在教学设计、教学内容和教学实施上,多渠道体现"趣乐"。同时,学校开发"趣乐园"校园网站平台,为教师发布课程信息、学生自主报名和家校互动,注入了信息技术的生命活力,从而更迅速、有效地满足学生。

4."趣乐园"课程实施策略

(1)完善组织架构,明确管理职责。为充分保证课程的落实与推进,学校建立有效的课程组织机构(见表7-2),明确分配有关人员的责任、权限和运行规则,利用组织的力量有序推进课改。

表7-2 六中心小学课程组织机构及其任务

名称	成员	任务
领导小组	校长 各部门分管	根据校情,具体决策、规划学校三类课程建设总体方向

续　表

名称	成员	任　　务
研发小组	各部门负责人	规划学校课程框架结构、课时配比和课程开发方案;制定学校三类课程开发方案;制定学校三类课程评价方案;制定学校校本研修方案
课程与教学部	主任	具体安排、部署学校三类课程教学工作;落实三类课程管理制度和教学常规工作;加强教研组长队伍建设;对教研组长进行考核,提供教师质量考核数据;召开好年级组质量分析会
教育科研部	主任	配合课程教学部做好专题教研组织工作;指导教研组、教师选准教科研课题,并予以阶段性的专业辅导;认真组织、修改、编辑教师教学反思和专题科研论文
年级组	年级组长	随时关注本年级三类课程教学质量,及时与年级组成员进行沟通;每次大型课程活动,要组织好、策划好,召开好
教研组	教研组长	清晰本学科组现状,能组织组员进行三类课程开发和实施;确定每学期教研专题,认真组织好各次教研活动和校本研修活动;积极参与教学部门工作商讨,献计献策;抓好教研组常规工作;对组员进行教学常规考核
教师		明确自身在三类课程中职责,主动为学校课程建设献计献策;做好、做精三类课程常规工作,积极、主动地参与各项教研活动,不断完善教学行为,提升专业素养

（2）关注课程设计,完善开发过程。课程开发从动员、启动到实施,始终与促进教师的专业发展紧密联系在一起,倡导教师成为学校课程的管理者、决策者,作为主体参与到课程的开发与管理中。课程开发过程如图 7-2 所示。

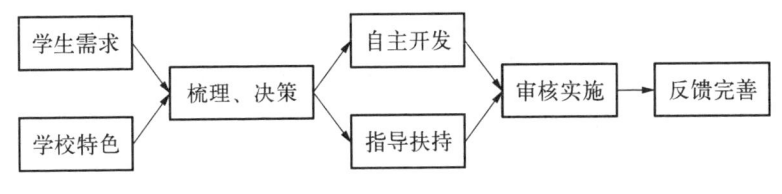

图 7-2 课程开发过程

(3) 建全各类制度,保证课程质量。

1) 完善基础型课程管理制度。进一步完善基础型课程的校本化制度和教学质量评价反馈制度,对学生在基础型课程中的学业表现实施多元评价,有效地保障课程教学质量。

2) 完善拓展型课程管理制度。对课程与教材的设置、开发、选科、考核、评价等进行具体规定。

3) 完善研究型课程管理制度。通过建立有效的课程组织管理网络,实行过程化的制度管理;运用研究型课程网络平台学习和管理;完善研究型课程评价机制等一系列措施,保证研究型课程实施的质量。

4) 完善培训制度,帮助教师进行专业发展设计,采取"请进来""走出去"相结合的培训模式,为教师专业发展搭建平台。

5) 实行教学评价反馈制度。设计《教师教学情况反馈表》,通过学生对教师教学活动的评价和反馈,让教师在评价中感受成功的快乐,在反思中促进专业成长。

6) 完善保障制度,充分利用图书室、实验室、计算机教室等硬件资源及种类教学设施和实践基地的作用,通过资源的挖掘为基础型课程的实施、校本课程开发提供条件,同时拨付课程开发与实施的专项经费。

(4) 依托绿色评价,确保课程发展。学校以课程标准为根本,引导全学科教师深入学习、研磨课程标准,以绿色评价指标为导向,通过课堂观摩、教研活动、作业监控、调查问卷等多种途径,践行绿色指标的真正落实,并作为课程管理的重要内容。通过"基于课程标准的评价"的课题研究,数字教材平台的应用实施等,充分关注学生的思维创新点和实际学习过程。

(二)三类课程中的生态化

学校的根本任务是育人,育人的根本途径是通过课程来实施。实践让我们认识到,调动学生积极情感,调动学生自己的成长经历的课程一定是好的课程。在这样的课程中学生学得积极且学得更加有意义。"趣乐园"课程的开设能满足学生成长需要,在学生身心成长中发挥着积极作用,令学生充满兴趣且乐趣,这就是课程的力量。我们学校着力推进"趣乐园"课程的生态化。

满足学生发展需求,丰富学生学习内容,培养学生学习方式,培植学生人文精神,已经成为学校开发三类课程的校本目的,开发"趣乐园"课程,引导学生树立正确的价值观、人生理想,为学生未来发展打下扎实的"智能"基础。学校办学的宗旨就是基于"人的发展"——学生的发展,促进各个层次学生选择发展方向、发展深度和发展维度,实现个性化的成长。这应该是校本课程开发,追求人文价值的重要意义所在。

1. 完整学习者的基础型课程

在基础型校本课程开发中,加强学科育人的教学实施的统整性,落实"五自少年"校本化的教育目标,夯实学科育人的综合素养基础,真正体现基础课程的"基础"作用,实现完整人格的培养。

培养一个完整学习者,首先,要注重立德树人,关注人本育人,加强学生思想品德教育,养成优良的思想道德品格;其次,通过基础学科教学,增长知识与才干,激发学生学习兴趣,凝练学习动机,提升学习内驱力,引导学生开展自主、有效、个性化学习,培育学习能力,夯实学习与发展的基础;第三,在学习中体验学习的乐趣和享受成长的快乐,提升学生身心健康素养,提升对学校生活的幸福感。

在实施中我们强调基础型课程重在基于课标,细化教学,夯实能力。实现课程标准目标、内容与要求、过程与方法、评价的统一,促进学生健康、可持续地发展。

2. 全面生活者的拓展型课程

拓展型课程的拓展主要为了更好地通过课程开发与实施面向生活、面向社会,使学校课程体系更富有开放性、适宜性、丰富性。在拓展型校本课程开发中,同样要加强学科育人的教学实施,依据"五自少年"校本化育人目标和各个年龄段学生的身心特点、学习特点相结合,设计课程科目,强化拓展学习。拓展型课程科目多种多样,引导学生自主选择课程,通过丰富多彩的学习内容以及相关实践活动,发展学生兴趣爱好,开发学生潜能,为学生提供丰富的学习经历和多种的学习体验,促进学生智能和良好个性的发展。

列入"趣乐园"系列课程的拓展型校本课程分为选择性课程和限定性课程。选择性课程共 35 门,按照育人目标和年段要求,依照"智乐园、乐趣园、意趣园、主题文化周"4 个系列落实,让学生自选学习。限定性课程分别从"成长足迹、快乐交往、体验民俗、品读上海、走近经典、低碳环保行动"等 6 个维度设计实际活动,引导学生增长生活经历,感悟做人做事的道理,体验成长快乐。

学校落实拓展型课程,形成"1+X"课程体系。设置课程目标、选择课程内容、确定课程实施时间和执教教师、聘请专家指导等,开设与英语相关的拓展型课程(X)。现以英语课程群为例。上述这些 X 课程逐渐成为学校"大英语课程"体系中的一部分,充分展现学生英语综合能力,且受学生欢迎。包括语言拓展、技能拓展、文化背景拓展等。

(1) 戏剧社,以戏剧的各种表演元素进行教学工作。为了能更好地开设这门课程,学校教师专程参与戏剧课程培训,体验戏剧带来的魅力。在"英语节",戏剧社的孩子们载歌载舞,为全校师生倾情表演了一幕"Town Musicians of Bremen"(《不莱梅的音乐家》),深受大家的喜爱。

(2) 报刊社,学生在一个下午的静心阅读中,了解趣味的社会新闻,提升阅读理解能力。

(3) 游戏社,在游戏、歌曲中,体验合作,感受英语活动的乐趣。

(4) 文化社,为学生搭建更多交流合作的平台。在外教老师的带领下,促进知识技能,开拓国际视野,培养文化意识,提升综合能力,使孩子受益终身。

(5) 旅行社,利用笔记本电脑学习使用 PPT 软件和美图软件,制作旅游专题演示文稿,提升科技素养。

学校拓展课程使学生学习内容更充实,为学生们创设了良好的学习环境,提供了动手动脑的实践机会。学生在教师的指导下,运用探究性学习模式实现任务目标,感受成功。例如我们学校根据小幼衔接的要求,开发了"一年级新生学习准备期'综合活动'"课程,并编写了《学习手册》。

我们学校在创设和实践校本化"趣乐园"课程的过程中,推出了许多有趣有味,让学生乐而忘返的活动案例,比如"听,奇妙的声音"综合实践活动,深受学生欢迎。这些活动都是在教师指导下,以学生为主开展的活动。这些活动课程分为综合实践活动、学科拓展活动、文体娱乐活动。综合实践活动,常见之于生活之中,素材选取的形式多样,带有综合性,与学生日常生活比较接近,有利于学生拓展思路,增长才智,提升学习兴趣,扩大学习范畴。

3. 快乐创新者的探究型课程

在探究型校本课程开发中,要牢固坚守学科育人要求,依据学生学习需求,以能解决学习生活和社会生活中遇到的各种问题为主要任务。要引导学生开展同伴学习,合作学习,学以致用。学生在发现问题、解决问题、体验成功的学习过程中,学会思考和质疑,学会合作和分享,建立自信,形成可持续学习的内驱力。

我们要让学生喜欢探究学习,不害怕探究。尽管我们的学生习惯于讲授式教学,安心于接受式学习。我们的课程要增加探究的含量,培养学生的探究精神、探究能力。儿童天生好奇好问,喜欢动手探究,我们本着给学生学习插上"趣乐"翅膀的精神,要保护学生的好奇心,激发他们的探究热情。在科学教育与所有学科课程中,儿童的好奇心和探究兴趣是我们应该给予充分的重视。

推进探究型课程,以问题解决为核心,引导学生体验探究,培养兴趣,多向发展。列入"趣乐园"系列课程的探究型校本课程包括藏书票、"蔬"香乐园、国际性节日、魔法奇幻秀等主要课程。这些课程深受学生喜爱。魔法奇幻秀等课程已经成为学校特色课品牌。每年12月的英语节,是我校开展时间最长、规模最大、活动最多、参与面最广、影响最大的英语特色活动。圣诞节前后,在为期两周的英语节活动中,学生全员参与,根据不同年级,有不同的活动内容和长作业。英语节已经成为学生们的节日,每个孩子都在轻松愉快的活动中感受英语、应用英语、享受英语;在活动中找到自信,变得想说、敢说、能说、乐说。"绘本阅读"系列读书活动,让学生走进绘本,读懂绘本,并学会做好绘本,体验美文朗读的美感,鼓励学生开口说英语的热情和自信。在"小小朗读者"的评选中,小选手们出色的英语朗读能力、优美的声音、富有感染力和张力的语音语调，让师生为他们骄傲。更有亲子的共同参与，让爸爸妈妈们随着我们的小小朗读者们一起走入绘本。获得优秀奖励的小选手们，还来到社区文化活动中心，走进专业录音棚，化身为"专业"小小朗读者，记录下自己精彩的朗读，并在学校公众号中，和全校的师生以及家长进行分享。

基于课程标准的教学与评价，要求教师整体地思考标准、教材、教学与评价的一致性，并在自己的专业权力范围内作出正确的探究型课程决定。这就要求教师必须从基于经验向基于证据转变，从基于个人的教学研究向基于合作共同体的教学研究转变，通过分享互助，获得更大的上升空间。

未来的课堂长啥样？未来的学习又将呈现怎样的趋势？这是笔者作为校长必须思考的，并须有前瞻性地作出安排。随着科学技术的快速发展，课堂正在不断地发生变革。传统的一本教材、一支粉笔，已经很难适应孩子们的发展需求。学校为了更好地推进快乐创新者的探究型课程，在推进课程改革实践中，先后申报并批准建立了"'蔬'香乐园""魔法奇幻秀"两个上海市创新实验室。

创新实验室已不再局限于"实验室"的传统概念，学生看到的不是一套套冷冰冰的实验器具，活动内容也不局限于先前知识"验证"的实验方式，而是基于学生创新素养培育，转向"实证"与"探究"并重，成为更关注探究过程的学习。我们学校在创新实验室建设过程中，坚持把培养创新精神与设计能力放在首位，注重与拓展型课程配套的体验式创新实验室创建。创建新实验室不是为少数几位特长学生服务，而是面向全体学生，丰富学生们的学习经历与经验，为他们今后人生志趣的形成奠定基础。

(三)"多元融合"课程优质化

课程优质是我们追求的目的。优秀课程必定蕴含着特点,这个特点是课程开发与实施高质量,并不是全部课程的开发与实施都是高质量的,根据正态分布原理,应该一般的是多数,因此优质课程有着其成为优质的特质,这是我们应该追求的,把课程高开发与实施得精致,富有学生成长的广泛价值,就是真正的课程特色。

加强学校特色课程建设,也是促进课程优质化的路径。学校开设一些专门的课程,促进学生特长发展。特色课程的设计需要思考课程目标的选择与确定、课程内容的遴选与整合、课程结构的设计与编排、资源开发的途径与策略、特色课程的保障等,具有创意、创新、创造 3 个鲜明特征,促进课程改革的深度发展。

不断开发学校特色课程与项目的建设,通过学生发展的特色项目的建设,为丰富学生的学习经历建设丰富的课程体系积累经验。根据学校条件、学生学习兴趣与成长的需要,学校调动校内课程资源与整合校外资源,进一步促进部分拓展项目课程化,积极引进适宜学校学生的发展项目,发展与凸显学校特色项目。围绕"趣乐园课程",抓住适合小学生的"趣"和"乐",我们学校精致打造趣味多彩的特色科目,成为拓展课、探究课的主体课程,形成校本化课程体系结构,在本校如火如荼地开展教学实践,促进学生全面发展,个性成长。

如果说起"趣乐园"课程思路和灵感的起源之一,不能不说至今仍然活跃在学校绿茵场上的"飞吧,小足球"。这是"六中心"的孩子们最爱的一项体育运动。"飞吧,小足球"成了"趣乐园"课程队伍起飞项目。学校独创性地开设"魔法奇幻秀",现在已经是目前校内最大的拓展类课程项目,成功申报上海市教育局创新实验室。该科目的广泛开展,在学生、家长和社区引起一定的轰动,却也是深思熟虑的结果。

学校课程优质化很重要的一条路径是课程研究。课程研究是对课程主体与对象、课程现象与问题追求更宽广、更深层理解的一种努力。通过对学校课程的研究获得规律性的认识,以指导课程实践。随着社会的发展,课程改革与发展的深化,课程中的传统与现代的冲突、新理论与新实践之间的转化都需要我们深入思考,深入研究,以推动课程的发展。

学校课程改革中也碰到不少困惑、疑难问题,也不断有新挑战、新任务,面临这样的情况,我们应该在学习课程理论指导下实践,在实践中丰富课程理性认识,在研究中深化课程认识,解决实践中遇到的课程问题。我校本着这样的信念,不断组织课程教学的课题研究,推进学校课程建设。

我校在经历了常规的课程发展阶段之后,想要继续高成长性发展,必须走科学之路,以课程研究与实践相结合,提升学校课程向优质化内涵发展。我校不断组织与开展市、区级课程教学课题研究,并引导与组织教师开展校内课程教学课题,并给予积极的指导与支持。

三、聚焦"双减""两个维度""两个提高"

我校在办学实践中,秉承"手牵手 心连心 自主快乐同成长"的办学理念,坚持"让校园成为师生共同成长的地方"的办学愿景,实现稳步发展。我们从"两个维度""两个提高"正确理解"减负"并付诸探索用以保证学生素养的提升。"两个维度"一是指"增效",二是指"减负"。减负的目的是为了"增效",两者是为了提高人才培养的质量,即提质。

减轻学生过重学业负担是数十年来教育界一直想解决的问题,因为这是一个十分重要而迫切的问题。减负的实质就是如何回答著名的钱学森之问:"为什么我们的学校总是培养不出杰出的人才?"。答案是不能"批量生产"。在目前的教育系统中,教育的导向主要是记、背标准答案,学生提问的渴望和兴趣在中小学阶段已经被大大地削弱了。学生疏于独立思考、缺乏主动学习的精神,是我们在培养杰出人才时遇到的困境。究其根本,是因为我们的教育并未将学生作为主体,充分发掘他们的潜力。2021年,我国教育以推动高质量发展为主题,教育部会同相关部门密集出台了一系列配套文件,构建起"双减"政策制度体系。当我们去深入学习、用心思考后会发现,在这体系化的教育政策变化的背后,不变的是全面落实立德树人的根本任务,办家门口好学校的宗旨,以及推动教育高质量发展的方向。

(一)站在增效的深度去思考:提高教学质量

减负必须提质,这个质是教学的质,而不是不同层次上的考题的"质"。教师应该十分清晰教学的达标的标准。教学是达标,每一项指标中含有具体的要求,以及必须要达到的年级等,教师们可以非常清晰地知道自己所教学的年级的学生必须具备怎样的达标标准,然后组织与引导学生开展学习,学习训练内容相当全面而且具有很多变式,重复少,对学生的考试也很明确只是要求学生达标,而不是竞争、排名,这样教师们无需对教材和训练进行再开发,他们把大量的时间用在教学策略的选择和使用上,更多的重心放在如何促成学生的各种综合能力的形成上。一方面,确保每一个教师教学的方向性和有效性的把握,不会出现理解错误而造成教学目标不明的现象;另一方面,对学生来说也是一种学习目标引领。让学生会清楚自己要学什么,达到什么目标。高质量的教学教师要善喻,低质量的教学只是照本宣科,不需要深入地了解学生,依据学生差异,思考如何引导学生。传授式之所以难以克服,就是因为容易教学,不需要教育专业的思考,依靠的是文化知识;而提质需要每一个学科采用不一样的教学方式,学生在达标后可以更广泛学习,学的宽一点、知识面广一点,积累到一定时候触类旁通,思维迁移,学生的创造潜能就可以发挥出来。因此"减负"不是简单地减少作业、减少学习,而是教与学的提质,转变教学方式,引导学生转变学习方式,学会学习,把学生从单纯钻知识牛角尖中解放出来,学会对知识的有意义建构,知识的能力化,善于解决学习与生活中的问题,有更多的锻炼和发展,尤其是他们解决问题的能力、综合能力和自学能力,让学生充满灵气,而不是把学生变成书呆子。把准学科教学核心,落实到课堂教学中,把教学的关注点从知识到能力发展,而不仅仅是把知识往深度拓展。腾出来的教育时间、空间,注重培养学生的学习习惯,教会一定的学习方法,培养学科素养,并逐渐丰富可供学生选择的拓展型课程。相信只要培养了兴趣、掌握了方法、养成了习惯,并不断丰富学生的学习经历,让他们有更多的生活体验,就一定会实现教育教学的高效、有效,一定能实现减负增效的目的。

1. 提高教学质量

"双减"政策下的课堂教学,应聚焦学科核心素养,更加突出学生的主体参与,转变学习方式,组织学生开展深度学习。近两年,在区教育局的引领指导下学校培育实践样态,推行项目学习设计。学校成为区种子实验校,组建了核心团队,完成了活动项目"一个乐园一座城市"、学科项目"课间十分钟 我的活动我做主"、跨学科项目"视错觉"，阶段研究报告《指向价值定位的项目化学习"选题"实践探索》，接受区级层面项目化学习开展情况走访调研。在项目化学习不断地循环研究的过程中，实验教师和孩子一起体验成功的项目化学习历程，掌握项目化设计的方法。我们也力求让项目化学习成为撬动学校课程、课堂、作业变革、教师培养的重要支柱，成为"主体教育"落地的新视窗、新载体。

2. 合理安排课程

为了让"双减"落地有声，我们结合课后服务的时间和每天的国家课程、校本课程，整体考虑，统筹安排，来满足学生的多样化、个性化需求。为学生特长发展提供指导和舞台，为综合育人提供载体，努力让课后服务平稳"着陆"。资源融合，长短课程让选择更灵活。学校研发实施以"夯实基础、兴趣拓展、特色发展"为目标的课后服务课程群，整合社会化优质教育资源和自研课程资源，建立了校微平台上的"课后服务资源课程库"，其中既有"源于生活，多样体验"的短周期课程，又有"特长发展，个性培养"的长周期课程，长短课程融合互补，既体现课后服务"五育"融合的价值导向，又最大限度满足学生的多样化需求。以月为周期的短课程有效实现"按月选择，动态调整"的选课模式，校微平台每月定时发布课程介绍，供学生动态选课，增强课后服务的吸引力。学生每月可根据自己的兴趣爱好更换选课内容，甚至一个学期可以广泛体验灵动又好玩的短课程。

3. 加强家校沟通

我们管理融通，三方端口让沟通更便捷。"校微智能平台"面向不同应用场景，打造学校端、教师端、家长端，为课后服务三大核心角色提供了数字化管理支持。三大端口，实现课程风采展示、签到考勤管理及双向互评等功能,增强了家校联系,画好家校共育的同心圆。每周线上还会定期推出"家长讲坛"动员令,线上报名,不同职业与阅历的家长充分发挥自身的优势和特长,走入校园、走进课堂、走近孩子,让课后服务更加立体多彩。

减负的校内课后服务是一项涉及众多参与主体的系统性、规模性的教育服务项目,学校将进一步完善"校微智能平台"课后服务管理模式,以实现学校、教师、家长间的互通互融的良好生态,让优质教育惠及每个家庭,让每一位学生都能在"双减"政策的阳光下健康而全面成长。

(二) 站在提质的高度去落实:提高作业质量

提高作业质量是直接关系到减负与提质的问题。历来不少著名教育家对教学中的作业问题有过经典的论述,比如,杜威主张以活动性、经验性的主动作业来取代传统的教材作业,提出了"从做中学"的教学原则,强调从儿童的现实生活出发,利用儿童游戏的本能,让他们在活动中学习知识。杜威指出"如果一个人在有目的的主动作业(不管是游戏,还是工作)中,应付各种事物的事实,扩大了兴趣,训练了智慧,这种人就最有可能避免在学术性的和远离实际的知识与呆板的、狭隘的、仅仅是'实用的'实践之间的选择。如果我们教育的组织能使儿童天生的主动倾向在做作业中得到充分的调动,同时注意到这种作用要求进行观察、获得知识,和运用建设性的想象力,那就是改进社会条件所最需要的教育"(杜威:民主主义与教育,人民教育出版社 1990 年版)。

作为学校管理者必须加强作业的管理。建立作业管理新常态是推进义务教育"双减"的主要任务之一。这就意味着学校要积极思考、统筹谋划;教师要主动而为、实干而行。

1. 管理到位，落实"四个一"

（1）一日一公示。各学科教师坚持在"深瞳优评"平台报备当日作业，经学校各分管行政线上审核通过后推送家长。学校严格控制好在线期间各学科书面作业总量，切实落实作业管理制度，做到"减负增效"。

（2）一月一研讨。各教研组每月开展一次作业教学研究活动，加强作业常规检查与管理，引领和指导教师规范作业教学行为。线上教学更是每周一研。

（3）一月一调研。学校每月深入一个年级开展教育教学调研督导，通过听评课、家长学生座谈会、作业备课检查等，了解"五项管理"落实情况，并根据调研现状完善学校作业管理制度。

（4）一学期一问卷。学校在期末对全校学生和家长进行"五项管理"问卷调查，通过收集信息、数据分析来调整改进"五项管理"相关措施，进一步落实"双减"政策。

2. 教研到位，强调"六个措施"

（1）作业设计，共研共享。学校以备课组为单位，聚焦核心素养，立足单元整体，分管学科教导带领组长及备课团队梳理每课时的知识点、能力点，进行集体研讨，备课组教师精心设计作业内容，并在组内共享。如一、二年级不留书面作业，主要开展"一项体育健身、一项静心阅读、一项植物探秘、一项劳动实践"的"四个一"实践活动，配套"千里之行始于足下"的综合实践课程内容。英语教研组依托"三新"联盟开展"双减"背景下的英语学科单元作业设计研究等。

（2）作业分层，循序渐进。教师坚持以生为本，尊重差异，对作业布置适当分层。作业一般包含基础过关、能力提升、探究拓展等不同层次，基础过关作业要求学生必须完成，其他作业可以让学生自主选择。

（3）作业试做，减量提质。为了控制学生作业不超过一小时，学校要求教师在作业设计与布置之前，由教师试做预估学生完成时长，并对题量和难度进行调整，确保作业难度与课程标准要求一致且数量适当，提高作业的针对性。

（4）作业评价，温暖走心。如果说作业设计研究是从源头上提高作业质量，那么作业评价与反馈则是从结果上减轻作业结果带来的心理负担。学校借助企业微信"班级群作业"小程序对学生上传的书面作业进行精批细改，还充分运用平台功能进行等第制评价：每张作业的图片上都有老师的批改符号，如勾、叉、圈、划，使学生看到红笔涂鸦，一眼就能明确自己作业的不足和订正方向。还有那可爱的卡通图形、"你真棒"的红笔点评，无不让孩子们感受到教师心中的关爱和鼓励。对于学习中困难点，教师常常辅以文字和语音说明，以便学生慢慢理解知识点的细节，从而有效完成订正；针对学生朗读、背诵等音频作业，教师则借助语音功能，通过录音上传点评语的方式对学生作业进行整体及个性化评价，及时肯定学生作业中的优点，指出作业中的不足，有的教师还会通过上传录音，为学生进行示范朗读。对线上批改、指导还无法解决的问题，教师会与学生约定时间，通过电话沟通的方式进行"一对一"的线上辅导。让作业反馈增加一种积极地心理体验。对于一些特殊学生，则采用面对面的个别援助。

（5）作业统计，个别辅导。教师注重课后服务的指导和巡视，并在16:30前做好作业的统计，指导、督促还没有完成的学生，基本做到学生书面作业不出校门。

（6）作业收集，错题巩固。学校要求教师精讲、精练、精批，特别关注学生共性的错题，教师根据"深瞳"大数据每月编制一份错题巩固练习,做好集中讲评,对学习困难学生做好个别辅导。

　　加强教学和作业管理是"双减"政策下,学校"提质"最重要的两个支点。做好"校内提质",需要我们有更多的"从0到1"的智慧,有创新、有突破,还要有"从1到0"的勇气,开放心态,再发展。在未来的教育教学中,学校将不断统筹校内校外、双向发力、综合施策,推进"双减"工作各项任务落实落地,促进学生全面发展和身心健康,走出真正能聚焦学生内在素养提升的路径,切实办好人民满意的教育。

第八章　学校所有学科都应有最佳的发展

一、学科特色建设：学科建设的重要路径

"学校所有学科都应有最佳的发展"，这是我在学校里经常提及的并践行的一句话语。

（一）学科建设是学校办学发展的主要支柱

学校学科的综合实力体现学校的办学水平。小学的学科（教研组）是学校教学、科研等的功能单位，是对教师教学、科研业务隶属范围的相对界定。学科建设是学校教学和人才培养的重要基础，是学校办学最基本的任务。学科建设是学校发展硬实力的主要路径，学校依托各门学科开展教育、教学，学校的学科课程教学是学校硬实力的集中反映，学科建设是学校发展目标的实现途径。学科建设是学校办学的基础，兴校之本，实现学校优质的支撑点，也是落实学校培养目标的基本途径。通过学科建设，构建丰富多元课程体系，打造充满活力的教师团队，丰富高效教学资源，开发优质多类型课程，提升学校办学品质。

(二)学科特色建设是学科建设的重要路径

学科特色发展应该与学生发展保持价值取向上的一致性。在学科建设理念的选择、建设事项的确定、教学改革举措的实施中应该表现出责任意识,将学校教育的使命融入学科建设的各项任务与工作之中,将学科发展理念内化为全体成员所共享,把学生培养好,这就是学科建设的最大的特色。特色不是奇、不是脱离教学最有价值的学生学习,搞一些偏门的"人无我有"。教学的重要基本规律就是遵循学生的身心发展规律,同时教学有着基本特定内容与相应的教学方法,不能随意违背。优质学校都应该有良好的学科教学水准,否则学校优质就无标准而言,一所学校连基本的学科教学都不能搞好,值得深思。当前我们的教育正专注于扩优提质。优质的学校是"让每一个学生得到最适宜的发展",名副其实的,而不是翻牌仿牌的虚假的名校。这就要求我们的优质学校必须以学生的发展作为价值判断的依据。优质学校不能哗众取宠,不是炒作知名度。优质学校必须以学生的发展作为优质的表征,必须建立在学校学科高质量的发展的基础上。

(三)学科特色建设能更优质地推进学科建设

学校学科特色建设是指学校通过一定的组织机制、组织制度、组织行为推进学科不断优化学科结构,凝练学科特色,发展学科优势,提高学科整体水平的发展过程。推进各学科的建设必须遵循规律,形成有效的、符合学科特质的、情境化(校本化)的具体学科建设经验,然后在这基础上获得学科建设的一些经验。我们认为学科特色是长期的学科建设过程中积淀下来的、为大家所公认的、独特的、稳定的、良好的发展方式。学科特色建设不是功利主义的特色，而是更优质地推进学科建设。

（四）学科特色建设能实现学校均衡发展

正确理解学科建设中的"特色"，厘清思路，才能明确方向。我们坚持学科建设上的整体取向。我们的学科特色建设的价值取向是在最基础的各学科上，发展凸显出来的，这才是我们的目标。每一门学科都有着其特定的教育价值，抓好每一门学科是为学生终身发展负责。学科特色建设旨在使学校所有学科都应该有最佳的发展，形成优势，提高质量，而不是以一门或者若干门的特色学科建设为目标的部分取向。同时，学科特色建设不是追求"特"而"特"，特色要有广泛的学校普适性的教育价值；不是追求"不同"，而是要在符合教育规律上做得更好；不是文字表述上的"特"，而是实践成果上的出色。学科特色建设是一种学科建设的策略，在学科建设中抓住关键，明晰突破口，从而取得学科建设的高效，并推动全校所有学科建设的均衡发展，实现"学校所有学科都应有最佳的发展"。

二、学校学科建设特色的建设

我们学校在推进全面学科建设的同时，加强了学科特色建设。我们以这样的路线图推进：剖析学科"最近发展区"；然后寻找学科建设突破口；在这基础上规划"学科建设"；全面推进与落实学科建设的实施；发现与总结学科建设经验；教研组确定学科特色建设的项目，并付诸实施。这个路线图显示了我们学校学科建设与学科特色建设的同步连续性。

我们在学科特色建设中主要抓了以下三方面工作。

(一) 明确了学科建设的三大任务

1. 建设好每门学科

着眼于学生终身发展,挖掘最能彰显学科育人价值的突破口,使优势学科的质量和数量都有所改善,铸就校内乃至区内品牌学科;使一般学科在其"最近发展区"内彰显成长性,凝练特色,最终提升学校学科建设整体水准。

2. 打造好学科团队

学科团队建设是"学科特色建设"乃至学校师资队伍建设的中坚力量,采取有力举措,依托学科专业委员会,培养富有师德高尚、业务精湛、富有创新力、引领力、凝聚力的骨干队伍,鼓励教师全员参与,助推"学科特色建设"进程。

3. 开展好教育科研

课题研究与"学科特色建设"相辅相成,依托课题研究,"教"、"研"有机结合,助力学科发展的合理定位、研究与实践及成果形成。每个学科开展一项主导性课题研究。

(二) 明确学科建设的主要标准与原则

我们在启动学科特色建设之初,组织教师讨论学科建设的基本要求,并在实践一段时间后,明确为学科特色建设的标准,以便引导教研组工作。

1. 学科特色主要标准

(1) 有明确的学科特色建设取向。
(2) 职称、年龄及能力结构相对合理,特长及骨干教师作用明显。
(3) 科学的教学管理体系。
(4) 有自我创新和培训机制。

（5）出人才、出成果，某方面具有明显特色或特长。

2. 优势学科主要标准

（1）有明确的学科宣言、学科发展目标。

（2）健全的学科结构，优秀的师资队伍。

（3）科学的教学管理体系。

（4）有自我创新和培训机制。

（5）出人才、出成果，在区域内享有较高的学术声誉，和竞争实力。

3. 学科特色创建的原则

（1）继创性原则。坚持继承与创新相结合，总结在教学实践中已形成的学科特色做法，用创新的视角发展特色。

（2）实效性原则。将学科的特色创建与教学工作有机整合，保证日常教学工作的有效开展，学科特色的创建应有助于教学质量的全面提升。

（3）精品性原则。树立精品意识，打造教学品牌，构建精英团队，形成优质教学资源。

（4）代表性原则。通过学科特色的创建，树立学校样本学科，以点的优势促进面的发展。

（5）参与性原则。鼓励学科教师广泛参与，促进教师个体能力的提升，加强团队建设，形成集体优势。

（6）开放性原则。彰显学科特色的创建过程，征得广泛的监督、指导与支持，保障学科特色的创建科学有序。

（三）基于分布式领导，强化学科特色建设

在学科建设中我们主要加强分布式领导，不仅注重校长在学科建设中的作用，而且更关注教师在学科建设中的作用。构建一

支富有责任感的团队,这是学科特色建设的组织保障。学科建设成功与否将取决于领导者能否挖掘出组织内部人力资源的潜力,教师领导力对于学校学科建设尤为重要。校长和学校的主要领导者对学校改进和学科建设具有十分重要的作用,但是教师领导力对于学校的改进与学科建设则更为重要。这就是我们学校学科特色创建的思考。

"领导力的范式转换",学科特色建设的领导力理论基础。我们秉承分布式领导理念,立足学科建设教学赋能权,打破以往行政领导与普通教师、骨干与非骨干、高年资教师与年轻教师之间的距离,以项目为驱动,让教师人人成为学科"领导者",发挥教师学科"领导力",开展学科特色建设。各学科都要根据学校要求,认真制订学科建设计划,做到目标明确、任务清楚、措施得力、落实到位,并有计划地开展实施,在这过程中也培养与提升了教研组长的领导力。高效能的学科建设的领导力通常不只是局限在学校高层管理团队或者教研组组长,而是扩展到教研组的全部成员当中。

我们以"学校分布式领导力"为基础,以"学校所有学科都应有最佳的发展"为理念,推进学科特色建设,提升学校课程教学品质。在这个过程中必须坚持"领导力的范式转换",进行管理创新。

三、"教师成长营"学习共同体

(一) 转变"工厂型学校",走向"学习共同体"

教师的发展需要良好的生态滋养。教师发展生态营造中,建构多元的教师学习共同体是有价值的举措。

"共同体"(gemeinschaft)这个概念由德国社会学家滕尼斯

1887 在《共同体与社会》一书中首先使用。"gemeinschaft",英语"community"意为团体、集体、社区、共同体等。滕尼斯使用"共同体"这一概念目的在于"强调人与人之间的紧密关系、共同的精神意识及对'共同体'的归属感、认同感。"现在"共同体"与"社区"常被交替使用,被赋予"为了特定目的而聚合在一起生活的群体、组织或团队"的意义。"共同体"意蕴着生态社区,关注着其成员的关系与状态的良好。

传统学校存在着"工厂型学校"倾向,这是在"效率主义"和产业主义思潮的影响下形成的,把工厂企业的生产与管理的原理引进学校的组织与运作,借以提升学校办学"效率"和教育"效益"。这种"工厂型学校"是非生态化的,通过学习共同体的建设,促进学校向生态型学校转型。在知识经济社会到来之际,出现了"学习型社会""学习型社区""学习型家庭"等各种学习共同体。在教育界在20世纪90年代也重视"学习共同体"。博耶尔(Emest.L.Boyer)在《基础学校:学习共同体》(*The basicschool: a community of learning*)的报告中认为,"学习共同体是所有人因共同使命并朝着共同愿景的学习组织,其成员有共同的方向和学习的兴趣,共同寻找通向知识的旅程和理解世界的运作方式,朝着教育这一目标相互作用和共同参与"(屠锦红:"学习共同体":理论价值与实践困境,当代教育科学2013年第16期)。加拿大教育学家迈克尔·富兰(Michael Fullan)也同样呼吁,要"把学校从一个官僚主义的机构转变为一个兴旺的学习者的共同体"(迈克尔·富兰:变革的力量——透视教育改革,教育科学出版社2004年版)。

我们认为,"学习共同体"是以学习为价值基础,在学习中发挥群体动力作用,以完成共同的学习任务为载体,通过学习交流与沟通促进成员共同成长的群体集合。这是以知识建构与意义协商为内涵的学习的平台。学校重视教师学习共同体的建设,学校教师学习共同体具有下列特征:① 学习主体性,这是以教师作为学习者为主体,是教师学习与发展的内在动力;② 学习开放性,通过多种路径与形式学习专业、学习文化,提升素养,把握人类文明成果;③ 学习一致性,共同的学习活动由共同学习目标导向,合作与自主统一。我校的共同体名为——"教师成长营",这是全校性的。我们又分别根据教师发展与学习的需求,成立"青年教师工作坊"与"班主任研究营"。我校的教师学习共同体突出了信息交流功能,共同体成员进行群体交流、与辅导者交流,同时又与同伴进行交流和合作,共同建构知识、分享知识。在沟通交流中,教师可以获得不同的信息,理解从不同角度考量问题,也会反思自己的观念,重新建构自己看问题的思路。在学习共同体实施过程中我们建成各类研修团,如"教师读书俱乐部""青年教师工作坊""名师顾问帮学团""骨干教师研训团",开展名师模仿、技能培训、理论培训、案例研究、专题研究、行动研究等。同时以校本培训及研究为载体,通过各类活动为教师搭建展示平台,推出学校优秀教师,提升教师知名度,让教师体验成功,感受成长幸福。

  我校开展学习共同体注重学习活动的交互工具与交互过程。学习共同体的学习活动需要一定的交互工具作为支撑。为支持学习共同体持续的交流协作活动,学校与学习共同体自身需要为共同体及其成员提供有力的交互工具,首先是提供网络学习的支持,我校为教师提供"知网"平台获取信息,为教师通过纸质的书刊,引导教师深度学习,促进教师积极主动的专业知识建构;其次,强化网络环境下的交互活动模式,这包括界面友好的沟通工具(如微信群、电子邮箱、功能不同的BBS、视频会议室等)、协作工具(如虚拟白板,应用软件共享等)、个人主页空间、讨论会、主题论坛等。借助这些交互工具,使成员的学习、讨论等更容易得到分享、共享,也容易获得反馈与质疑,促进自身反思。

　　学习交互过程是实现共同体学习目标的要义所在。教师要围绕所确定的学习目标及内容展开交互活动,成员之间的交流和分享学习的经历与经验,学习的感悟与践行。我们也鼓励共同体成员在学习中讨论,在讨论中对话,提出问题,提出观点,质疑与反驳,更鼓励学习与实践相结合,提出教育教学中所遇到的困惑,提供有关的案例并展开讨论,从而激发他们的信息搜索、分析和综合等教育思维活动。我们提倡学习交互还要重视实践中的学习,通过对具体的教育或教学任务、课题研究问题中的实际问题进行学习,引发共同体成员主题学习,促进他们向学术性实践发展。借助学习共同体的共享学习,促进了学校的"和合"文化下的共享教学,这是一种对传统教学的重构,强调从教师为中心转向学生为中心,从以教为中心转向以学为中心,从单向接受转向多元互动。共享教学提升群体智慧,克服群体的智障,为学生创设具有高度群体智慧的学习环境。共享教学在学习共同体的支持性,实现开放式教学,课堂的开放、学校的开放,使学校教育面向生活、面向社会。

(二) 学校学习共同体的建设

　　我们学校教师学习共同体的建设分为两个层面推进,即全体教师大学习共同体、部分教师小学习共同体。前者是由学校组织全体教师参与的学习共同体,通过每周固定的学习时间,组织学习、相关学习讨论交流以及专业活动等旨在面向全体教师,提高教师学习能力与专业能力。后者是针对学校教师发展中关键问题,即青年教师与班主任。通过组织"成长营"增强这两类教师的发展愿望、发展能力,特别是教学能力与实践能力。

学校学习共同体建设中我们着力明确教师的发展方向,促进教师自主发展。我们的基本要求如下。

1. 明确"教师学习共同体"的目标

学校教师学习共同体建设的目标是建立"教师工作坊"学习共同体,以名师带动全校教师的专业成长,为教师专业发展创设良好的氛围,从而建立一支钻研型、创新型的民主、和谐的教师团队,实现各层次教师的专业持续发展,创造共同成长的一种教师发展生态。

2. 确定"教师学习共同体"发展要求

每位教师参加一个教育研究团队,每学年开展一个教育专题研究。以项目领衔的形式,教师自愿组成研究团队,团队成员在专家、名师或领衔人的引领下学习新的教学理念,结合工作实际,合理地运用专家经验,依据专家指点、尝试实践,反思修正,形成具有自己特点的教学风格。通过团队研究强化教师群体间的专业切磋、协调、交流与合作,共同分享经验,互相学习,彼此支持,共同成长,达成共同愿景,能形成3~4个区级优秀教研组。

3. 明确教师分类行动要求

分为职初教师(3年教龄内)行动要求、校能手行动要求、校骨干行动要求及区骨干教师行动要求4类。

(1) 职初教师(3年教龄内)行动要求:"六个能",站稳脚。

1) 能熟记学校各项规章制度,理解教师职业道德规范,形成规范行为。

2) 能熟知课程标准和教学基本要求等,掌握学科专业知识和教育理论知识。

3) 能练就教学基本功,练好普通话、粉笔字、钢笔字、学会说课评课,将信息技术融入教学。

4）能按要求完成备课、上课、辅导、批改作业、考试等教学常规工作。

5）能依据学生的心理发展开展班级活动,具有管理学生的能力,在带班(带队)过程中能激发学生的自主性,顺利地承担班主任工作。

6）能以优秀教师为行为榜样,通过拜师学艺实现由师范生向教师角色的转变。

(2) 校能手行动要求:"六个钻研",成能手。

1）钻研现代教育理论和主体性教育理念,勇于思考和实践。

2）钻研学科课程标准和教材,在教学方法、教学策略上形成一定特色。

3）钻研课堂教学,积极参与各项教学交流观摩活动,推广教学经验。

4）钻研教育教学得失,善于反思和总结,撰写有质量的教学案例和教学故事。

5）钻研课改难题,能独立承担课题研究,取得科研成果。

6）钻研班级管理和学生活动组织的策略与方法,能带领班集体(学生团队)开展各项活动,取得成绩。

(3) 校骨干行动要求:"六个善于",成校骨干。

1）善于用现代教育理论和主体教育理论指导教学实践,进行理论创新。

2）善于教法设计和学法指导,上观摩课、推门课,构建自身经验体系,形成自己的教学特色和风格,成为学科教育骨干。

3）善于对学科教学提出自己独特的见解,撰写高质量的教学案例、教学故事和论文。

4）善于开展课题研究,能带领其他教师形成研究团队,取得校级及以上科研成果。

5) 善于带教,能在教师群体中开设专题讲座,带教教师能在教学业务评比中取得良好成绩。

6) 善于掌握学生学习的认知规律,知道如何激活学生思维,开展和推动学生的学习(兴趣)活动,取得显著成效。

(4) 区骨干教师行动要求:"六个敢于",成名师。

1) 敢于形成自己的教育理念,能高屋建瓴地审视教育教学问题,对教育问题有深刻的理解和感悟。

2) 敢于在教学研究和实践上不断创新,上优质课、示范课,争取成为区学科带头人。

3) 敢于在学科教学方面自成风格,指导其他教师的教学,得到大家的认可和认同。

4) 敢于挑战教科研难题,带领教师群体攻克难关,取得区级科研成果。

5) 敢于自主开发课程,编写课程方案和学习材料,成为课程的开发者、实施者和评价者。

6) 敢于发现和利用课程资源,带领学生开展拓展性和探究性学习,学生在探究活动中获得收益。

4. 分类要求实施的主要做法

1. 聚焦"全员成长梯"建设,持续提升教师专业水平

(1) 在保持教师队伍稳定发展的基础上,进一步深化学校师资队伍建设,为不同层面教师的专业发展设计更精细化的指导要求。实施聚焦各层面教师(骨干教师队伍、青年教师队伍、非骨干队伍、新教师)的策略。

(2) 聚焦信息化素养,开展校本培训。在"减负增效"和学生"自主快乐同成长"的理念指导下,聚焦"主体课堂",结合学校已有

信息化媒介的深度运用,引导教师进一步掌握信息技术应用的理念,并着重进行课堂实践研究。

(3) 梳理学校常态化培训经验,优化教师培训。向全体教师明确培训目标和具体任务,顺利开局。学校为教师们创设专业培训的机会和平台,鼓励老师们走出校门,参加国家、市区、集团等不同层面的培训,拓宽自己的视野,提升自己的专业水准。继续关注各类教师的市区级培训,如区各类骨干教师培训班、区青年教师培训班、区考研辅导班等,在实践中获得专业提升。

2. 建构全体教师发展的良好生态

(1) 改变以往"老带新""一帮一"的传统模式,发挥组员的各自所长,集合大家的智慧,在团结中协作,在协作中思维碰撞,促进所有教师的专业发展。为教师搭建一个风格化成长、个性化成长的平台,让每一位教师不但成为学校的名片、学校的品牌,更是成为自己生命的品牌,让"为自己生命闪光"的意识植根于每一位教师心中。

(2) 两个"特聘"丰富教师发展资源。

1) 特邀专家团队。特聘市区教研员带教指导骨干教师,每学期上门指导,跟踪带教,展开三级带教模式。每学期邀请市级专家为教师作专题讲座,提升教师专业素养。

2) 特聘学科基地。依托市名校优质资源,组织骨干教师挂职学习,观摩市区学校各学科优质课、研讨基于课标评价经验,提升课堂质效。

一月一特色,创设教师发展的开放宽容环境。每月推出一位特色教师或是一个特色团队,进行全方位展示,内容包括个人成长介绍、课堂教学或是班主任工作专场,形式可以是上课、讲座、沙龙以及才艺展示,一年推出 6~8 位教师或团队。

(三) 着力"成长营"建设,创新教师发展新路径

创新教师发展新路径,构建起青年教师成长营、骨干教师发展营、班级管理修炼营、项目学习研究营,教师专业发展的有效途径,旨在从教师成长规律出发,以更优的途径、更好的模式,为各年龄层教师提供专业发展的平台、搭建专业成长的舞台、铺设专业提升的秀台,打造一支师德高尚、格局开阔、专业精进、综合能力强的青年、骨干教师队伍,在学校教师中发挥引领、示范和辐射作用。

我们结合区新一轮教师人才梯队建设实施工作,学校广泛动员教师积极申报,现学校有区骨干教师、区教学能手近20人。我们为使教师对新课程标准有更完整、更深刻的认识,学校以区教学评比为契机,青年赛课,提升专业技能。我们通过"青年教师成长营",广泛开展"六中心杯"青年教师比武活动,组织青年教师开展说课、备课、上课等专项技能比赛,在此基础上推优参加区级比武。通过"课堂教学比武——聚焦新课标,探索新课堂""教学案例——课标解读促成长,赋能育人明方向",以及邀请业内专家到场把脉,倡议校内教师积极听课评价,不断提升课堂教学水平,为青年教师铺设施展才华的舞台,促进青年教师的专业发展,培养发现优秀青年教师,努力培养各科教学能手、教学骨干,为学校的可持续发展提供人才支持。在此基础上推优参加区级比武,青年教师倪俏老师在区比武中获得三等奖。

为了进一步促进青年教师发展,让每一位青年教师在展示自我中得到锻炼提高,促进全体教师专业化成长,优化学校教育教学品质,促进教育教学高质量发展,教导处组织以"青年成长营"教师为主组织青年教师开展了"聚焦新课程,探索新课堂""六中心杯"展示周活动。展示周活动中,青年教师积极参与教学案例撰写、课

堂教学比武等活动，在忙碌中深入了解教学改革的新动向，掌握新课标下教学理念的变化，领悟教育教学的新方向，提升驾驭新课标的能力和水平，获得有益锻炼。为了促进青年教师的专业发展，努力培养各科教学能手、教学骨干，为学校的可持续发展提供人才支持，学校邀请业内专家到场把脉，倡议校内教师积极听课评价，为青年教师发展提供了平台。

我们学校着力建设"班级管理修炼营"以期提升班主任工作能力。班主任是班集体的领导者、组织者和管理者，是学校领导者实施教育、教学工作计划的得力助手。班主任在学生全面健康成长过程中起着导师的作用，并有协调各科的教育工作和沟通学校与家庭、社会教育之间的联系的作用。现在学校中班主任大多很年轻，缺乏班主任工作经验。因此加强职后的班主任培训的重任落在了学校。我们建设班主任成长营旨在提升作为学生健康成长的引领者的班主任，实施好日常思想道德教育和学生管理工作，努力成为学生的人生导师。

打造班主任"班级管理修炼营"团队，推进专业化发展。"班级管理修炼营"加强班主任团队的思想教育、职业道德教育，引导他们进一步增强职业道德观念，切实转变工作作风。加强青年班主任和班主任后备力量培养。开展班主任师徒结对活动，进行职业规划教育，促进青年班主任的成长。

借助中国教师教育视频网平台资源，结合每月研修主题，在全体班主任中开展"两学一做"班主任素质提升系列活动。即学习班主任职业素养、学习班主任专业技能工作策略，做合格＋优秀的班主任，不断提升班主任专业化水平。一是推荐中国教师教育视频网班主任职业素养和专业技能精品课程供全体班主任学习，通过发起"微话题讨论"、撰写学习心得、记录学习笔记等形式落实学习效果;二是围绕"两学一做"开展系列活动。

学校"教师成长营"建设的主要策略如下。

1. 分层建设教师专业成长共同体,着重夯实教师培养计划

在保持教师队伍高位稳定发展的基础上,进一步建立学校师资建设品牌项目"教师专业成长体",为不同层面教师的专业发展设计更精细化的指导要求。

(1) 以"凸显地位、承担责任、群聚效益"为主要策略加强层级骨干教师队伍建设。借助区内各类骨干教师工作平台,鼓励高端教师参与区域工作室建设,区域学科培训与教学指导,市区级各类课题立项与评审活动,"三新"联盟学科沙龙活动,以及在师徒带教中反思和改进。开展"树人"讲堂交流活动,为骨干教师们搭建展现风采的舞台,为全体教师搭建共同学习分享的空间。

(2) 以"目标引领、创设平台、形成特色"为主要策略加强青年教师队伍建设。借助区内骨干培训班和联盟工作平台,鼓励青年教师不断提升理想信念,积极参与区域(联盟)学科教研公开活动,区级各类课题立项与评审活动,以及在师徒带教中进一步获取经验和提升专业本领。我们以"晨曦工作坊"为学习平台,以"合作共进",开展青年教师比武、科研专项培训活动等,为青年教师搭建锤炼自我的舞台,解决青年教师开展教育科研与撰写论文的实际困难,培养善教学、能科研、会撰文的研究型教师队伍。

(3) 以"尊重个性、激发内需、稳重求进"为主要策略加强非骨干教师队伍。借助教研组力量,鼓励非骨干教师在组内学习主体互动课堂理念,鼓励其参与备课指导、抱团研课、课例分享、作业设计分享、质量分析等,激发其内需力。

2. 积蓄能量,整体提升教师专业能力

(1) 重视教师在教研组中的能量获取。2022—2023学年下学

期继续在"基于核心素养的学科特色建设的行动研究"课题引领下,通过教研组重心下沉,围绕"主体和合课堂"的推进为核心,重点开展基于日常教学问题研究的"教学研究课",开发教学智慧、共享教学成果,着眼教学持续改善的"循环课例"等,自然引发教师研修方式的变革与创新。每月推出一个教研组在校级及以上层面做主题教研展示汇报,分享研究成果。

(2) 重视项目研究在教师群体中的引领作用。2022—2023学年下学期结合"数字教材平台应用""作业备案设计""项目化学习设计""小学体育兴趣化研究"等市区项目,开展以教研组为单位的主题校本研修,以项目团队为核心的展示活动,使得教师培训落到教育教学实处。

(3) 重视教师在各个层面的培训。学校为教师们创设专业培训的机会和平台,鼓励老师们走出校门,参加市区、联盟等不同层面的培训,拓宽自己的视野,提升自己的专业水准。我们关注各类教师的市区级培训,如区各类骨干教师培训班、区青年教师培训班、区考研辅导班、教师素养研修班等,在实践中获得专业提升。

四、科研大讲堂,提升实践性学术水平

学校以"科研兴教、科研兴校"为指导思想,服务于学校创建优质学校,营造"和合"生态型学校,以提高教师教育、教育教学能力和促进学校发展为目标,加强教育科研力度,增强学校发展的内动力,建设"问题导向、理论引领、实践推进"的科研机制,健全学校科研制度,强化全员科研意识,在实践中研究,在研究中实践,形成教师人人参与研究,人人会研究的局面,从而提升教师的教育科学精神、科学态度和科学研究能力,推动学校教育科研发展。

(一)"两个增强、两个正相关"

我校多年来连续有四项市级、三项区级重点课题以及其他市、区级课题二十余项,形成了教师群众性科研与学校重点项目突破相结合的局面,全体教师积极参与,科研骨干队伍增强,学校与教师获得市、区科研奖项不断增加。学校的实践性学术能力不断增强,学术性实践能力也不断增强。这两个"增强"同学校积极开展教学科研呈现正相关,与学校良好的教育科研生态呈正相关。

我校"两个增强、两个正相关"实现的主要措施如下。

1. 着力开展学校素质教育实验项目

以学校行为组织和推动学校统领性课题与项目,制定项目方案。注重项目对学校发展的引领,注重项目对教师发展的促进,注重项目对学生成长的实效。2023年立项的上海市教育科学研究项目"指向社会情感能力的小学低年级综合实践活动课程建设",2022年虹口区重点教育科学研究项目"基于习近平生态文明思想,创建'和合'生态型学校的实践研究"。

学校加强对课题项目的领导和管理。按照项目方案建立项目小组,项目小组负责本项目的方案制定、学期计划确定、项目研究与实施、项目管理。组织全校教师参与本项目研究和实践,按计划推进,高质量完成本项目。

在项目实施过程中,我们注重研究过程与研究质量,注重理论与实践结合,在理论指导下实践,在实践基础上提升经验。以关注研究过程为策略,提高教师的教育科研能力,有效转化科研成果。

在学校统领性课题引领下,每月推出一个教研组(数学、道德与法治、音乐、语文、英语)在校级及以上层面做主题教研展示汇报,分享研究成果。校长室将继续带领课程教学部、科研部、教研组,聚焦"双减"开展月调研督导,引领每一位教师全面探索学校基础型课程校本化实施的路径,课堂力求体现"课程思政"的思想,全面落实各个学科"主体和合课堂"的校本实践。

我们学校在科研项目上、人员安排上实施开放性制度安排。语文、数学、英语学科继续借力联盟开展主题研修,英语学科参与院校合作项目"促进小学生英语学科核心素养养成的学习活动设计与评价研究";语文学科参与"小学语文中高年级单元评价设计"项目研究;数学学科参与"单元作业设计"项目研究。

2. 全面推动群众性科研,形成人人有课题的局面

我校鼓励教师根据自己的教育、教学的实际、或学校统领课题,提出有关的课题,也可以结合教师各自的教育教学提出小课题,进行各级各类课题申报或者确认自己的研究课题,逐步形成教师人人参与科研,人人有课题的局面。支持教师申报科研成果,比如2023年申报7项科研成果,其中学校管理1项、德育1项、课程教学5项。学校建立了表彰制度,对积极投入教育科研,并取得科研成果的教师给予积极的奖励。

我校提出教师教育科研重在与教育、教学相结合,从工作实践中提出需要解决的研究专题,注重应用性研究,运用科学研究的方法,探索教育与教学规律,提高教育和教学的实效性。

我校积极开展学校课题、个人微课题的研究与实践,科研部依据梳理的学校教育科研信息基本情况,就目前已经立项、即将结项或预备立项的项目学期初邀请专家指导,学期中有科研部牵头开展校内过程性积累,以研究项目为单位开展小微研究。

3. 完善教育科研发展的保障制度

建构学校新发展背景下的六中心小学教育科研新机制,制定了《虹口区第六中心小学科研工作规程》,强化科研工作"目标管理

明确化、过程管理有序化、研究指导有效化",保障教育科研可持续发展。新机制具体如下。

(1) 规范课题的申报、开题、结题的管理工作,形成学校自己的制度体系。

(2) 做好教育科研的成果培育和科研成果推广工作,保证教育科研的有的放矢。

(3) 提高教育科研的参与度,提高教育科研的整合力度,依照"分层管理,分科突破"的研究原则,充分发挥课堂教学主渠道作用,提升教育科研的信度水平。

(4) 关注课题的过程管理,做好已有课题的实施研究推进工作。

(5) 进一步强化科研辅导制度。根据学校科研工作需要,学校组织资源,对全体教师进行科研培训,纳入师资培训计划,开设科研方法指导专题讲座,学习教育科研方法和理论学习,提高教师科研能力。聘请专家对学校与教师承担课题进行指导,结合教师课题研究的实际,进行教育科研方法运用、课题立项与总结等指导,帮助教师顺利结题,提高教师研究能力。

(二)"科研大学堂"

我们学校在抓教育科研中有一项切实有效的举措,就是"科研大学堂"序列培训。这个举措旨在增强教师的科研意识,转变教师科研观念,同时增强教师科研能力,掌握科研规范。科研不是为了科研而科研。教师对科研不应有畏难心态,通俗讲,什么是教育科研? 就是动动脑筋上好课,动动脑筋教育学生。"动脑筋"这3个字内涵非常丰富,不同层次、不同教师会有不同的理解,不同的行动。可见"动动脑筋上好课,动动脑筋教育学生"确实起到触动教师参与科研的作用。"动脑筋"就是学校提倡的教师"实践性学术与学术性实践"即无论在专业理论上,还是业务实践上都要思考、探究。

我校以"科研大讲堂"为主阵地,从课题申报、课题研究、论文撰写等多方面,开展普适性、针对性的教师教育教学科研培训、研讨,推动教师专业素养的进一步提升,培养科研型教师。

"科研大讲堂"的开设行动主要有4个方面。

(1)问需于师,设计调查问卷。通过对教师的调查问卷,征询教师对教育科研的认识、需求。

(2)制定方案,实施有效培训。邀请市区级专家进行序列化专家讲座、沙龙研讨、一对一辅导等,对教师选题能力、搜集信息能力、研究设计能力、组织实施能力和总结写作能力进行多方面的深入指导。

(3)利用资源,支持教师研究。走进名校,走近名师,以现场课堂教学、教学研讨、网络互动等形式,支持教师做教育教学研究。

(4)成果转化,凸显研究成果。进一步利用各类教育教学杂志资源,鼓励教师有效利用校内刊物,发表、出版研究成果,为教师研究服务。

通过"科研大学堂"序列培训,改变了以往教师教育科研培训零敲碎打的局面,把科研培训以"大讲堂"的方式进行预设,以教师需求为培训出发点,激发教师在教育教学中发现问题的热情,培养教师解决问题的能力。

(三)校本专题研究,实施"三化"策略

教育科研引领教师专业发展。学校通过实施"三化"策略,让研究达到"教育科研常态化、教学研究科研化、教科研训一体化"的

理想状态。把教育科研下嫁于常态的教学研究之中,把常态的教学研究上升为科研的高度来实施,对教研、科研和培训进行高度融合,形成浓厚的教科研氛围,让教师人人有机会开展自己的教育教学研究,解决自己的教育教学问题,发表自己的教育教学研究成果,改善自己的教育教学实践,形成自己的教育教学特色(主张),实现"科科有课题,人人有专题,人人有成果"的研究目标。

课题引路:积极推进校本专题研究,以教科研促发展。坚持"立足课堂,营造特色,提高质量"的原则,以"数字教材平台应用性"课题研究为主,瞄准教科研研究的重点、热点、难点,充分挖掘提炼。在课题研究活动中,充分发挥骨干教师、教研组长、课题组成员在教研方面的核心带头作用,相互学习、共同提高,活跃我校的教研气氛与提高我校教研水平,为校本研修增添新的活力。本着"研教、研训、研修"相结合的原则,采用"请进来、走出去"的方式,加强教育科研培训,提升教师教学科研能力。认真落实课题申报工作,使课题研究在原有基础上数量与层次都有明显提升。强化课题研究的过程管理,重视课题研究的总结、鉴定和成果推广工作,积极引导教师借鉴各类优秀成果,并将已有的研究成果转化为现实的生产力,加快学校优质化发展。本学期两个课题立项为区一般课题,一个课题立项为区青年课题。

围绕教育科研,教师要针对性地进行业务学习和经验的积累,探索"生活、学习、活动、管理、评价"5个方面的自主教育,不断积淀、培厚底蕴,尽快从实践到理论,从理论再到实践的过程中,转变教师观念,不断强化自主意识,在"自主教育"实践中总结经验,提升素质,自我发展。

第四编

学校文化与赋能管理

第九章　学校的文化领导
——打开一扇窗

一、"和合学校文化"的传承与创新
　　——传承学校主体文化　创建生态型学校

（一）学校文化的传承演变

学校文化是在学校中形成的特殊文化，是由全体师生在学校长期的办学实践过程中积淀和创造出来的，并为其成员所认同和遵循的价值观、精神、行为准则及其规章制度、行为方式、物质设施等的一种总和，其本质意义在于影响和制约学校内成员的发展。我们六中心小学的"和合"文化就是一个学校文化不断创新的过程，也是学校德育、课程教学、管理不断发展过程中学校文化逐步演变的过程。本书在关于学校"五育"并举的办学实践基础上，从对学校文化的层面上至关重要的学校主流文化、学校组织文化与校长文化3个方面入手，已做了理性思考与阐述。

传承学校文化需处理好继承和创新的关系、校本文化和外来文化的关系及多元文化与主流文化的关系这3种关系。对这些关系的不同理解与践行，形成了学校间的种种文化差异。我们学校之所以有着良好的发展，就是师生们一致在积极地进行着学校文化创新。对于一个学校领导者来说，在学校文化创新过程中传承什么、创新什么必须时刻用心。我们学校面临着新机遇、新挑战，需秉持学校文化主线的演绎，聚焦于学校生态丰植，在学校文化继承中发展，在学习文化发展中创新。

20世纪90年代，我校以德育最优化整合为特征推进学校德育。经过实践，在学校的层面上初步解决了如何在德育的管理、内容、方法和途径等方面进行最优化整合，明显提升了德育的实效性。在"德育最优化整合"中学校形成了"主体性德育"的命题，主要解决从外部实施德育整合时，探索受教育者内部的主体激活。学校德育融于学校整体教育之中，具有灵魂的引导作用。而教育的职能就是要激发学生主体所蕴藏的内在潜力，使学生主动性、自觉性、创造性的主体精神得到弘扬，让学生的知性得以发展，德性得以提升，从而迁移影响到个性的健康发展。学校教育最终目的是让学生从受教走向自教，从他律变成自律，使学生学会适应社会，懂得如何发现自己、驾驭自己，成为符合社会需要的主人。为此，学校进入了主体性教育研究阶段，向建构"主体性文化"提升。

学校的主体性文化强调了学校学生主体的生命性，弘扬师生"自律、自学、自强、自励"精神，培养"四自"的学生。"主体性文化"强调以学生发展为本，在教育过程中引导学生主动参与教育教学及实践活动，提升学生个体的自我教育能力，满足学生的选择性发展需求，促进学生的全面发展，让学生在参与活动的过程中发现自我、发展自我、教育自我、实现自我。学校经过多年的实践与研究，提出了具有校本特点的"四自主体性教育"模式，即一个基础，以"主体意识——人文精神"为基础；两个要素：独立人格和自主能力；三个关键：需要、体验、践行；四个途径：自律、自学、自强、自励,总结与阐述了学校主体性教育操作体系,积极推进了素质教育的实践。

一所学校要走出自己的办学之路,必须具有文化主体性。文化主体性是文化自信的前提,文化自信来自我们的文化主体性。我们学校数十年来在办学传承中,始终保持着学校文化的连续性与创生性,形成多元和谐的"和合",呈现学校文化生活的共同性、融合性和向心的主体性。学校的优秀传统文化滋养着学校的不断发展,更加巩固了学校文化主体性。有了学校文化主体性,全校师生就有了学校的认同感与坚实文化凝聚力,在发展迅猛的教育改革中把握科学的办学主旨。

在办学过程中,我们坚持学校文化继承与创新,弘扬主体性文化,不断从多元视野丰富其主体性内涵。从生态文明高度上,以教育生态观建构学校教育实践形态,从生态哲学视角上强化"以环境增强主体、以主体优化环境",优化学校教育生态,并以此滋养、支持学校教育。由此学校从"主体—环境"双向建构上,从"主体教育实践"到"师生自主快乐同成长"超越,使学校文化发展到新的阶段——"和合"文化。学校的"和合"文化意蕴着办学"要素—结构—功能"的和合,强调学校中生命主体—教育环境的和合,关注学校与家庭、社会的和合,从而建构和合的学校教育生态系统。

"和合"文化之所以会出现在我们学校,并不是偶然的,而是必然的。我们从外部的"德育最优化整合"中,看到了"德育最优化"以及所隐含的"促进主体发展"的本质,把"主体性"推展到整个学校教育,形成了学校"主体性文化"。在学校教育过程中,师生关系是"双主体"的关系,既要强调学生是受教育的主体,又要强调教师是引导学生发展(教育)的主体,因此,我们也越来越认识到:仅仅发挥学生的主体性,如果没有教师主体引领作用的发挥,学生的主体性是难以得到张扬的。教师也应该成为教育教学的主体。正是基于学校主体性文化,学校提出以"自主快乐同成长"为主旋律,关注师生共同发展。在这基础上,又从"主体—环境"活动的生态学视野上,继续创新学校文化,从中国优秀民族文化传统与现代科学理论的结合上,提出了"和合"学校文化。学校的"和合"文化强调了"自主快乐同成长"的办学理念,"五自"的育人目标,以及"诚信待人,认真做事"的校训,以及"五育并举—家校共育"的实践形态。一路走来,学校文化的更新与优化是一个继承与创新交相辉煌的过程。

当时学校搬迁到新校舍,学校面临着发展的优势与新的机遇。一是师生主体性凸显,形成"三自(自我管理、自我服务、自我教育)","三全(全员参与、全过程渗透、全方位展开)"德育工作新格局;二是学校整体性变革实践扎实推进,主体性德育发展良好,课程建设已具规模,学校育人环境优化。校长到教师的教育理念有了明显转变,每项工作都呈现出责任人的智慧与风格,创造与活力,每一层面的人在实践变革中增强了责任感、主动性、发展内驱力;三是学校外部氛围良好,关系和谐,完善了纵向贯通、横向家校、社区同步的教育机制,为学校教育活动注入了活力;四是学校文化前瞻性提升,学校自主发展的内驱力与变革能力不断增强,为我们进一步发展积蓄了重要的内部力量。在这样的学校现实条件下提出了生态文明下的"和合"学校文化,已是顺理成章的。以生态文明思想引领,主体与环境互动建构学校教育生态水到渠成。"和合"学校文化为广大师生认同,在教育发展的新机遇与学校发展扩优提质新挑战下,建构与发展"和合"学校文化成为学校选择的必然。学校文化并不是贴在墙上的标语,而必须通过实践落实到学校办学的各项工作之中。于是,作为校长,必须进行战略规划,明确"和合生态型学校"创建,以学校战略实施举措推进学校文化建设与"五育"并举的办学。

(二) 学校文化的创新

"和合"学校文化应运而生,是顺应教育发展的大势,是天时、地利、人和的结果。校长必须真正认识到文化作为学校最终竞争力的意义。校长必须首先带头尊重学校文化,不能随意废弃学校原先的文化,来个"新官上任三把火"。学校的变迁总是有着历史的印痕,有着文化的积沉,有着学校生态的制约。校长对学校的文化要有谦逊的态度,认真学习与梳理,对于学校文化善于扬弃,不断更新与发展,赋予新的意蕴,丰富其内涵。

学校文化是学校的成员依据自身和学校组织特点,在长期的实践活动中形成的能约束师生的思维与行为、凝聚师生归属感、激发积极性和创造性的共同的理想信念、价值观念、历史传统、道德规范和行为准则等精神因素的总和,其核心是共同的价值观。学校文化要适应学校的发展,要为教育教学服务,就必须不断创新,以新的文化理念、文化形式,提高办学效益。

学校文化必然反映在学校的制度上。学校不是简单地制定一系列关于教师、学生、教育等规章制度,把学校制度的改革简单化。现代学校制度的建设中必须确立有利于师生创新精神与创新能力培养的制度,使这些制度成为学校文化的重要组成部分,并且形成学校创新文化,引领学校制度创新。学校的办学宗旨、培养目标的实现依靠学校文化来加以保证,正是在学校文化创新中营造"和合"文化,全面推进五育并举的教育。

在学校文化创新中,校长要把握好文化创新与教育创新的关系和理论创新与实践创新的关系这两个关系。

1. 文化创新与教育创新的关系

学校教育创新的前提——学校文化创新。文化创新是学校发展的原动力,只有学校文化不断发展,成为学校教育创新的观念导向、行动指南,学校办学才能获得文化的支撑。学校文化是学校教育发展的土壤。学校教育创新需要学校文化创新的支持,形成鼓励群体的创新精神,汇聚成教育创新的主流文化,增强学校的创新能力。学校文化创新也经历着对创新文化的选择、更新与积累的过程。文化创新并不是否定先前的学校文化,而是一种扬弃,扬弃是继承和发扬旧事物内部积极、合理的因素。校长应该把握学校文化创新的两种发展方式:一是从非文化创新向文化创新转变与发展的过程;二是从学校文化的低级层次和形态向高级层次和形态的发展过程。这两个过程是学校文化创新的基本方式。我们正是不断地进行学校文化创新,逐步形成了"和合"学校文化。

2. 理论创新与实践创新的关系

学校教育创新的操作途径——教育的理论创新与实践创新相结合。学校文化中的理论创新与实践创新是一个事物的两个方面,理论必须结合实践,实践必须由理论先导,没有理论创新,不可能有科学的实践创新,只能是盲动。我们学校文化从"德育最优化整合",形成"主体性文化",再经过文化更新与超越,升华为"和合"学校文化,这个过程就是将现代系统论科学、教育生态学理论与我国优秀传统"和合"文化相结合的过程,也是理论转化为实践,形成实践形态的过程。学校要根据学校的教育、教学的实际进行实践创新,这是不可缺少的,犹如技术创新一样重要。真正的教育理论创新来自教育第一线,来自学校,陶行知的教育创新更是一个例证。一所学校的理论创新活跃,这所学校的实践创新才可能更有价值,或者更符合规律。一所学校不注重教育理论创新,实际上就是抛弃实践创新或者进行假性实践创新。

(三) 学校文化创新的图式

我们通过学校文化的演变发展,形成了学校文化创新发展的路线图,使我们在学校文化建设中更自信、更自觉。我们通过对先前学校文化的选择、更新与积累,实现学校文化创新,建构创新学校文化。从文化学上考量,文化的演变主要是通过文化的并从创新文化的组织结构与内容结构这两个结构上展开,逐步形成学校创新文化选择、更新。我们在进行学校文化创新时,遵循文化演变的规律。学校文化发展创新路线如图 9-1 所示。

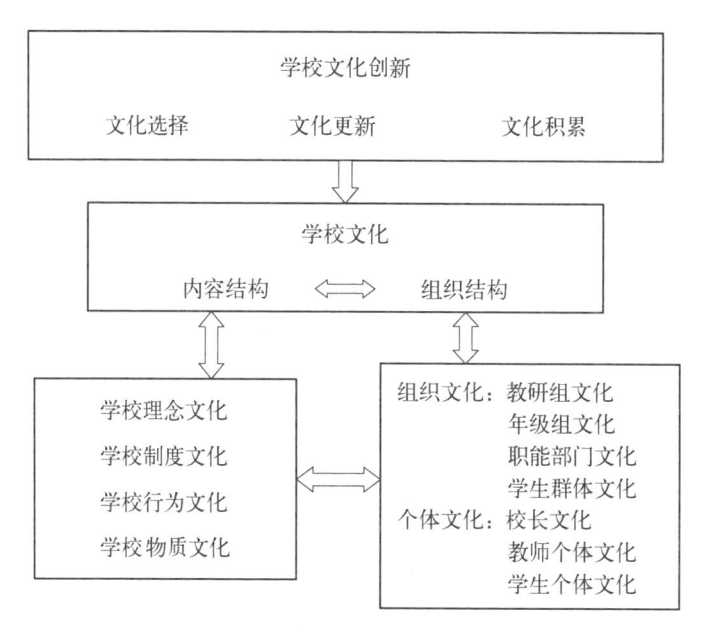

图 9-1 学校文化发展创新路线

在学校文化创新过程中,应该注意以下 4 个问题。

(1) 在培育学校文化时,既要强化文化创新,也要继承原有学校文化中的积极成分,并纳入学校文化之中。正确处理好继承与创新,既要继承学校的优秀传统,又要扬弃积弊,勇于创新。

(2) 要合理处理文化创新的形式与内容的关系,学校文化创新需要关注一定形式,但重在文化创新的内涵,做到形式与内容的辩证统一。

(3) 在培育学校文化创新中,要正确认识"知"与"行"的关系,突出学校文化创新在于行动,重点在推进学校的教育创新,树立文化创新重在实践、重在建设的观念。

(4) 在学校文化创新时,要处理好共性与特性的关系,既要关注学校的文化共性,关注促进制度建设时,更要关注制度文化创新,又要关注学校文化对于学生、教师、管理者的不同作用特点,形成具有差异性与适切性的群体文化与个体文化。

二、学校主流文化的建设与弘扬

学校的文化力是学校的最终竞争力,也是学校发展的关键动力。学校文化力的作用取决于学校主流文化的正向强度。

学校主流文化是指在一所学校中占据优势地位并受到广泛认可的文化,通常依靠学校领导与师生共同推动来推广和强化。正如我们学校的"和合"生态文化,以继承与创新、开放与包容,积极形成主流引导下多元文化之间互动共生的良好局面,无论学校的德育、课程教学、体育美育与劳育都焕发勃勃生机。

我们学校的"和合"主流文化主要集中体现在办学理念与"三风"(校风、教风、学风)建设上。办学理念是学校文化的观念文化,是学校文化的核心,引领着学校文化的方向。学校的校风、教风与学风是行为层面上的文化,具有极为明显的外显性,是识别学校质量与风气的重要标识。学校观念文化与行为文化反映学校的主流文化面貌。在我们的《学校章程》中,对学校"和合"文化的建设作出了明确的规定。《学校章程》第十条就提出,学校积极探索"和合文化"的办学内涵,以"教师和合、师生和谐、家校合育、社校合力"等关键力量与优质资源,让每一个学生能全面而又自主地发展。形成"诚信做人、认真做事"的校训,"和合有序、进取向上"的校风,"敬业、严谨、博学、善导"的教风,"勤学、好问、善思、乐辩"的学风。第八条提出,学校始终秉承"手牵手,心连心,自主快乐同成长"的办学理念,坚持"道德自律、学习自主、健体自觉、审美自悦、劳动自立"的育人目标,以高标准的管理、高质量的教育教学提升学校的办学品质。这些条款突出了学校聚焦理念,构建格局,引领"和合"六小五育融合的科学发展,确立了学校的主流文化。学校的主流文化的价值在于践行生态文明与教育生态思想,传承中华优秀传统文化,弘扬"和合"的教育,从生态思想更高层面上推进学校内涵发展。我们学校办学从"德育最优化整合"到"主体性德育","主体性教育"再到"和合文化",表征了学校文化的不断创新发展。当前学校教育需要思考得更远,以教育哲学思想、更系统地实践促进学校教育,得到新的深化,"和合"生态型学校创建是学校历史性选择。

我们学校的主流文化突出了学校教育生态的营造,把握"德育先行五育融合"与"和合"生态型学校创建的内在联系,梳理与明确我国传统"和合文化"契合生态型学校的特征,有利于学校办学要素生态化的实施,以"1+N"生态化实践形态,建立"和合"生态型学校的实践路径。

三、学校组织文化领导力的建设

学校组织文化是学校文化的一个重要组成部分，组织文化是通过学校具象表达学校的教育价值观念、办学精神与教育态度的一种文化，可以增强师教的教育事业热情和学生的生命成长意识。组织文化具有吸引效应，不仅具有以共同的价值的认同形成的凝聚力，而且还能吸引优秀教师、人才和其他合作者。学校组织文化具有定势效应，一旦在公众心目中形成良好的印象，不仅具有稳定性，而且具有辐射效应，能扩大学校的影响力。组织文化具有增值效应，学校社会声誉提升，不仅意味着学校社会地位的提高，而且也是学校的无形资产的增值。

学校组织文化是一所学校由其价值观、信念、仪式、符号、处事方式等组成的其特有的文化形象，也是指学校中的成员共有的价值体系。我们学校在培育学校文化中，以"和合"的标识物等作为"和合"学校办学理念的物化表征，使全校师生通过这些物化的学校办学理念更好地认同学校办学理念。学校组织文化是通过形象表达学校对创新的价值观念、态度的一种文化，可以通过创新的组织形象增强师生的创新意识、创新热情。学校组织形象文化具有吸引效应和增值效应。我们学校的组织形象创新不仅表现在内容上，而且还在表达方式上、传播方式上进行了创新，以期取得多种效应。学校发展规划上对学校文化的阐述不仅反映了学校在组织文化上的创新，而且也可以看出通过学校组织文化进行教育创新的意蕴。学校文化建设要"精准"，切忌贪大求全搞"泛文化"，缺乏精准。学校应该重点突出适合学校的特定学校文化，聚焦成明确的文化主题，使学校文化内化为师生的观念，从而发挥学校组织文化的思想导向、精神凝聚、创新引领、资源整合、行为规范、情操陶冶和品格砥砺的作用,使师生在学习生活与工作中有明确的价值追求,在教育工作中综合体现在工作和精神面貌上。

校长在建设学校组织文化时要重视组织文化的固化与创新。校长要避免健康的学校文化随风飘摇,而应该深耕培植,固根壮干。文化固化首先要从学校文化中找到最能表征学校文化本质的,最容易让人们接受和认可的形象与特征。在确定后要对它进行梳理,在梳理过程中最重要的工作就是提炼与凝练,把符合学校的文化提炼和保留下来,进行固化。同时学校文化需要物化,我们学校以"和合"的标识物等作为"和合"学校办学理念的物化表征,使全校师生通过这些物化的学校办学理念更好地认同学校办学理念。

学校组织文化必须坚持促进发展,促进生态文明建设,促进学校五育协调发展;促进学校的可持续发展,为学校教育高成长性发展提供坚强的组织文化保障。

四、校长文化领导力的提升

校长在办学中要领导学校所有教师开展教育教学工作,校长在办学领导上具有全面性、整体性。校长文化领导力是校长领导力的核心能力,校长文化领导力有着极强的穿透力和影响力,影响着学校办学的方向。校长文化力属于学校内十分重要的个体领导力,也是学校顶层领导力的表现。由于校长是学校的法人,对学校负有全责,是学校办学的第一责任人。

用文化的潜能影响着学校文化的内涵和传承方式,成为学校文化决策的依据和动态变革的导向。校长文化是学校文化中极为重要的组成部分,对学校的其他文化,如教师文化、学生文化等都有引导影响的作用。成熟的校长文化是一面旗帜,不仅引领师生伴着号角和鼓声意气风发地前进,而且其影响力还会超越校园,强有力地影响社区。校长是学校的灵魂,校长文化是学校的生命线。学校文化鲜明的个性常与校长文化有关。校长文化的内涵和所达到的高度,常是学校文化的具体价值尺度。官本位模式的校长,没有文化传承的考虑,同学校文化缺乏天然的内在联系。校长任职更换,再加上校长个体文化差异,学校文化的传承有难度。学校中断了文化脉络,失去了文化内驱力,就只有肤浅的文字游戏和急功近利的浮躁之举,没有那种立意高远、意蕴深厚、从民族文化源头上绽放的育人光彩和力量感。倡导校长文化,重振学校文化,注重育人取向的历史传承,是学校教育发展之必需。

校长要精于文化治校。校长教育的专业能力、教育道德品格与追求教育价值实现的精神,本身就是校长文化的内涵。校长文化主要表现如下。

(一) 校长文化的办学践行力

学校文化不是舞文弄墨或者兴致而为,它是经由实践检验创造出的精神成果,校长文化是校长办学实践的产物,并不是玄虚之谈而是印刻在学校环境之中、师生的认知之中。校长文化集中表现为先进的教育观念和改革创新意识、完备的专业知识和领导能力、科学的思维方式和行为方式、主体人格和精神境界等转化办学的践行,扎实、科学地办学就是校长文化的最主要的践行力。

1. 校长办学思想的引领力

校长的办学思想是校长文化的核心,这是校长观念体系引领学校办学实践的能力,也是校长观念体系作用于师生的影响力。

校长的思想高度直接影响学校发展的高度。校长应该具有高远的洞察教育发展大势与引领学校教育改革的思想能力,把自己任职学校的办学思想与教育理念建立在科学的教育理论思想上,并转化为适应校情的办学实践创新,在推进学校办学实践中起到导向作用。

2. 校长思维方式的激发力

思想观念转变基于思维方式,行为方式转变取决于思维。校长必须具有教育思维,校长的思维方式转变是校长教育观念转变的基础,是校长提高决策能力的条件,也是实施学校战略管理的必要准备,更是优化学校管理的基本保证。教育思维就是遇到学校的问题首先从教育的角度思考问题,运用教育的规律、教育的原理和方法去思考和解决有关的问题。我们学校通过一个一个市、区级课题推进学校办学目标的实现。校长应该具有系统思维。校长承担着学校的整体责任,必然需要思考整个学校的事情,但是这还不是系统思维。系统思维要求改变头疼医头、脚疼医脚的碎片化管理。以"和合"系统思维促进学校中多种因子的整合,多种结构的融合,全面提高教育质量。校长必须具有开放思维。校长面对着不断开放的教育,面对着不断发展的学生,面对不断变化的学校,需要以变制变,改变封闭的、保守的、传统的思维方式,运用开放的、进步的、现代的思维方式来进行学校决策和实施管理。

3. 校长人格风范的凝聚力

校长在学校里有着特殊的地位,校长人格风范不仅是校长文化的个性表征,更是学校人文精神高度的体现。校长高尚的人格、热爱教育、关爱学生、崇尚真理、热爱科学、宽厚仁慈、才华横溢,都可赢得教师、学生、家长与社会的信赖,提升学校的信誉度。校长高尚的人格必定转换为校长的人格力量,传递给师生们一种强有力的温暖的能量。校长的人格魅力凝聚起全校师生,起着鼓舞作用、凝聚作用、感召作用。

4. 校长行为模式的亲和力

校长客观上总是有着一种行为模式,只是是否意识到而已。具有亲和力的校长行为模式是校长人格、心理的外显集中表现,在师生关系中会产生巨大的亲和力。在这样的"心连心,手牵手"的氛围中,教师的积极性、创造性都能充分发挥出来。校长的以人为本的观念行为、民主平等的工作作风、以身作则的为人表现,校长的行动就是无声的命令,从而形成上下一心,团结奋进的改革局面。

校长要处理好以下两对关系。

(1) 权力管理与威信领导。权力管理是以力服人的压服管理,威信领导是以校长自身的品格与能力影响师生,引领师生共建学校。校长以理服人的信服管理,强调文化治校。权力管理是以社会地位不平等为前提的;能力管理则是以平等、民主为前提,凭校长自身的道德与专业水平产生引领作用,创造一种积极的办学氛围,以文化治校实现对学校的领导。

(2) 刚性管理与柔性管理。刚性管理是强制式的物本管理方式,完全无视人的特点,只强调理性规范,难免机械、呆板,死而不活。柔性管理则是适情变通的人本管理方式,不仅强调晓之以理,更要动之以情并导之以行。校长实施文化治校,要充分认识刚性管理的弊端与柔性管理的优势。和合学校文化强调的是管理的刚柔相济,而文化治校则要寓刚于柔,以柔制胜。

(二) 校长文化的文化底蕴

文化治校是管理的最高境界。文化治校是管理的较高境界,其实质就是领导学校。校长要铭记:凡指令必耗散,凡管控必博弈。校长的文化层次和品位极大地影响学校发展的高度。文化治校不仅是一种泛谈,只有反映教育发展的创新文化,用校长文化策应学校文化、应答多元文化的挑战才是文化治校的精髓。实施文化治校是一个渐进的"摒弃权力管理,实现威信领导"的过程。弱化刚性管理,强化柔性管理,强化以德治校,实现道德领导,这是不可能一蹴而就的。在当前,应大力弘扬校长文化,校长有了深厚的文化底蕴,才能在潜移默化中达于领导学校的境界。

(三) 校长文化的发展创新

校长文化是与时俱进的。校长文化要长期积淀,其发展的过程,也是持续释放文化力的过程。校长文化贵在不断创新。"校长文化不是孤立的个人文化,而是顺应教育发展的大趋势与前瞻性的变革,需要整合校内外多元文化,从宏观上整体推进,在微观上落实。优秀的校长文化的确定,不仅是一种凝聚力,也是一种理念的浓缩与升华,它不仅包含着育人取向文化,也指向人才培养的全过程"(王继华:教育文化战略构建,黑龙江人民出版社2006年版)。学校发展能力的最高层次体现在文化层,也就是领导认知和组织心智。如果大家对教育与学校的规律,不在一个认知水平上,就没有办法形成真正的发展能力。文化是建校的战略,是学校的最高竞争力。学校制度文化是学校文化的重要方面,是学校主导价值观念转化为全校师生的行动的中介。制度问题尽管是管理中的一个方面,但是在教育、教学、管理中都存在着制度问题。不同的学校制度文化可以对制度创新以及创新教育产生不同的作用,创新文化对制度创新和创新教育有着支撑与引导作用,而保守传统的制度会压抑创新,起着对创新人才培养的阻碍作用。激励创新的制度可以促进师生个性发展,独立思考,有利于师生的创新品质与创新能力的培育。我们学校关注对教师、学生管理制度的创新，调整完善学校的各项制度，使其适应师生的可持续发展。制度不是把师生管死，而是为了使教育、教学活起来，使学校工作高质量完成。

五、"三个支持"营造良好教育生态

教育总是以一个生态系统而存在与发展，学校发展必然遵循教育生态规律。教育的发展离不开教育的生态环境，彼此之间存在着协同进化的关系。学校教育生态系统是学校内外部诸要素之间的交互作用，及其与外部环境之间的物质、能量和信息的互动关系所形成的状态。每所学校的发展历史不同，与现在的办学条件有差异，会形成学校不同的教育生态，从而形成以学校的师生发展为主线，与学校生态环境因子相互联系，并建构起生态系统中主体与环境的交互作用方式系统的差异。学校生态系统的交互方式主要是"和合"为理念，以"三个支持"促进学校更生态化。

"学校更生态"是让学校健康的生态特征更明显、更突出。这意味着学校教育生态更符合生态特征：适宜性、丰富性、生命性、民主性、共生性、开放性、均衡性、整体性等。"更生态"，即生态化，主要表现在学校生态的特征更凸显，生态系统结构更生态化这两方面。生态特征的更凸显，首先要把握学校生态系统那些主要的特征，然后我们就能够主动采取措施优化生态，使这些生态特征更明显，学校生态品质得以提升。这个过程就是学校生态化的过程。"学校更生态化"还表现在学校教育生态结构的更优化。

学校教育生态系统是有结构的，各种教育因子组成学校系统。学校教育生态系统的结构是横向结构上学校内部各要素之间的稳定联系形式以及与外部环境之间的关系形式,例如学校的德育、智育、体育等子系统横向关系结构,还有纵向结构上的学校教育生态的层次,层次系统也是独立的教育生态系统,这样的层次是相对的纵向关系,形成层次间的互动与作用,如学校—年级—班级这样不同的生态层次系统。教育生态结构是复杂的立体结构,这些多元结构的互动质量会影响整个学校教育生态系统的功能。这些结构如果无序运行,学校会呈现一片混乱状态。学校更生态化就是为了使这些机构更有序运行。

为了使学校更生态化,学校必须成为一个具有开放性、非平衡性、非线性的耗散结构。学校以开放性通过改革将无用的熵排出去,然后吸收新的可用物质、能量和信息,每天学校进行新陈代谢。学校通过开放对抗熵增,把那些落后为熵的东西全部排出系统,譬如落后的观念、陈旧的信息、阻挠的制度等,然后吸收新鲜血液,更新理念,掌握前沿信息等。学校作为一个耗散结构——一个远离平衡态当熵逐渐增大,虽然系统会变得越来越混乱无序,但是这种结构却更稳定,这种稳定就是平衡态。封闭的学校是一种处在平衡态的学校,学校与外界没有相互作用,既无物质交换,又无能量转换、信息传递,即学校系统是孤立的。例如学校发展到相当规模时,内部就会形成一种非常稳固的结构,这种结构很可能就是僵化的形式主义风气,学校要想革新,解决的办法就是打破这种平衡态,让学校系统内部流动起来,例如我们学校改革部门组织架构、工作组建小团队方式、连续组织课题研究等具体方法,通过授权、竞争、淘汰等一系列机制来进行充分的内部流动,最终一些熵会排除出去。这是一个动态的由原来的混沌无序状态转变为一种在时间上、空间上或功能上的有序状态。这种在远离平衡的非线性区域,由于不断与外界交换物质或能量,形成的新的稳定的有序结构。学校系统的非线性体现其组成部分相互作用的关系,正是这种相互作用,使得整体不再是简单地全部等于部分之和。

"学校更生态"意味着"生命与发展"。生命发展理念是生命观、发展观和生态观融合的校本诠释。"关心—支持"不是口号,应该在实践中形成符合生态原理的操作系统。"关心与支持"应该成为教育者对待儿童成长的态度,以符合生态原理方式展开教育。"学校更生态"不仅秉持"关心"的观念,更为重要的是一种行动,是一种以"支持"为重的实践形态。

我校基于学校教育生态的物质循环、能量交换与信息传递这基本原理,通过学习支持、情感支持、资源支持,使学校办学要素的生态特征更明显。

(一) 学习支持:最基本的支持

学习支持是学校对学生成长的最基本的支持,也是学校教育生态最基本的功能。通过创设一定的育与学活动,让学生在一定情境中主动学习获取知识技能,培养道德人格,学会做人做事,为学生健康发展提供学习上支持。学生必须通过学习过程实现成长,需要教师在学生学习过程中给予适宜而丰富的支持。学校在提供学习支持上要关注育人形式的多样性支持。

学习上的支持在内容上应该为学生学习丰富性创设良好的条件,提供适切的课程、丰富的活动,获得知识、经验与人格发展上的营养。学校的教育形式是教育活动的一定结构方式。丰富教育形式,提高教育形式的适宜性,可以对教育活动在时间和空间上重组,增强师生互动,提高活动的密度、强度和效度,从而促进教育活动生态化。努力实现育人方式的转变和整合,促进其功能"最优化"、"最大化"。

学习支持必须适应生命体的学生成长规律,适应学生身心发展,符合身体条件,年龄阶段特征。贫瘠的学习"土壤"是难以让学生的学习"茂盛"的。传统教育活动形式单一,主要以灌输为主,教育活动生态化强调学生的学习经历、经验和兴趣,为学生创造尽可能大的学习时空,让学生在多种实践表现中学习、在探究中学会学习。

(二) 情感支持:最必要的保障

从小学生身心发展需要来考量,情感支持是创建"和合"生态型学校最必要的保障。生理心理学研究表明,人的左半脑主管逻辑思维,右半脑主管形象思维。学生的学习活动、智力发展、人格发展与情感发展必须以左右半脑的均衡发展为物质基础。因此,在育人过程中,教师既要注意发挥学生左右半脑各自的功能,又要注意发挥左右半脑协调运动的功能。在育人中运用好情感因素,则有利于激发学生右半脑,并促使左右两半脑同步、协调和均衡的发展。学生在轻松愉快的心境中学习时,右半脑处于兴奋状态,这种兴奋状态不断地向左半脑扩散,使主管逻辑思维的左半脑也处于兴奋状态,则有助于学习效率的提高与人格健全发展。

情感支持是通过爱与关心来建立教师与学生间的双向接纳关系和爱的情感联系(见图9-2),为学生的成长营造良好的情感氛围,激发良好的社会情感,促进学生的健康发展。通过情感支持,促进师生间情感的抒发、情感的交流、情感的激发,丰富学生的情感体验,使学生情感世界受到潜移默化的感染和熏陶,建立起对人类、对自然、对一切美好事物的关爱之情,进而养成对生活的积极乐观态度和对美好未来的向往与追求。同时,情感支持对学生的发展具有强烈的情感驱动性。

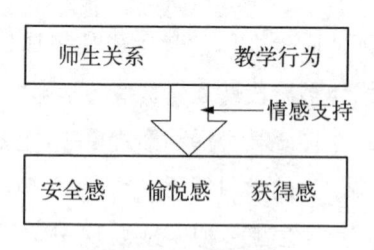

```
┌─────────────────────────┐
│  师生关系    教学行为    │
│              │          │
│              └──情感支持 │
└──────────────┬──────────┘
               ▼
┌─────────────────────────┐
│  安全感  愉悦感  获得感  │
└─────────────────────────┘
```

图 9-2　情感支持

情感支持要注重教师教育行为的生态化。从学生权利的回归、教师角色的转变以及教师行为绿色化三方面着手，为学生提供感情支持，改善与优化师生关系，促进"学生学得主动，教师教得生动"局面的形成。教师与学生的角色地位以及权利是在两者关联的活动中表现出来。教育行为可以集中表现出教师的教育观念以及行为的影响作用。

教育不是纯粹的认知过程，而是师生认知活动与情感活动交互作用的过程，在教育活动中，除了知识对流的一条主线外，还有情感对流的一条主线，教学活动是在知识、情感两条主线相互交融、相互促进和相互制约下完成的，知识通过情感这种媒介才能更好地被学生所接收。教师没有真挚、强烈的情感的教育教学是枯燥无味的，这样的教育教学会阻碍学生认知的发展，自然不能激发学生乐学、好学的意向。

教育若要成功，必须以情感为纽带。情感支持实施要注意以下两个要点。

（1）要确保学生权利。这是从学校生态主体要素角度提出的操作要点。确保学生权利，这是实施情感支持的基础。教育生态强调通过确保学生生命发展权利，把学生应该享有的权利还给学生，从而使学生获得安全感、愉悦感。

（2）要注重教师的角色转换。这是从学校生态的主导因子——教师的角色转换提出的操作要点。教师角色过强会导致学生生命力的消弱,或者被扼杀;教师角色过弱,也无法合理展开教育,导致教育生态紊乱。

强化教师在学校生态中的作用,首先要端正教师的角色,以发挥多样的教育功能。教师应该是一个学生创造性的激发者、学习的引导者、潜能的开发者、高品位生态的营造者,学校生态同样呼唤教师主导角色的真正回归。与学生平等对话、热情给予帮助,为学生提供各种需要的、到位的、温暖的服务,为学生的学习与成长创设自由、和谐、快乐、尝试的生态体验场。

(三) 发展资源支持: 不可少的条件

全面把握教育资源的认识,是实施教育资源支持的前提。教育资源是教育实施得以实施的必要支持。教育资源是指形成教育要素来源的必要且直接的实施条件。教育实施的范围和水平,一方面取决于教育资源的丰富程度,另一方面更取决于教育资源的开发和运用水平,也就是教育资源的适切程度。教育资源的外延范围远远大于教育本身的外延范围,因为一方面条件性教育资源并不能作为素材成为教育的组成部分,另一方面即使是素材性资源也不能直接构成教育,它只能是备选材料,它只有在经过教育学加工并付诸实施时才能成为教育。

当下真正缺乏的是对于教育资源的识别、开发和运用的意识与能力。带有共同性的问题是对于课程资源的地位和作用重视不够,由于教育资源意识的淡薄而导致大量教育资源特别是素材性资源被埋没,不能及时地加工、转化和进入实际的学校对学生的教育,造成许多有价值的教育资源的闲置与浪费。常见的有把教材或布置的内容当成唯一的教育资源,教育资源的概念狭隘。澄清教育资源的概念,强化教育资源意识,提高对于开展教育、丰富教育内容和形式,营造良好的教育生态有着重要的价值。

著名的教育专家泰勒认为:① 要最大限度地利用学校的资源;② 加强校外课程;③ 帮助学生与学校以外的环境打交道。(拉尔夫·泰勒:课程与教学的基本原理.人民教育出版社1994年版,第123页)我们不仅要最大限度地利用学校内部的教育资源,也要帮助学生与学校以外的环境交往,加强利用校外教育资源。我们应该健全校内外教育资源的相互转换机制,生成为学生健康成长的支持性的教育资源。我们学校充分挖掘校内教育资源,善于利用校外课程资源,建立了较为稳定的教育资源库,包括富有自然与人文景象的春秋游名胜古迹;各种少年宫、青少年活动中心等校外教育机构,美术馆、科技馆、博物馆等文化机构;可供学生社会实践与服务的社会机构;可供学生拓宽视野的科研单位、企事业单位等资源,从而丰富了学生的精神生活,提升了他们的精神世界。

我们学校在丰富学生成长资源的同时,关注教育资源的筛选。学生教育资源支持力度首先取决于教育资源的价值与质量,因此教师要对教育资源进行选择。适宜于学生健康成长才是最佳的选择,不能只看表面现象或者流行的。教育资源的筛选必须注意优先性原则和适应性原则这两个重要原则。优先性原则是指精选那些对学生终身发展具有决定意义的教育资源,使之优先得到运用。对学生的发展需要进行综合了解,做出恰当的判断,筛选出重点内容并优先运用;适应性原则是指教育活动的设计和教育资源的开发利用不仅要考虑典型和普通学生的共性情况,也要考虑特定学生对象的具体特殊情况,是否具有适切性,如年龄上的适切性,不能成人化。教育资源的选择的合理程度成了教育资源支持力度的标尺。

现代信息技术的发展正在突破教育资源的时空限制,使得学生成长资源的广泛交流与共享成为现实。从技术层面来讲,网络技术的发展开始逐渐打破校内与校外课程资源的划分界线,从而在很大程度使得学生成长资源的广泛交流和共享成为可能,校内课程资源和校外课程资源相互转化的可能性越来越大了。但是信息多元化,对于儿童来说,需要对价值进行判断却是一件难事,因此学校加强了学生对信息选择与判断方面的教育,一方面在德育上作专题教育,另一方面通过学校技术课程以及其他课程提高学生的信息技术方面的认知与伦理教育。

我们充分关注家长教育资源转化提供的支持,这是带有亲子性与生活密切依赖性的学生成长资源,是学校教育不能替代的。我们关注社区课程资源转化提供的支持,充分认识社区教育资源联系社会、联系生活的特点,充分发挥社区教育资源对于学生成长需要社会生活多元性与丰富性特点,促进学生社会化的发展。我们学校关注网络信息这项学生成长资源转化提供的支持。

成长资源支持中非常容易忽视的学生的自身的成长资源。学生在成长中也会产生成长资源,特别是学生自身成长的经历,以及积累的人生经验、社会交往体验等都会对他们后继学习与成长产生重大影响,帮助学生意识到这些经历与经验,并且深刻感悟与深入践行,学生对此不断出现各种困惑、思考、质疑等,对于学生成长,是任何资源不可替代的。

第十章　从学校管理走向学校领导

——学校管理的变革

一、学校分布式领导力的价值

（一）学校分布式领导的体验与悟识

"六中心"高成长性发展在一定程度上是由于实施了分布式领导，调动了广大教职员工、家长与学生共同办学，取决于我们对学校管理的哲学深刻思考。

分布式领导是20世纪90年代提出的一种新的教育领导理论，这一理论应用于学校管理实践，在理论和实践上都取得了一定的成果。传统的学校管理过分强调领导者个体的作用，把学校领导等同于校长，忽视集体领导的重要性，强调正式领导的职位、功能和角色，忽视非正式领导的作用，忽视领导实践中的情景因素、倾向于用成就定义领导。领导力与身份、职位画等号的传统观念一直占据主导地位。传统学校管理中教师领导力受到严重忽视。管理者靠行政权威、靠制度条例一管到底，不敢放手；教师则亦步亦趋，循规蹈矩，以致枯井死潭，难现生机。领导与管理是有区别的，领导与管理的区别就在于领导力是一种影响力，而非权势，摆脱历来的"管理"思想,自上而下的体制的控制,要从根本上改变这种模式,就得从"领导"的功能出发,强调自身自律地、自主地组织工作。

领导力是领导者为实现共同理想或目标而影响和改变群体的心理状态和行为的能力。领导力是一种能力,包含影响力、指导力、凝聚力、组织力及推进力。领导力的本质是一种影响力,它是领导者对他人施加影响引领追随者实现组织目标的能力。领导力的要素包括组织目标、影响力、追随者以及实现路径。领导者的基本任务是带领一支高度自觉的工作团队向实现组织目标前进。

"一个民族想要站在科学的最高峰,就一刻也不能没有理论思维。"依靠一个校长还是广大学校师生扩优提质创建生态型学校?办学的关键在什么地方?这些问题必须有理论思考。学校应该从"管理"走向"领导",确认校长领导力的同时,增强教师领导力势在必行。哈里斯认为"校长或学校的主要领导者对学校效能和学校改进具有十分重要的作用,但是教师领导力对于学校和学生的改进则更为重要"(阿尔玛·哈里斯等:教师领导力与学校发展,北京师范大学出版社2007年版)。学校领导力是指学校作为一个组织所具有的领导力,包括学校的各层面的组织领导力、校长领导力、教师领导力等。"在效能最高的学校,其领导力通常不只是局限在高层管理团队,而是扩展到学校的其他群体当中,一般具有不同层次的领导力"(Lambert,1998;MacBeath,1998;Day et al.,2000;Harris 2000c,转引自:阿尔玛·哈里斯等,教师领导力与学校发展,北京师范大学出版社2007年版)。"关于领导力的'最新观念'认为,领导力分布于课堂教学第一线的人身上,应该授予他们权力,让他们承担领导的任务并付诸行动"(阿尔玛·哈里斯等：教师领导力与学校发展,北京师范大学出版社 2007 年版)。

分布式领导力(distributed leadership)是分布于组织中的领导者、追随者和特定情境交互作用学校组织中的一种领导力。分布式领导力是由组织中不同成员担负起领导职责,并且通过交互过程发挥作用。学校分布式领导力是学校的组织与成员为实现其所在组织或者群体的目标,以其自身的专业以及所具有的人格相互作用,在学校办学活动中对组织群体其他人员产生的一种综合影响力。它强调学校目标的实现是领导者与其他因素交互作用的结果,而不是领导的个人行为的作用。分布式领导力认为人人都是领导者,突破了传统领导理论研究的束缚,强调校长在教学中的领导作用,教学的领导者应该是教师,校长应该成为"领导者的领导者"。教师领导力是学校领导力的重要组成部分,每一位教师都应该有领导力。萨乔万尼在其道德领导理论中提出"领导者的领导者"的概念,对学校领导者的角色进行了重新定位,"校长的第一要务并不是直接改进课堂教学和学生的表现,而是树立目标、培育文化、发展具有共享价值观的学习共同体,然后通过分布于组织中各个工作团队的领导'流',来改进课堂教学和学生的表现"(萨乔万尼：道德领导：抵及学校改善的核心,上海教育出版社 2002 年版)学校领导力分布在多数人的手中,而不是由少数几个人分布于整个学校、各个组织成员之间,这就是分布式领导。分布式领导力体现国际上对学校领导力的主体已经从传统走向现代,更适应当代教育在各个领域的民主性。学校分布式领导力是学校作为一种特定组织的领导力。莱克姆斯克(Lakomsk)认为"分布式领导"是领导及领导的影响分布于有结构的组织关系之中,是以组织中种种联合力量的形式表现出来的。这些领导力理论对在办学中管理思想的确立与践行有着很大的启示。

(二) 学校分布式领导的践行

1. 学校分布式领导的特征

学校分布式领导有着其特征,把握这些特征有利于我们更好地推进学校领导力的全面建设。

(1) 主体性。强调学校校长、管理团队与教师都具有领导力,存在于组织各层次、各领域之中,表现出组织与个体的主体领导力能力。

(2) 交互性。学校领导实现于相互依赖的互动过程中,分布式领导最主要特征是"共同行为"(concertive action),是相互作用结果的累积性动力。

(3) 情境性。学校领导总是处在学校的一定的办学情境之中,情境不同有其特定意义,就应该有不同的领导方式。

(4) 开放性。分布式领导意味着领导边界的开放性。领导力在多个领导者之间合理动态分布,在不同场域中,领导者与追随者的角色不是固定不变的,而是转换的。

2. 分布式领导力的类型

根据这些特点,我们学校在运用多种类型的分布式领导力。

(1) 合作式分布。这是几个领导者一起工作,执行一项特定的领导任务。这种领导力是在共同的目标下共同行动时的一种领导实践。这是以领导者之间的活动互为基础。

(2) 协同式分布。这是为了完成某些领导功能,不同的领导任务必须有一个特定的顺序——任务之间、为完成任务领导所担负的责任之间的依赖性是有先后顺序的。这个类型的分布式领导聚焦于交互活动的顺序性。分布式领导力是领导者间存在一种工作上的依赖关系,具有领导力的共时性。我们不仅需要增强对分布式领导的认识,增强运用分布式的意识,还形成了紧密的合作关系,之间也都意识到自己是"共同领导"。我们通过正式的制度安排和学校组织结构的调整,将领导力分布下去,不管是正式领导还是非正式领导,都在这样正式的安排下产生的。

3. 分布式领导力的组成

学校分布式领导力由组织领导力和个体领导力两大部分组成。其中组织领导力包括学校组织领导力;学校职能部门领导力;教研组、年级组领导力;非行政组织。个体领导力包括学校领导者领导力,如校长;各级管理者领导力;教师领导力。

学校进行了组织结构上的改革,以加强分布式领导。学校形成了"一室六部"的格局。"一室"是指党支部与校长室,领导全校的办学;"六部"包括课程教学部、教师发展部、学生成长部、服务保障部、信息保障部、人力资源部。这样的管理部门的设置,统整了学校原先的德育处工作、少先队工作、青少年保护工作、家庭教育工作与社区教育工作;分权与赋能学校信息技术与教育教学的整合,成立信息保障部,以适应现代教育发展;单列与赋能教师发展部,强化学校教师培训、科研等工作,以适应学校特色创建工作的高强度。

基于分布式领导强调的不是职权,而是领导者自身的影响。在学校领导与管理改革中,我们强调了领导角色与领导力的表现。校长与教师的分布式领导力通过与他们的领导作用角色表现出来,见表10-1。

表 10-1　领导力角色及其表现

领导力角色	领导力表现
建构者	理念建构力
决策者	工作决策力
组织者	实施组织力
评价者	评价运用力
开发者	资源开发力
引领者	工作引领力
教育者	学生教育力

4. 分布式领导力的表现

在实践中,我们感悟到学校分布式领导力的3个关键表现。

(1) 领导力的决策表现。决策是领导力的重要表现,决策不仅是校长与管理团队的工作,教师也应该积极参与,能提出有价值的决策与办学建议。在教师的教育、教学的职务范围里也要承担决策责任。教师课程决策力是教师领导力的重要表现,要调动教师参与决策的主动性,自觉提升自己决策能力。

(2) 领导力的引领表现。影响力是领导力的主要功能,表现在学校各项工作起到引领的影响作用。学校成员由被动的参与者转化为积极的创新者,创造性完成分工的任务,向其他人员分享有价值的实践经验。要鼓励教师在专业活动中发挥专业精神与能力,如在教研活动、课题研究中提出学术意见,显现其引导力的表现。

(3) 领导力的引导表现。这是学校特有的分布式领导力的表现。学校主要是教育与教学,引导学生学习与生活成为教师的领导力的主要表现。教师通过其自己的专业引领学生的学习,以其人格引导学生的进步。教师在学生的成长中不断给予影响,促进他们的成长,体现了教师的领导力作用。教师应该由知识传递者转化为学生学习引导者,引领学生学会学习。

(三) 分布式领导力建构的层面与路径

1. 分布式领导力建构的3个层面

我们关注学校分布式领导力的建构,在3个层面上增强学校分布式领导力推进学科特色建设。

(1) 学校层面。在学校层面上以创建"和合"生态型学校为重点,发挥学校的顶层设计与学校行为作用。

(2) 教研组层面。在教研组层面上以学科建设的实施为重点,有目标、有计划、有步骤地推进教研组建设,开展教研组长校本培训。

(3) 教师层面。在教师层面上以不同类型教师发展为重点,发挥教师在课程教学中的领导力。保障教师拥有分布式领导力,不断提升教师的课程教学领导力。增强教师课程教学领导力意识,提升教师的课程决策能力、课程开发能力与课程实施能力。提升教师参与学校课程工作能力,教师以平等、合作、分享的领导方式,为学校课程教学的发展提出意见和建议,共同对课程教学进行决策。发挥教师在课程教学工作中的自主能力,创造性实施课堂教学。

2. 分布式领导力建构的路径

我们在分布式领导实施中,着力增强教师领导力,我们形成了教师领导力开发的"三环建构"路径。确认了教师学科课程领导力开发的 3 个相互关联的要素。一是教师自身的领导力素养,包括教师领导力的意识与能力,这是教师学科课程领导力的主体内部因素;二是学校对教师的授权,包括教师参与对学校课程教学上的决策、评估与自主实施等,这是教师学科课程领导力的外部条件;三是对教师领导力支持的环境,包括学校的教师领导文化与教师领导力的支持机制。这 3 个要素构成了教师学科课程领导力基本结构,因此要开发教师课程领导力必须增强这 3 个要素,并以此 3 个环(要素)构建成教师学科课程领导力整体,如图 10-1 所示。

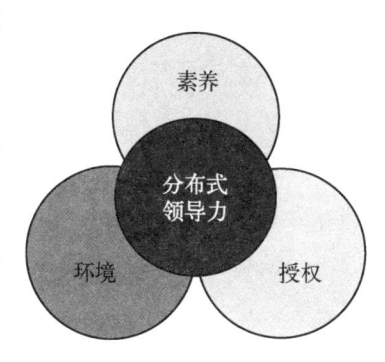

图 10-1 "三环建构"路径

(1) 组织架构健全,保障领导力系统功能发挥。我校首先调整与完善学校领导架构,这是学校领导力形成功能的前提,因为生态学告诉我们,健全的生态功能基于健康的生态,只有良好的学校生态中才可能出现学校健康的领导架构。我们学校的领导架构主要增强以下 3 个方面:一是学校组织与个人边界清晰与开放,使学校成员承担责任与义务,有所担当;二是增强学校成员的领导力意识与能力,夯实学校与成员间交互的影响力基础,以此提升学校群体智慧;三是尊重组织影响力的对话、分享方式,增强民主、共生的交流,促进"和合"学校的建设。

(2) 职责充分授权,提供实现愿景的领导力条件。学校秉承分布式领导理念,自上而下"放权",打破以往行政领导与普通教师、骨干与非骨干、年长教师与年轻教师之间的藩篱,以项目为驱动,让教师人人成为学科"领导者",发挥教师学科"领导力",开展学科特色建设。依靠广大师生,相信学校领导力分布在多数人的手中,分布于整个学校、各个部门以及其成员中。坚持领导力分布于课堂教学第一线的人身上,分布于各种角色和职能当中,应该授予他们权力,让他们承担领导的责任并付诸行动。充分合理授权是构建一支富有责任感、高效专业团队的机制保障。学校的发展很大程度上取决于构建一支富有责任感的团队。校长或学校的主要领导者对学校职能和学校改进具有十分重要的作用,但是教师领导力对于学校和学生的改进则更为重要。通过教师领导力来引导学校创新和变革,这就是我们学校创建"和合"生态型学校的战略思考。

3. 优化组织环境,营造民主、专业的领导文化

我校秉持学校的理念"心连心,手牵手,师生共成长",突出每一位师生的主体地位,以主体性发展所必须的"五育并举"的教育环境,支持学生可持续发展。以基于分布式领导力营造民主、专业的学校领导文化,体现了学校管理的人文精神与科学精神的融合,创建"和合"生态型学校。学校文化环境应该是教师的社会价值与个人的价值的统一。不应该把教师的利益和道义对立起来。当前,在学校里,更要关注教师个人价值的重视,注意纠正以社会价值或社会利益而忽视或侵犯教师权益。学校要提供师生自主选择的通道,促进他们的主体性自主发展。

二、赋能式管理:学校管理机制的改革

"在错综复杂的新生态下,科技的进步不仅没能帮助决策者掌握更多的有效信息,反而使一个人准确掌握全局的条件下不复存在。因此作为领导,要把决策、行动的权利赋予了解情况的一线人

员,也就是赋能。要做到这一点,就必须对现有的管理体制、文化进行改造,需要从'英雄式领导'改为赋能给下属,信任其能够根据情况第一时间处理问题"(麦克里斯特尔:《赋能——打造应对不确定性的敏捷团队》,中信出版社2017年版)。"为了获胜,我们必须改变。让人吃惊的是,这种改变并非战术和技术上的,而是我们部队的内部结构和文化。换句话说,这种改变在于改变我们的管理方法"。"赋能"这个词是翻译而来,其最初源于管理学中"empower",是和授权联系在一起使用的。所谓授权赋能,就是主张给予组织其他成员更多的额外权力,通过分权使组织成员承担一定责任,更好地完成任务。分布式领导强调在学校实行领导的授权、分权和团队构建,赋能式领导是管理上的一种改革,赋权在本质上是赋能,赋能是强化组织领导力的催化剂,而赋权才能保障实质上的赋能,使赋能者有可能履行职责。

学校的赋能是让教师与教师群体获得决策和行动的权力与能力,使之能更快地适应环境开展工作。被赋能的教师在工作上获得更大程度的自主权和独立性。通过对教师的赋能,会增加学校组织的整体功能,发挥更大效力。赋能要求学校领导充分信任教师,相信他们能在赋能的情况下取得更为积极的结果。赋能要求领导者不仅要明确被赋能的教师权力,明确工作目标,而且还要让他们明确学校整体目标,使他们在整体目标下把握自己的工作。懂得赋能的领导者一方面要赋权,另一方面还要充分信任,赋能给予支持。工作培训、工作成就感和赋予权力三者的结合是必不可少的。

在实施分布式领导过程中要正确赋能,才能产生有效赋能,并不是所有的赋能都是有效赋能。因此有效赋能要注意以下3点。

1. 权限清晰

赋能者必须让被赋能的教师知道他被赋予的权责的明确界

限。传统的授权是容易做到"清晰"二字的,它较多地是在一条"线"上发生作用,即常常就特定的事项进行布置工作,没有赋能。赋能由于不是仅仅针对某项具体事项,而是在一定的时空条件下将权属范围的下放,因此它是在"面"上,即一定范围内发生作用,因此必须清晰地界定它的"边界"。赋能就是划定权力范围,在合适的范围内,被赋权的教师有"至高无上"的权力。被赋权的教师在参与学校课程决策上、在开发与实施具体课程的决策上、在教学问题的决策与行动上有更积极的权力。这有助于教师的主动性的调动,以及工作责任的承担。

2. 权责完整

所谓权责完整,指的是被赋能的教师或者群体不但有了解教育、教学工作任务、接受任务和履行任务的权责,而且有处置任务的权责。被赋能的教师(群体)应该成为一个相对完整的决策实体,赋能强调处置任务的完成。任何一项工作权责都不是孤立的,都必须在若干权责的相互配套和协调下得以实施并发挥效能。如果仅就其一点赋权,不考虑把与之相适应的、连带的权责一并赋予被赋能者,则该赋能一定是低效甚至是无效的。比如,若只授权教师教学的执行,不赋予相应的教学决策权力,教师就难以主动创造性地开展教学工作,只等待学校的安排执行。只有在教学工作中赋予充分的权责,使各项权力在教师那里得到最好的组合,才能发挥出更好的效能。只有权责完整的赋能才可称得上是有效赋能。

3. 授权稳定

赋能在规定时限里应该保持相对稳定,切忌频繁变更赋权。明晰被赋予的职能对象的教师(群体)及其权责界定范围,这就要求赋权前的深思熟虑。授权稳定首先是授权对象要稳定,不要轻易临阵换将。其次赋予的职能随意变动,就会使被赋能者忐忑不安,无所适从。被赋能的教师产生学校领导"翻手云,覆手雨"的感觉,他们便难以安排任务,以致最后出现"躺平",导致学校管理出现涣散的现象。实践证明,学校高层决策越相对稳定,领导风格就越容易形成,而领导风格的形成与稳定会产生"追随效应",教师随时能与学校领导保持"和合",工作能够保持高效率与适应性变化。除了明确而稳定赋权范围和被赋能者以外,还应注意减少乃至杜绝各个赋能之间的交叉性,如果出现过多的交叉赋能甚至重复赋权,学校的整个赋能结构也会失去稳定性。由于深度交叉赋能必定内耗严重,协调的工作量远大于业务的工作量,每一赋能的稳定性均很差,最后导致"无效赋权"。

三、"让优秀教师领跑　让每位教师优秀"
　　——教师工作的领导与管理

(一) 教师"和合"发展:专业自觉发展

"让优秀教师领跑,让每位教师优秀"是分布式领导的践行。学校追求可持续发展,必定建筑在教师的持续发展的基础之上。教师专业自觉已经成为实现教育转型发展的关键,学校教师的素养决定着学校教育转型发展的高度和宽度,这已经成为教育人士的共识。促进教师专业自觉发展的有效方略成为学校管理者的迫切需要,也成为当代教师发展研究的新命题。

目前一些学校遇到一个普遍性的困境,教师是一个职业压力相当大的行业,35岁以上的教师出现了一定的职业倦怠,满足于教书,完成教学任务,提升教学能力的意愿不强,缺少继续发展的活力。积极应对教师职业倦怠，已成为学校改革与发展中一个迫切需要解决的问题。面对着这种职业倦怠，学校教师管理的滞后，缺乏新的激励机制，难以激励教师的专业自觉发展。学校管理上如何激活教师的职业热情与潜能，让他们保持一种可持续的工作激情与活力，成了教师管理的一个重要命题。

促进教师专业自觉发展，首先涉及学校对教师的管理问题。学校首先要改变管理中存在着教师被动"发展"的局面。要使教师对日复一日的工作持有长久的、创新的热情，首先需要从教师的内在需求、情感、心理入手，加上创造适合的外部环境，焕发教师的职业活力。学校需要选择一种可以激发教师专业自觉发展的领导方式，使学校的人力资源管理更趋科学化与人本化。这种管理方式更能焕发教师的精神面貌，提升教师的自我认同感、积极进取感，并能融入到教师的行为中，主导教师的行为。

学校通过优化教师领导和管理来为教师提供专业自觉成长的环境，缓解教师职业压力，促进教师专业的可持续发展。其中最根本的一点就是教师管理要立足于人的发展，即教师的发展，摒弃教师"工具论"的错误观念。教师的管理生态化，以"和合"思想，更充分展现人性化，促进教师专业自觉，这是学校改进教师管理的有价值的选择。我们学校的教师管理理念就是——教师"和合"发展："让每位教师优秀，让优秀教师领跑"。这也是提升学校"软实力"的一种新的领导与管理的实践。

"让每位教师优秀，让优秀教师领跑"在本质上是作为教师个体的"教师专业自觉"，在学校工作上呈现教师管理工作生态化，教师主体间，即一般教师与优秀教师间的和合发展；教师主体与教师发展环境间的和合，提供教师专业自觉发展的支持。我们学校强调"让每位教师优秀，让优秀教师领跑"就是倡导教师

"专业自觉发展"。

在教师工作中不能以"教师专业发展"代替教师"专业自觉发展",这两者混淆会导致工作的偏颇。"教师专业自觉"与"教师专业发展"都属于教师发展范畴,都具有专业发展的共性,但是这两者之间有着差异,即更注重教师专业发展的自觉指向,即教师发展的内动力。教师专业发展较多的关注教师专业上的知识、能力等,而教师专业自觉发展不仅指专业上的内涵,更包含了教师精神层面上的境界,职业的自觉与人格的高扬,有着强烈的自我实现的愿望。从教师发展动力角度上,可以分为主动的自律发展与被动的他律发展两大类。教师专业自觉发展是教师发展的高水平阶段。我们倡导教师专业自觉发展就是为了实现教师"和合"发展,达到教师发展的高境界。

教师专业自觉的核心在于对"自觉"的理解。在现实的教师工作中,我们很乐意看到教师的努力工作,错把努力当作衡量教师的唯一的标准。其实教师的专业发展的核心是符合教育规律上的主动,这才是自觉的必然表征。如果不符合教育规律的事情做得越多,对教育的伤害越严重。因此,"努力"不是"自觉"的核心标准,"符合规律的行动"才是自觉的本质。我们一定要把握好"自觉"是对教育工作的本质与规律的主动把握与运用。因此我们学校提倡的"教师专业自觉"是指教师对自己教育工作专业性的清晰体认而主动去做。这个要求有3层意思:一是对教育的价值深刻认识,树立正确的教育价值观念,对教师的行动起着导向意义;二是对教育规律的正确把握,按照规律开展教育教学工作,在内容与方式上遵循教育科学,达到"自为";三是对发展教育的责任主动担当,在教育价值纯明、教育规律把握的基础上承担责任,在工作态度上主动而非消极,在行动上实现"自觉"。基于这样的认识,我们学校倡导的"教师专业自觉"是指以教师专业自觉为导向,以专业成长为目标,以教师专业素养和自觉品格为内容的教师专业发展内在动力持续增强的过程。它是教师专业发展成熟的标志。教师对自己的专业发展达到一种自主自觉的状态,能够有目的、有计划地提升自己的专业素养,而不依赖外部力量的推动。

(二)"让每位教师优秀"

"人人都能成功"为世人所公认。"人与人之间只有很小的差异,单这种很小的差异却往往造成巨大的差异!很小的差异就是所具备的心态是积极的还是消极的,巨大的差异就是成功与失败"(田野:成功学全书:拿破仑·希尔,经济日报出版社1997年版)。每个教师都能成功,成为优秀教师。这就是我们学校的教师发展的理念。我们可以发现,在相同的学校里,有些条件不足、机遇少的教师成功了,而有些条件好、机遇多的人却反而失败了。这两种情况比比皆是。这就说明除了环境之外,能否优秀,教师个人的发展意愿是一个十分重要的原因。成为优秀的、意愿强的教师可以创造条件,寻找机遇;而意愿弱的教师即使有良好的条件、不少的机遇,却不能及时抓住,顺势而为,故而不能成为优秀者。教师的动机、意志、信心、勤奋、行动是决定成败的重要因素。只有行动才能把理想变成现实,只有行动才能缩短你与目标之间的距离,成为优秀者,因为他们坚信人人都能成功。我们学校也提出了"让每位教师优秀",这成了我校长的坚定的信念。

"让每位教师优秀"并不等于教师都是优秀教师,成为优秀教师是一个转变与成长的过程,即从一般教师转变为优秀教师,这需要不断增强教师的核心能力,需要踏踏实实地实践,需要脚踏实地地积蓄自己的力量,反思自己的不足与错误,并随着时间的推移逐渐增强优秀教师的核心能力,达到成为优秀教师的理想状态。在优秀的背后,可以看到艰辛的坚守与隐忍,以及各种各样的思虑与焦虑。世界上没有什么人能随随便便成功,成功是需要付出的。不劳而获而获得成功,就像那无根的浮萍一样,会迅速被湮没。我们坚信没有经历教师的快乐,就难以享受教师职业真谛;没有体会教师工作的失败,就难以体验教师工作的艰辛;没有获得教师工作的成功,就难以获得教师的高峰体验。

优秀教师不是天生的,而是在教师工作中学习、研究与实践中不断积累关于教师工作的认知、经验,发展教师工作能力,逐渐提高对教师工作的规律性认识中,取得学生发展实效,成为优秀的教师。我们鼓励教师有志者事竟成,只要教师有发展自己的愿望,在工作中努力,把自己的潜能转化为现实的教师工作能力,就会成为优秀的教师。

在促进教师向优秀发展上,学校的主要做法有5个方面。

1. 鼓励教师坚持

我们不断地鼓励教师,"如果我们每一位教师愿意的话,都可以取得惊人的成就。"这是我在学校里讲得比较多的一句话。正如卡内基所说的,"所有的成就在开始时都不过只是一个想法罢了!"要让教师明白,为了使自己准备好成为优秀教师,就得清楚成功其实离我们并不遥远。那些成功的教师很多都是从默默无闻,甚至困惑迷茫中走过来的。我还经常讲,"成功不是一部分人的专利,只要你想成功,不断提高专业自觉能力,认真做好育人工作,那么,大家都能成功!"

2. 增强教师信念

成功是人的本能、愿望和职责。其实教师的成功的愿望很强烈的,这也是知识分子的特点。教师都希望把自己的教育、教学工作做好。因此,不论是否意识到这一点,成为优秀教师是每位教师应该所具有的意识。但是,由于环境的不同,有些教师的成功意识强烈些,有些人的成功意识薄弱些,这就有了优秀和一般的差别。我们必须增强教师们成为优秀教师的意识。成为优秀教师的过程是一个教师专业自觉渐变的过程,有一个觉醒与增强的过程。教师专业自觉不是自发产生的,而应该是自主的、积极的建构过程,这个过程中就需要不断增强教师们成功的信念。

3. 开发教师潜能

人的潜能是巨大的,它一旦被激发出来,教师会不惧怕困难与自己的不足,以极大的热情和意志力朝着成为优秀教师的目标勇往直前。不少教师在消极的心态下把自己的大量潜能淹没了,抱着躺平的态度,看不到自己的能力与前景,看不清自己的优势,让埋怨这类消极的情绪霸占了自己的心灵,自己的潜能也被扼杀了。开发教师的潜能首先调整好他们的心态,确立积极的心态。积极的心态是行动的发条,基于信心而来的那种无比的驱动力量,就是成为优秀教师的源头,人有信心,就有希望,愿意接受困难的挑战。只要有着成为优秀教师的信念,就能把握发展的机会,牢牢抓住一切机会可以得到成功、达到优秀。

4. 创设支持环境

教师成长与发展的过程是教师主体与环境不断交互的过程,在这交互中不断从外部获取能量、信息,得以丰富自己发展的资源,并转化为自己成为优秀教师的能力。教师专业自觉这个过程不是孤立的,而是教师主体在与外部环境互动中产生的。学校在这个交互中要起好4个角色的作用。

(1) 伙伴角色。学校与教师关系平等,在教育、教学上和教师平等对话,讨论问题与困惑。

（2）导师角色。学校领导与骨干教师在教育教学工作中，要引领教师，分享经验，确定未来发展的领域。

（3）赋能者角色。给予教师课程改革与发展的权利，让教师感觉他们是课程改革与发展的重要力量。教师们凝聚在特定的发展领域内，并以一种更加合作的工作方式，和同事一道去从事学校课程建设。

（4）协调者角色。领导要关注教师工作中所遇到的各种关系，支持与关心教师参与校内外专业活动的机会，尽可能帮助拓宽校外专业活动的路径，关注教师与家长、社区等的关系，让他们顺利工作。

5. 提升教师领导力

"每位教师都优秀"重要的路径是提升教师领导力。教师领导力是一种综合性的领导力，是教师在一定的活动群体中形成的影响力。教师虽然没有领导职位，却以其专业影响作用发挥领导力。教师领导力不仅表现在课程教学的决策等影响力上，而且教师领导力也表现在对学校各类组织、对校长、教师同伴与学生所产生的影响。学校领导借助于教师群体的智慧，鼓励教师积极参与，共同致力于学校相关问题的决策与实施、制度建构等。教师领导力是教师专业自觉发展的一个重要条件。学校通过建立教师共同体，利用这种无形的巨大力量相互影响，形成教师专业自觉发展的活跃局面。

（三）"让优秀教师领跑"

教师的发展存在着差异，这种差异表现在发展的速度、质量、高度等方面。高成长性的发展会使一个教师成为优秀教师。优秀教师是客观存在的，这是教师个人努力与环境支持的交互结果。

这两者缺一不可,学校就应该创设条件让教师积极地成长为优秀教师,但是我们认为优秀教师应该是涌现出来,而不是制造出来,这样对于全体教师才是公平的,才能达到"和合",使众人信服,优秀教师才可能有优秀之经验让教师们共享。

1. 优秀教师的基本能力

确定优秀教师的基本标准意在树立教师发展目标。优秀教师有着两个基本的能力,即教师自主的发展能力和教师工作发展的能力。正是这两方面的能力,促使一般教师向优秀教师发展。根据我的大量观察,优秀教师成长的动力是主体的发展愿望。依靠教师主体发展愿望,才能使教师专业水平提升。正是这个"发展"要素造成了一般教师与优秀教师之区分。"优秀教师"的优秀本质在于"发展"的能力,具有关键性、基本性的特征,也具有普适性。我认为,教师工作的发展的愿望与发展能力是教师从一般到优秀的基本要素,同时这两个发展能力也是教师都可以提高的,因此每一位教师都可以成为优秀教师。也正因为这个因素,也不是每一位教师都能成为优秀教师。

2. 优秀教师的基本要求

(1) 致力于学生的发展与学生的学习。这是教师工作的价值观,只有热爱教师工作才会有提高教师专业的发展愿望。关心学生的健康成长,是教师教育工作的本义。优秀教师应该具有大爱的品格与小爱的行动,以培养充满真善美的、富有创新精神的、热爱学习的,富有社会责任感的学生为大爱,有着在学生学习与生活中具体而细心地关心与关爱学生的行为。对学生的具体的爱出于内心的大爱。

(2) 有过硬的教师专业水平,有显著实绩。优秀教师必须具有真才实学,具有教师工作专业理论素养与能力,有显著的业绩。

以学识、能力与实绩标志的教师专业水平不是被"封"出来的,应该是可视的、公认的,也就是应该通过育人的实绩,带出了社会、同事、学生公认的好班级,培养出了一批优秀学生,应该由学生的进步与发展来表征,而不是"展示""总结"出来的,或者应时需要推出来的。

(3)以民主平等精神、高尚的人格熏陶学生,成为学生精神的引领者。这是区别传统教师与现代教师的重要标志。优秀教师以自身高尚的人格熏陶学生,成为学生精神的引领者。传统的"责任性强"的教师主要用"管卡压"的方法,无视学生的主体地位。

(4)具有终身学习的生活方式,以及教育理论与文化修养。我们常可发现,为数不少的教育工作者除了课本与教参外不看专业书刊。这类教师的话语体系谈不上教育专业性。优秀教师的先进性很重要的特征是具有孜孜不倦的学习精神与学校能力。只有这样的教师才可能透出高贵的风骨与气质,影响学生的人格发展,以此达到教书育人的目的。

(5)善于系统反思自己的教师工作,从经验中学习,不断改进工作。教育是艺术,是创造性的教育工作,需要不断积累经验,也需要人性与智慧融合的灵感。优秀教师的反思是系统性的反思、是学术性的反思,更是灵魂的拷问、心灵的考量。正是不断实践经历经验,并从经验中上升到思悟教育的规律性、感悟教育的灵性,才能脱颖而出,成为优秀教师。

(6)独立思考,有较强的教师工作研究能力,工作富有创新。教育每一天都是新的,面对每天在变化成长的学生、面对每天都在学习新事物的学生,教师不可能以"不变应万变的",必须适应变化着的学生及其教育。优秀教师不仅对此的适应意识强,而且适应能力不断提升。这就要求优秀教师独立思考,有较强的教师工作研究能力，工作富有创新。墨守成规不可能成为优秀教师，教师没有自主的发展能力与工作的发展能力，也成不了优秀教师。

3. 优秀教师的示范作用

在优秀教师与一般教师之间，只是在教师专业自觉发展上有强弱之分。教师人人都具有成为优秀教师的可能，具有普适性。同时我们确立优秀教师的基本要求是为了发扬优秀教师的优良教风、进取的品格，发挥示范辐射作用，"让优秀教师领跑"，推动学校的师资队伍建设。

"让优秀教师领跑"，从教育管理生态化的视角看，是学校分布式教师领导者问题。惠特克(Whitaker)的一项研究表明，"校长识别关键的教师领导者，让他们参与决策过程并以一种非正式的方式使用他们。校长必须能够识别关键的教师领导者，在学校变革的过程中使用这些个体……在研究中，低效的校长不能够识别出非正式的教师领导者"(杜芳芳：教师领导力：迈向研究日程。外国教育研究 2010 年第 10 期)。学校办学实践也告诉我们，关键的教师领导力是具有价值的。"关键教师"是指能对教师群体产生影响的教师。这类教师主要承担专业工作，具有较强的专业能力与一定范围内的影响力。教师领导者大体上有两大类：一部分教师担任着学校部门负责人、教研组长、专业协会骨干或者工作项目负责人的角色；另一部分教师领导者不担任管理职务，但在教师群体中极具威望，一般是专业职称较高，或者工作资历深、工作成果突出，因此他们在专业上具有较高的发言权，也不是前一类教师领导者可以比拟的。这些人员就是我们指称的教师领导者。把握教师领导者和教师群体之间的关系是至关重要的。卡曾迈耶(Katzenmeyer)和默勒(Moller)将教师领导者界定为：作为领导者的教师不仅仅领导课堂，在课堂之外也仍然是领导者。他们认同团队中的其他教师和教师领导者,并为之作出贡献,同时他们还对其他人施加影响以改进学校教育实践(杜芳芳:教师领导力:迈向研究日程。外国教育研究 2010 年第 10 期)。强调教师领导者应该在课堂教学水平上的领导,致力于改进其他教师的教学,也就是优秀教师的领跑包括诊断教学和在学校范围内构建合作性的关系。他们具有很强的专业能力和广泛的经验,具有高度的学习热情,对学术的追求和印象深刻的专业成就。教师领导者的角色常被看做是课程开发者、工作的组织者、项目的领导者、新任教师或经验不足的教师的指导者,以及和课堂密切联系的行动研究者。从国外研究文献中,我们可以得到一个十分重要的发现,"教师领导者首先应该是专家型的教师,他们还需要将大部分的时间花在课堂教学上,只是在特定的场合承担特定的领导任务,且一般遵从正式领导的领导原则(Ash et al., 2000)。该文献进一步认为,这样做的原因主要是我们希望将学校转变为专业的学习型团队(Meyer et al., 2001),向教师授权,以便使他们积极地参与学校的决策制定,这样有助于学校的民主化(Gehrke, 1991)。教师领导者应该能够和同事协同合作,互相进行课堂观摩,共同商讨更好的教学法"(转引自阿尔玛.哈里斯等,教师领导力与学校发展,北京师范大学出版社 2007 年版)。如果我们不能识别他们之间的相互作用与影响,这意味着丢失了一项非常有价值的资源。在赋能的条件下,教师领导者能够成功地促进教师之间进行更广泛的合作,提高教师群体的凝聚力,增强专业氛围而避免群体庸俗化、躺平化的可能。

  优秀教师领跑的作用在学校里不同于校长,也不同于一般教师,这主要是他们应该作为一个教师领导者出现在学校不同的岗位上、不同的情境中,有着不同的角色。首先他们是学生或其他教师的领导者,担任指导者、培训者,探索新的教育教学方式;也是日常教育工作的引领者,推动学校教育教学实践的反思,有效或者创造性地引领工作运作,朝着既定目标推进,也会是学校工作决策参与者,发表富有接地气的意见;还会是学习组织者,在学习上带好头,在实践中学理论,以理论指导实践,在学习中研究,以研究深化自己的思考,做一个思想者。我们学校要求优秀教师成为具体群体与项目的负责人,在这个范围里,要独挡一面工作。对承担的任务与项目的决策、实施等负责,要以群体(部门),或者项目的目标引领组织成员共同努力完成任务。教师领导者要在工作中将其他教师凝聚成一个整体,从而培养一种更加合作的组织工作方式,和同事一道商讨学校教育教学改革的措施。

(四)教师"和合"发展:"让每位教师优秀,让优秀教师领跑"

"让每位教师优秀,让优秀教师领跑"这个教师发展理念与实践形态,其本质是基于教育生态的主体与环境的交互,即教师要增强主体性,学校环境要优化,关键在于教师的专业自觉发展的学校支持力度。

1. 加强教师教育课程的开发与培训

学校运用多种活动载体进行师德教育,增强我校教师责任感和使命感,增强教师的职业道德修养和水平,营造宽容和谐绿色生态的师生关系。通过素养类课程的学习,帮助教师疏导心理,提升教师的幸福指数;学习心理辅导的技能,提升教师的应用能力。通过实践体验课程的学习,推进教研组特色建设,全面兼顾教师的教材解读、教学设计能力,推进教师专业素养的发展,发展学科核心素养。学校开展系列师德课程"榜样引领,提升新时代教师必备素质"(2018年下半年),"以德立身,做新时代合格教师"(2019年上半年);建设素养课程"善美齐心 品美启德——论教师审美素养的提升"(2018年下半年)和"谈古论今赏书法 提升教师人文素养"(2019年上半年),提升教师综合素养。其中两门课程在区专家评审中获得优秀。

2. 促进教师提升学术性实践

我们加强教育教学实践的提升,对教育教学的实践以理性的视角进行教学反思。每月一次班主任例会、教研组长例会,每周一次学科教研、全教会,在教育实践中把学习与培训、学习与行动结合起来,做到教、科、研、训一体化,通过学习共同体团队成员间的相互促进,激发教师专业发展动力,唤醒教师专业发展意识,使专业发展成为教师的自觉追求。围绕新课程的实施,通过现场教学的实施和观察,教学后的评析与反思等活动形式和行为方式的融合开展系统的研修与实践。运用教学课例研究、实践反思研究、叙事行动研究等方法,尝试以教研组间的"教学互访""专题合作"和"同伴结对"等方式,完善、开发和丰富日常的教研活动。

围绕"基于课程标准""基于核心素养",教研组的集体教研活动为主要形式,以教研组建设为阵地,立足课堂教学实践。以"基于课程标准的作业设计的思考与实践"为主题开展交流研修活动,在教研组长、备课组长的引领下课程化实施教研活动,培养教师具备依据学科标准及其评价要求,科学有效设计本学科单元测验的能力,并掌握作业设计能力、命题方法和技巧的能力。2018年度的课程申报中,三年级语文、数学、科学与技术教研组的实践体验课程被评为优秀。每学期坚持做到教师每人听课9节,教研组长15节,中层干部20节,校长书记20节。多个教研组开展区级、联盟、校级展示交流活动。

3. 建立分层、分类的教师培养机制

形成职初教师、成熟教师和骨干教师分层培养机制,加强不同层级教师培训,发挥骨干教师在教师群体中的导向作用和辐射作用,帮助青年教师快速成长。几年来,我们学校在参加区级培训人次的教师比例高达55%～100%中,教师参与培训率高,并建立教师绩效档案。学校有校本培训计划与总结,有相应制度与考核,保证校本培训出席率100%,完成3.6学分。

(1) 校本培训。校本培训是一项常做常新、永无止境的工作。我们认识到以课程为载体进行的校本培训,必须精心设计每个环节,处理好课程厚度与深度的关系,使深度与广度得到均衡的配置,提升课程内涵,走提质增效的培训之路。除校本培训外,我校鼓励教师参加各层级举办的教师培训活动,其中包括:华东六省一市交流培训、市级骨干家庭教育指导师培训、市教师专业能力提升计划培养、市英语优质课赏析研讨班、两岸学科素养背景下的小学英语阅读教学研讨会、英语区青年教师团队培养、区语文骨干班培训、区"男沙"团队培训、数字教材培训、魔术师种子培训班、市象棋裁判员培训、市级骨干班主任培训等。学校为积极参与培训学习的教师给予时间上的保障和经费上的支持。

(2) 青年教师培训。为了让青年教师能更快成长,立足"按需培训、立足教学、强化实践、开放合作"的思路开展培训。邀请华东师大一附中的特级教师陈明青老师进行"不忘初心 砥砺前行"的讲座,激活自身发展内驱力促进自我专业成长;参观上海图书馆"文苑英华——来自大英图书馆的珍宝"展览,提高自身的人文素养,拓展自身的文化视野;微信新闻制作专题培训,提高教师信息技术操作能力及运用水平,也能提升信息素养;团建活动,加强青年教师的凝聚力、向心力,提高团队的合作意识,丰富青年教师的

业余生活;"功到字成,字成业兴"书法培训,强练基本功,以赛促成长。在2018学年举行青年教师展示周活动,14位青年教师参赛,全校教师共同观摩。

(3)新教师培训。引领青年教师聚焦课堂,在课堂实践中发现问题、解决问题、提高教研能力。在聚焦课堂、关注学生的情境中,有目的的听课、评课,有效地提升青年教师的业务专长。在"点"的基础上,通过教研组内一定密度的互相观摩、评析,促进"面"——组内众多教师的业务提升。根据规范化培训工作要求,围绕学校办学理念,我校形成了学校—教研组团队—导师—个人自主学习四级管理模式。为青年教师的成长奠定基础,搭建平台。

4. 教育科研引领教师专业发展

学校通过实施"三化"策略,让研究达到"教育科研常态化、教学研究科研化、教科研训一体化"的理想状态。把教育科研下嫁于常态的教学研究之中,把常态的教学研究上升为科研的高度来实施,对教研、科研和培训进行高度融合,形成浓厚的教科研氛围,让教师人人有机会开展自己的教育教学研究,解决自己的教育教学问题,发表自己的教育教学研究成果,改善自己的教育教学实践,形成自己的教育教学特色(主张),实现"科科有课题,人人有专题,人人有成果"的研究目标。

我校以课题引路,积极推进校本专题研究,以教科研促发展。坚持"立足课堂,营造特色,提高质量"的原则,以"数字教材平台应用性"课题研究为主,瞄准教科研研究的重点、热点、难点,充分挖掘提炼。在课题研究活动中,充分发挥骨干教师、教研组长、课题组成员在教研方面的核心带头作用,相互学习、共同提高,活跃我校的教研气氛与提高我校教研水平,为校本研修增添新的活力。围绕教育科研,教师要有针对性地进行业务学习和经验的积累,探索"生活、学习、活动、管理、评价"5个方面的自主教育,不断积淀、培厚底蕴,尽快从实践到理论,从理论再到实践的过程中,转变教师观念,不断强化自主意识,在"自主教育"实践中总结经验,提升素质,自我发展。

本着"研教、研训、研修"相结合的原则,采用"请进来、走出去"的方式,加强教育科研培训,提升教师教学科研能力。认真落实课题申报工作,使课题研究在原有基础上数量与层次都有明显提升。强化课题研究的过程管理,重视课题研究的总结、鉴定和成果推广工作,积极引导教师借鉴各类优秀成果,并将已有的研究成果转化为现实的生产力,加快学校优质化发展。每年都有两项以上课题立项为区或者市级课题。

我校还于2018年创办了"树人"立体平台。第一期"树人",我们以"诗意生活,创意工作"为主题,贴近工作生活实际,探索教育理论前沿,展示校本研修成果。"树人"成为"六中心"人心灵交流的平台和栖息地,它让更多的教师"研"起来,让更多学生"动起来",让更多课堂"活"起来,让师生更多的灵感快乐"涌"起来。

5. 加强信息技术培训提升教师整合能力

基于网络环境下的信息技术使用平台,开展校本培训,探究现代信息技术,更新现代理念,开设信息技术培训课程。运用信息技术,结合希沃软件,如希沃白板、班级优化大师等,开展课堂教学,积累过程性化评价数据。发挥深瞳优学数据分析功能,积累大数据,有针对性地进行梳理。以"希沃信鸽"为平台,积累课件资源。

充分利用网络系统,发挥名师工作室、骨干教师等教育资源的带动和辐射作用,提高研修质量,组织教师开展网络阅读交流活动,鼓励教师积极参与网络教研,丰富教师成长档案袋内容;组织教师围绕典型课例开展网上议课活动,帮助教师诊断课堂、研究课堂、改进课堂,丰富教师课堂教学实践知识;组织教师开展网络论坛活动,围绕实践提出主题,运用网络对话交流平台展开探讨和交流。

6.创建教师发展管理机制

依据"让每位教师优秀,让优秀教师领跑"的理念,我们倡导教师规划个人专业发展。引导教师进行科学的自我分析,明确个人专业发展方向,学校组织论证,分年度实施。具体培训策略为实施五大工程,即"读书夯基工程""青年教师入轨工程""课题研究工程""骨干教师提升工程""名师引领工程"。在实施过程中建成各类研修团,如"教师读书俱乐部""青年教师工作坊""名师顾问帮学团""骨干教师研训团",开展名师模仿、技能培训、理论培训、案例研究、专题研究、行动研究等。以校本培训及研究为载体,通过各类活动为教师搭建展示平台,推出学校优秀教师,提升教师知名度,让教师体验成功,感受成长幸福。

完善"四自"教师发展体系。制订学校"四自教师"评选认定方案,建立"四自教师"评选机制,进一步明晰教师培养梯队,激励和促进教师自主发展。充分发挥校园网络平台作用,利用"教师专业发展平台",做好日常校本研修过程性资料的积累,形成教师个人电子档案。

建立公正、公平的教师发展与评价制度,形成骨干教师申报认定的程序,发挥骨干教师在校本培训中的作用,力促骨干教师从富有经验向富有风格与特色的进化,以致形成学校乃至区级的品牌教师。创建教师校外培训平台。定期选派骨干教师和优秀教师外出学习、培训和交流。

四、用梯度评价引领教研组建设

在学校教师队伍建设中,笔者依据生态学适切性原理,提出了用梯度评价引领教研组建设。这是基于不同学科教研组的差异性,以与此适应的差异性评价方式,适切地促进教研组发展。

(一) 教研组建设是学校发展的关节点

教研组是一群教师,为了履行教学与教育的职责而组合在一起,集组合体的集体智慧,以研究、研发的形态而从事其职业活动的团队。"教"表明了教研组的工作职责(教学与教育)与履行职责的主体(教师);"研"明确了教研组的工作性质(复杂的劳动,具有创造性特征的劳动)和由工作性质决定的工作形态(研究、研发);"组"提出了教研组建设的团队形态,并在这样的基本要求下,指出了教研组工作的基本思路。然而,在实际工作中虽然经常强调学校教研活动的重要性,教研组活动普遍不尽如人意,外部原因主要是组织者保守、形式上单一、内容上一成不变等;内部原因有教师自我定位缺失、专业底气不足、主观能动性弱等,而导致校内不同教研组之间的发展、建设水平的不均衡。

教研组组长是学校中重要的教师领导者。随着课程改革的持续推进,使学校的教研组和教研组组长的地位与作用日益凸显。教研组具有学科教学、研究、管理的职能,是教师成长的基地。教研组组长是一个特定的专业岗位,不仅对学科专业素养,而且对领导力素养要求很高。教研组组长作为教师领导者,需要具有学科发展的决策力、课程教学的影响力、教研活动的组织能力等。教研组组长的上述能力不是与"生"俱来的,而是需要精心培育的。但是教研组组长的专业培养十分缺失。有校长、教导主任、总务主任、班主任等培训,而就是对学校中最基础的教学管理者,担负着不可替代作用的教研组组长缺少专业的岗位培训。但是现在的教研组组长是先上岗,再摸索,他们在模糊中前进,往往影响教研组发展。学校的教研组组长不算是学校某一级的领导,他们没有行政权力,他们开展工作主要依靠自身在教研组中的影响力,这种影响力来源于他们在专业上的威信,凭借个人品格的影响力。

全力培养教研组组长,为提升教研活动质量提供组织保障。一所新学校的教研组组长从行政任命到教研组成员认同需要经过一番磨炼。学校的教研组组长大多很年轻,教龄不长且当组长时间也短,要真正领导教研组开展各项工作不容易。我们着力在岗位锻炼中,提升组长领导意识,明确职责。我们学校有计划组织教研组组长培训,进行专题培训学习与现场观摩研讨,以提高主持教研活动能力为重点。通过结合现场培训,提高了教研组组长的角色意识与责任感,学习了怎样制定教研组活动计划和具体安排教研活动内容,怎样建立教研组活动常规以及开展各种形式的教研活动,怎样进行教研组内的质量监控等。

学校对教研活动质量提出了3个方面的具体要求:① 教研任务要具体,教研主题贴近教学实际,有学期特征;② 教研活动安排有序,重点突出,解决问题;体现分工与合作;③ 教研形式多样适切,讲实效,教研发言紧扣主题,引发思考,发言面广,对他人的看法有回应。同时,对教研组组长也提出了3个基本要求:① 把握教研组工作目标任务;② 抓好教研组常规工作;③ 加强教研组团队建设。通过明确教研组建设与教研组长的培养,提升了学校教师领导与管理的生态化水平,优化了学校教研组发展的环境,增强了教研组与教师的共同成长。

(二) 以"梯度评价"引领教研组发展

基于现状,学校教研组建设必须针对不同的基础,在不同的层面上提出不同的思路与要求,方能比较有效地促进教研组的均衡化,迈入高层次的持续发展目标。2017年恰逢学校第六轮发展规划的制定,适时地提出了"基于核心素养的学科特色建设的行动研究"实验项目,围绕学校学科建设的基本要求(标准),突出学科特色建设以"学校所有学科都应该有最佳的发展,形成优势,提高质量"为目标,要求各学科梳理学科整体情况,进行 SWOT 分析,即厘清学科发展的优势与劣势、机遇与挑战,依据学科实际情况,遵循学科组共同愿景,初步制定"学科三年发展规划",以"目标规划"引领学科发展,开始了"梯度评价"教研组机制的研究,搭建起 3 个梯度平台标准,引领学校教研组的建设。

所谓"梯度评价",即是以团队为评价对象,对学校在不同发展阶段的教研组提出不同的评价标准,即"常规性建设标准""发展性建设标准"及"示范性建设标准",以此进行校本化的教研组评价。其最基本的特点是明确有利于教研组自主建设和发展的评价目标,建立起多元评价、有效激励和多样化的评价形式,引领教研组进行正确的自我定位,寻找在不同阶段的最佳发展状态,从而促进教研组建设向纵深及高层级发展,以实现评价的调整、改进功能,使各教研组能从评价中得到开拓性的启发,促进教师、学科、学校的发展。

我们注重"梯度评价"标准的学校实践。在评价过程中,评价的内容和要求是否清晰,是一个影响到评价能否顺利进行的重要因素。因此,我们在研究"梯度评价"时,把评价的内容指向教研组团队,突出"教"与"研"这一重心。三个循序渐进的教研组评价梯度均是围绕"目标规划""流程管理""研训一体""队伍建设""常规工作"及"特色辐射"6 个维度来设计渐进性的评价标准。

1. 教研组的常规性建设——走向基准规范

教研组建设的常规性层面的实质主要是把教师的个体行为聚

合为群体行为,对基于课程标准的教学有较规范的执行力,务本求实地使教研组站在一个制度化的平台上保障运作,以此抬高各教研组建设的底部规范。

这一阶段的6个维度,分别体现在:① 有"目标规划";② "流程管理"遵守基准制度;③ "研训一体"教研组《实践体验课程》设计适切,有教师个人课题,三类课程规范实施;④ "队伍建设"教师教学行为规范、培训达标、有带教计划;⑤ "常规工作"体现教研组学期过程管理规范;⑥ "特色辐射"发挥示范作用。

教研组常规性建设主要应抓好两大问题。

(1) 实现学科教研活动的制度化。

学校首先规范教研组建设,建立完备的教研组建设制度,突出学科特色建设以"学校所有学科都应该有最佳的发展,形成优势,提高质量"为目标,着力开展基于核心素养的学科特色建设的行动研究。2018学年起制定了《虹口区第六中心小学教研组"梯度评价"学期考核表》,教研组依据《梯度评价标准》,根据教研组实际情况,制订新学期教研组计划,设计实践体验类课程,提升区级评价等第,带领组员围绕课程内容展开学习,通过每学年一次的各教研组主题汇报分享研究成果。我们重视教研组长培训。加强基于"操作规范"的教研组建设,坚持每月一次教研组长例会,一年间,先后开展了"担当·力行——以攀岩向上的姿态""聚焦指标 提升品质""潜心研培并进,致力主体教学""内涵发展 拾阶而上""评价促进课堂教学转型"等主题研讨活动。

学校注重增强教研活动的目的性、针对性、计划性和有效性。一个成型的教研组,在组长的引领下,规划好每一学期的教研活动。其中首先是要求教研组长制订学期教研计划,教研计划包含"教研目标、常规工作、团队建设"3个基本要素,教研活动从学科的特点出发,以课程改革为核心、以课堂教学为重点,以发现问题、研究问题、解决问题为着眼点,以活动项目为载体,分阶段设计好可操作的活动内容;其次是做好每一次活动项目的执行方案和落实措施,并且使活动的过程与经验能够留下一些细节,作为教研组的业务档案,为教研组积累教研资源;再次是做好学期的工作总结,对照工作计划与目标,对所经历的活动、取得的成果、总结的经验、存在的不足等都作一回顾,为后一个学期的工作计划奠定基础。这些都需要用制度规范起来,并切实维护好制度的严肃性和权威性,一个教研组就基本成型了。

(2)保障学科课堂教学的规范化。

这主要是指向教学常规的要求,体现在学科的课堂教学中。在基于课程标准的教学与评价实施的今天,我们提出《课程与教学管理制度》,从基于规准的课程实施的角度,就教学目标制定、教学内容处理、教学过程中教学方法和作业设计、教学评价等几个方面所厘定的规范要求,并且结合学校的实际,进行具体的操作性细化研究,同时,从教学常规的角度看,针对这一总要求,落实到"备课""上课""作业""辅导"和"考核"中,在这些课堂教学的常规环节中贯彻好规定与要求,使学科教学能按照要求规范起来。

探索有效的教研组活动模式。教研组是促进教师个体发展、加强教师团队合作、构建教研组文化平台,鼓励教研组立足已有的专业基础与优势,努力研发具有品质和影响力的特色课程。每学期在校级及以上层面做一展示,使教研组在提升教师素养方面发挥更大作用。在教研组、尤其是备课组的活动中,确立共同努力、全面提高的目标,有力地凝聚教研组的团队精神。在这一基础上,越来越多地体现出有疑共研、有求共解的和谐互动协作的氛围。利用教研活动、随机交流等时机促进互动学习、合作交流、资源共享的良好平台的构筑。

行动教研抱团成长。2018学年起,打破传统的组内实践课,采用教研组内的抱团教研,打造优质课,积累各学科优质课资源库。我们以教师专业成长促学校整体发展为目标,创设了相互开放、优势互补、共同发展的教研环境,以抱团上优质课开展专题深度教研活动,形成了任务驱动—抱团实践—展示交流的教研模式。教研组教师在同一任务的驱动下,人人都是组织者、策划者、参与者,最后的教研成效也以团队评选为主,促进教师的专业发展。

学校关注课堂教学创新,教学效果好。各学科根据实践体验类课程研究目标,明确学期教学研究重点,以点辐射整体,以点带动全面。语数英学科以年级为单位,其他学科视组内成员情况,2或3人组成一个抱团小组,选定一篇课文(或一个教学内容),一位教师上课,一人说课(评课)。说课要求教师从"教材分析""学情分析""教学目标分析""教学设计""围绕主题突破点"5个方面予以阐述;上课教师在教案撰写中重点突出设计说明,明确执教策略。要求尽量在教研活动时间安排上课,认真试教研讨,校长室、教导处及组员全员听课。各学科组按照教导处要求,在组内前期分工的前提下,借助抱团教研的形式完成了实践课的研究。每月落实一个教研组展示,每年承担各类各级展示公开课、竞赛课数十节,包括全国的示范课、青年教师教学比武课等,华东六省一市教学展示获得一等奖。展示活动中,学校采取邀请部分家长现场听课,组织家长、教师围绕主题,运用网络平台即时进行点评。

2. 教研组的发展性建设——走向特色共建

我们这里说的发展性建设是在常规建设的基础上,构建一定的与时俱进的动态发展机制,着力建设一个有特色、有个性,紧跟教育发展步伐的教研组。

这一阶段的 6 个评价维度,分别体现在有"目标规划"的中期调整;"流程管理"规范基础上有围绕学校主课题的组本化实施措施,有典型优秀个案;"研训一体"实践体验课程达区良好,有教研组或组内教师立项的区级课题,"三类课程"有阶段成果;"队伍建设"中有校"四自"特色教师、年度优秀教师,培训主动有分享、有层次梯队结构建设,带教计划,措施落实;"常规工作"有研发的课程、有项目研究、有教研组资源库;在校级有学科阶段研究的特色成果展示。"特色示范"有学科特色成果展示。

校本教研紧密结合教学实践,以专业引领、伙伴互助、研修一体的学习型组织研修模式,创设了聚焦课堂、合作交流、反思提高的情境,激发了教师在教学实践中提升专业素养的热情,调动了教师以多角度、多样式进行教学设计的创新积极性和反思精神。"团队协作"的效能使每一位教师的教学不论从备课内容还是形式的准备都尽可能的厚实,使不同文体、不同时代的文本相互渗透,甚至不同学科的知识在学习的过程中交互,提升教师和学生的综合学习能力。校本研修作为现代学校教育运营的重点,正悄悄地改变着学校教育发展的走向,让教育的过程充满活动的、反思的、创造的、人性化的魅力。让我们在每一天、每一课渗透思考、刻刻钻研,通过校本研修真正提升教师的业务水平、可持续发展能力,使课堂真正焕发出生命的活力。

在这一层面学校通过建立任务驱动积极构筑教研组可持续发展的平台和载体,在实践中不断创造条件施以引导推动、鼓励,从而有效促进教研组团队的专业化成长。

(1) 引领教研组打造富有生机的学习行为,形成教研活动课程化。我们认为,"教研活动课程化"是教研活动实施者基于教师发展需求,与教师合作开发的具有明确目标、适切内容、有序实施和恰当评价的教研活动课程行动。旨在重构教研内容,解决当下教研活动所存在的缺乏系统性、针对性、随意性问题。同时,我们试图通过教研活动的"课程化"实施,提高教师对核心素养内涵的理解。英语组以"基于课程标准的教学与评价""英语学科基本要求"和《单元教学设计指南》为依据,开设了具有明确目标、适切内容、有序实施和恰当评价的系列实践体验课程。其开发流程包括3个环节,分别为:① 需求调研——提炼教研;② 活动主题——设计教研;③ 活动课程——申报培训课程。其实施流程包括5个环节,分别为:① 目标制定;② 内容设计;③ 组织实施;④ 效果评价;⑤ 总结经验。日常化要求将研究的态度、意识和能力渗透进所有的教育教学活动中去,实现研究性的备课等。

(2)"研发"校本课程,完善课程体系。课程研发是促进学生全面而有个性发展的需要,是现代教育内涵发展的需要。我们学校各教研组分别从活动到课程、从特色到课程、从社团到课程和基于学科的整合式拓展以及"基于个性发展的探究性课程开发"等内容的实践。基于学科的整合式拓展性课程建设主要路径是学科教学的重组、优化、整合。如英语教研组通过设置课程目标、选择课程内容、确定课程实施时间和执教教师、聘请专家指导等,开设了与英语相关的拓展型课程和探究性课程。这些课程逐渐成为我校"大英语课程"体系,充分展现学生英语综合能力,包括语言拓展、技能拓展、文化背景拓展等。科学与技术教研组则研发了"未知树STEM""模型天地""植物乐园""桥梁STEM"等课程,深受学生喜爱。

3. *教研组的示范性建设——走向经验辐射*

在教研组建设到达示范性层面上,这个教研组必然已凸显其教研文化,在一定的范围内,拥有一个比较响亮的"品牌",在其成果的某一方面,能够对校、区等的领域教研工作产生影响力,具有可持续的综合发展力。以"梯度评价"打造优秀教研组、示范性教研组。2018学年借力区优秀教研组评选契机,在校内优秀、特色教研组评选的基础上积极申报区优秀教研组。各教研组结合学科特色建设3年规划,进行自查与申报,在校评选基础上向区级进行推荐。各教研组强化学科特色,在国家课程校本化上敢于创新、求新,注重学科素养培养。围绕实践体验类课程研究主题,开展教研自培,确定研究重点,开展长短周期相结合的课堂教学、个性化评价等主题研究活动。

这一阶段的6个评价维度,分别体现在"目标规划"有学科宣言,学科责任,价值认同;"流程管理"有教学策略的选择性研究;"研训一体"实践体验课程达到区优秀,有教研组或组内教师立项的区级课题,三类课程有特色成果;"队伍建设"中形成组内教师梯队结构,有区层级教师;"常规工作"研发课程区达标、项目研究有成果、有完备的教研组资源库;"特色示范"有教研组研究的可辐射的成果,有品牌课程、有品牌教师、有区级展示。

为让优秀教研组有示范辐射的舞台,学校充分探索多元联动支持机制,提供组织平台,为教研组构建起富有辐射引领特征的支持机制。

一个优秀教研组,其示范作用的发挥应该具有长久影响、可持续发展的特点与能力。这样的要求,需要组内教师队伍必须有一个合理的梯队结构。包括年龄、教龄、职称等在内的群体结构具有能够实现梯队衔接的优势,在教研组的内功提升和发挥外力作用方面,具有可持续发展的条件。所以,队伍建设的示范性包括了保持梯队结构的本身优势,以及能够可持续地对外辐射经验与资源这两个方面。

我校科学与技术教研组现有4名成员,平均年龄46岁。其中两位是区中心组成员、一位区骨干教师,在区级层面发挥骨干教师的指导力和辐射力。两位教师多次在市、区级教研活动中,开设专题讲座,是区级青年班的指导教师,采取"带教制"的方法,多年来奔走于各个学校,听课、评课,指导帮助青年教师尽快成长。在"三新"教育联盟教师柔性流动工作中,一位流动至联盟校带教工作一年,一位是在本校带教联盟内流动进来的青年教师手把手指导上课。

英语教研组,9位教师平均年龄33岁。其中一级教师4人,二级教师5人,见习教师1人;一人是"三新"联盟英语学科负责人,2人是校级骨干。这支队伍近四年引进一位成熟型教师,已由原学科教研组组长提升为学科负责人,并且目前是"三新"联盟英语学科负责人。近三年教研组先后3次进行了区英语教研"六中心"专场汇报;6位教师在区级教学展示;区级专题交流11人次;TED论坛交流2人次。一位教师在虹口区教师课堂教学单项技能评比一等奖;4人的申报课题被列为区级课题,4人次的案例、论文获得区级奖项。目前,英语组已有区级立项课题4个,在课题的引领下,做到心中有目标,心中有想法,心中有课题。立足课堂进行专项研究,推动教科研有机融合,提高教学的有效性。

以今天的眼光,优秀教研组的示范作用还在于其教学资源的辐射力、影响力。所以,使教研组积累的教学资源成为推动新课程实施有效的课程资源,就需要智慧与毅力。学校英语组的资源,不仅有传统的教学经验,还包括课上、课后、作业设计,经筛选的教学参考资料(含自制的媒体),典型的案例分析,成功的优质课,该组教师所总结的教学经验、撰写的有价值的论文,有参考价值的教学案例、教学经验,在教研活动过程中积累的各种原始资料等。一个有示范性的教研组拥有这些性质的资源是一种标志,更是一种经验。

4. 教研组发展的效用

学校以"梯度评价"引领教研组发展的效用。

(1) 教师团队合作意识增强。通过初步实践,我校教师团队合作的意识显著增强。这表现在我校教师参与各级各类(包括校级)的教学展示活动时,从教师们所在的教研组组长到其他教师都能给予关心和支持。许多老师在介绍自己的磨课经历时,首先谈到的是自己教研组团队,表示自己的成长是教研组团队共同努力的结果。

(2) 教研组团队特色初显。一年的实践,许多教研组的特色已经显露。如英语教研组的"单元整体设计",科学教研组的"跨学科构建",语文教研组的"品读古诗文感悟",数学教研组的"学科节课程化"、音乐教研组的"器乐教学"、体育教研组的"足球教学"等。这些特色教研组的形成,不仅为教研组的发展明确了方向,同时也为学校各类特色活动的开展奠定了扎实的基础。

(3) 学校教学研究的氛围渐浓。教研组特色建设与梯度式评价,目的在于促进教师团队扎实开展好校本研修,提升专业素养。而教研活动的正常开展是实现校本研修功能的基本保证。经过一年的实践,我校以教研组为单位的教学研讨活动已经成为学校常态化教学研讨活动的主要方式。教师间的相互交流与探讨,成了教师办公室文化的主流。一些有计划、有目的的"主题式"教研活动成了各教研组品牌建设的重要组成部分。

(4) 差异评价激励的机制有效促进了教师的积极性,教研组在参评的过程中,基于"梯度评价"标准进行了达成度的对照,同时,也学习到了鲜活的、优秀的经验和做法。"梯度评价"教研组有效弥补了学校在评价中对教研组评价的空缺,增强了教研组自身发展的主体意识,同时也解决了教师个体与教研组活动之间的矛盾。

(5) 在教研组团队建设上培育了一批教师领导者。一个团队缺少不了一个核心。优秀教师往往是教研组品牌构建过程中的引领者。我校教研组品牌形成过程中的差异性,在某种程度上表现为教研组内核心成员位置。当优秀教师核心地位形成的教研组,一般团队绩效比较好,在整体评价中也往往会得到肯定。在关注团队整体发展的过程中,我们同时也关注了教研组内具有优秀专业素养、良好的师德修养、深厚的人文素养的团队核心者的培养。

(6) 提高了教研组组长的领导力,增强与发挥了他们的学科领导者、教研的组织者、科研的引领者、教研组文化的培育者、教师发展的协同者的积极作用,同时在营造教研组的教师发展生态中也起到了积极作用。

学校文化的打造需要教研组文化的提升,加强教研组的建设便是一种选择。我们一定要在教研组建设的"实"字下工夫,坚持从学校现状出发,通过实实在在的三梯度校本化教研组建设,运用不同载体,激发教师团队整体提升的意识,用分阶段梯度化管理的方式为教研组提供研究与发展的方向。

五、现代公共关系协调与学校管理

现代学校是一个开放系统,它存在于一定的环境中,学校发展与运作不可避免地受到家长、社区和其他外部环境的影响。这些外部环境的调适是创造学校发展良好外部环境、开发校外资源以获得持续发展的必要手段。在《现代公共关系协调与学校管理——从午餐风波的化解看外部关系的协调》一文中也强调了学校的公共关系的重要性,这实质上就是学校开放性办学思想的体现。

学校曾发生这样一个事例:校级家委会成员A家长在以学校名命名的一个QQ群里,看到作为版主的B家长发出一条帖子质疑学校午餐的质量,大致内容是午餐标准可以调整,要让孩子吃饱,油炸食品一周几次,不利健康等。而紧随其后有好几位家长跟帖谈论呼应,对于这一事情作为学校家委会成员的A家长在第一时间向学校反映此情况,让校方紧急启动了《家长委员会议事规则》,将全体校级家委会聚集一起,第一是组织大家实地参观学校食堂;二看学校学生中午用餐实际情况;三围绕如何树立家长与孩子正确的午餐营养意识、午餐食谱的合理搭配等两个议题展开讨论,与学校及食堂代表共同研制适宜的食谱,达成共识。会后A家长和B家长就此事情的调研讨论情况在这个QQ群里予以发布沟通,得到了广大家长的理解与认同。这个案例表明了现代学校的公共关系由传统的指导和被指导的主从关系,转变成为协商、合作、共赢的伙伴关系。开放式办学的思想渐入人心,人们已经认识到学校管理并不只是处理学校内部事务,它还必须协调学校与学生家长、社会各界的关系。因此,现代学校管理必须树立现代公共关系的概念,善于运用现代公共关系这一重要工具,以提升学校管理理念,提高学校管理水平和管理绩效。

美国教育学者西格尔指出,"学校不是孤立的组织,它的运行机构要不断地受到外界的影响,它既不能独立地确立其目标,也不能排除其他社会机构而完全独立地通过自己的努力来实现目标,它是与其他因素相互作用的。"学校公共关系管理是学校为了生存与发展,通过自身形象的塑造,并借以传播沟通、协调关系、优化社会心理环境,影响公众的一种管理形式。学校公共关系是通过依靠自己的办学行为和良好形象,持续不断的传播与双向沟通,使学校与家长、社区等公众相互协调,互相支持,实现学校的办学目标,推动学校的发展。学校通过建立良好的公共关系,创造有利于学校办学的外部环境,进一步提高教育教学质量和促进办学特色发展,提高自己的知名度、信誉度和知晓度。

  学校公共关系是学校管理工作的一部分,学校应该高度重视。学校公共关系不是简单地认为是"搞关系",其中心点是任何组织必须打破利益关系上的自我中心主义,学校只有在服务于社会的过程中,才能建立起有利于发展的外部环境,获得稳固的办学基础,也就是首先要办好学,才有公共关系可言。在学校公共关系管理上要防止一种为我主义倾向,即学校的公共关系仅是为了配合我学校,单向的索取配合,获取校外资源。学校一定要确立服务于学生、家长与社区的观念,教育是公益性的服务,是民生事业,绝对不能以商业方式操作教育事业。健康的学校的公共关系管理有利于培养师生积极向上的精神风貌和行为表现,有利于健全学校的民主管理机制,有利于促进提高学校办学与学校教育质量。实质上,学校公共关系是学校服务于社会,协调自己与家长、社区等公众之间相互关系的一种管理活动。除了学校内部的公共关系,提高学校教育质量,为学校外部关系提供可靠信任基础外,主要的公共关系是学校外部关系,包括是与家长的关系、与社区的关系、与其他学校的关系、与教育有关的社会机构关系等,也就是学校教育生态的外部环境。

  我校的公共关系管理是基于"心连心,手牵手"与"共同成长"的办学理念,以生态思想优化学校外部环境,在所有决策及办学行动上都以公众利益为本,这一原则应贯穿在办学中,并向家长与社区阐明,以期获得他们的理解与信任。从办学实践上考量,学校公共关系管理属于一种经常性与计划性的工作,学校通过公共关系管理保持与相关的公众之间保持沟通和合作,使学校的办学举措和方针得到理解与支持,争取建设性合作,获得公共利益。

学校公共关系管理具有全员性,每一个学校成员都会影响学校在公众中的形象,例如师生的行为表现;广泛性,学校的每一方面的工作与表现都会在公众中产生影响,不仅是教学质量,学生的行为、学校的校风都会产生影响,而且具体的事例往往会广泛传播。利益性,学校公共关系在本质上是建立在各方的利益上,家长对学校的关心是取决于家长的孩子是否能获得期望的教育,学校办学质量直接影响学校的公共关系,如果办学质量不高,再怎样搞公共关系也无法获得家长与社区的信任。校长应该清醒地认识到,学校良好的公共关系应体现在提高学校教育质量上,在这基础上与家长、社区沟通,充分发动家长、社区参与学校管理,献计献策,共谋学校发展,使学校与学生、家长共赢、共生。学校应该抛弃公共关系上的商业化操作,以诚信的精神与作为取得公众的信任,才是长久之计。